诚信为本　操守为重

坚持准则　不做假账

為誠
本信

——与学习会计的同学共勉

高等职业教育财经类专业群 **智慧财经** 系列教材

高等职业教育财务会计类专业"**岗课赛证**"融通教材

icve 智慧职教 高等职业教育在线开放课程新形态一体化教材

大数据+

数字管理会计

中国职业技术教育学会智慧财经专业委员会　组编

王景香　杜海霞　主编

❙ 大数据与会计
❙ 大数据与财务管理
❙ 大数据与审计
❙ 会计信息管理
❙ 财税大数据应用

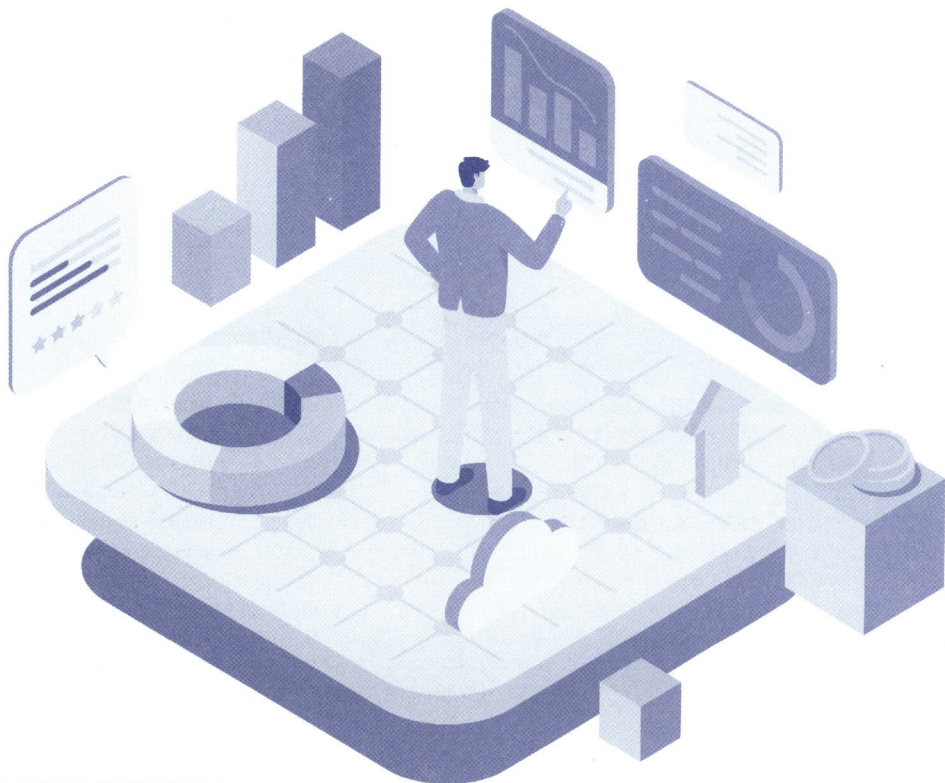

中国教育出版传媒集团

高等教育出版社·北京

内容简介

　　本书是高等职业教育财经类专业群智慧财经系列教材之一，也是高等职业教育财务会计类专业"岗课赛证"融通教材。

　　本书根据《管理会计基本指引》和《管理会计应用指引》，以企业管理会计活动为主线，设计了公司战略分析、全面预算管理、成本管理、营运管理、投融资管理、绩效管理和管理会计报告编写七个工作领域。模拟企业业务财务情境，运用管理会计工具和大数据分析工具，完成工作任务，实现"做中学、学中练"的职业教育理念。本书有效融入课程思政，使学生在掌握管理会计理论知识的基础上，培养管理会计职业能力，同时培养诚实、守信、吃苦耐劳的品德，认真严谨、精益求精的工匠精神和开拓进取的创新精神等。为学生步入企业，成为财务职业人，提供充实的管理会计能力和良好的职业素养，为今后的职业晋升打下坚实基础。

　　本书配有教学课件和参考答案，并配有动画、微课、视频等二维码链接资源，读者可通过移动终端扫描书中二维码观看。具体获取方式请见书后"郑重声明"页的资源服务提示。

　　本书可作为高等职业教育专科、职业教育本科院校财务会计类专业和应用型本科院校相关专业的教材，也可作为社会从业人员的参考用书。

图书在版编目（CIP）数据

　　数字管理会计 / 中国职业技术教育学会智慧财经专业委员会组编；王景香，杜海霞主编. -- 北京 : 高等教育出版社，2023.10
　　ISBN 978-7-04-060248-7

　　Ⅰ. ①数… Ⅱ. ①中… ②王… ③杜… Ⅲ. ①数字技术–应用–管理会计–高等职业教育–教材 Ⅳ. ①F234.3

　　中国国家版本馆CIP数据核字(2023)第051997号

数字管理会计
SHUZI GUANLI KUAIJI

策划编辑	武君红　贾玉婷	责任编辑	贾玉婷	封面设计	李树龙	版式设计	马　云	
责任绘图	杨伟露	责任校对	刘娟娟	责任印制	朱　琦			

出版发行	高等教育出版社	咨询电话	400-810-0598
社　　址	北京市西城区德外大街4号	网　　址	http://www.hep.edu.cn
邮政编码	100120		http://www.hep.com.cn
印　　刷	天津鑫丰华印务有限公司	网上订购	http://www.hepmall.com.cn
开　　本	787mm×1092mm 1/16		http://www.hepmall.com
印　　张	23.75		http://www.hepmall.cn
字　　数	380千字	版　　次	2023年10月第1版
插　　页	2	印　　次	2023年10月第1次印刷
购书热线	010-58581118	定　　价	49.80元

前　言

为全面贯彻《中华人民共和国职业教育法》，加快推进《职业教育专业目录（2021年）》《职业教育专业简介（2022年修订）的实施，满足全国各地高等职业院校财务会计类和财政税务类专业实施新版人才培养方案的教学急需，中国职业技术教育学会智慧财经专业委员会组织全国高职院校和行业企业百余名专家，依据有关专业基础课和专业核心课的教学改革新要求，编写了本套高等职业教育财经类专业群智慧财经系列教材。

数智化时代，企业的运作方式和财务管理方式发生了深刻变化，财务应用场景更加丰富，大数据技术、人工智能技术等新技术广泛应用到财务工作中，智慧财务应运而生。智慧财务是面向财务的"数字化革命"，是财务从流程化、信息化向未来数字化发展的过程。财务数字化的特征是财务的自动化、海量财务数据采集和分析的高效化、财务数据和企业内外数据的一体化。

在智慧财务的大浪潮下，管理会计的数字化将是大势所趋。本教材以此为背景，以《会计改革与发展"十四五"规划纲要》《管理会计基本指引》《管理会计应用指引》《管理会计案例索引》等文件为依据，以数智化时代企业管理会计人才需求为导向，以培养德才兼备的高水平技术技能人才为目的，以"理论体系完整，技能体系实用"为原则编写而成。本教材体现了"以学生为中心""做中学，学中练"等职业教育理念，具体特点如下：

（一）注重职业素养教育和价值观培养，落实立德树人根本任务

党的二十大报告中提出"教育是国之大计、党之大计""育人的根本在于立德。全面贯彻党的教育方针，落实立德树人根本任务，培养德智体美劳全面发展的社会主义建设者和接班人"。本教材以培养德才兼备的高水平技术技能人才为目的。在理论知识体系完整、工作任务典型的特点上，融入职业素养教育和价值观引导等内容，通过"知识拓展与价值提升"栏目培养学生的职业道德、职业素养、正确的价值观和岗位胜任力，将知识、技能与素养培养融为一体，落实立德树人根本任务。

（二）贯彻工作任务式教学法，体现理实一体化

1. 选取一个完整的贴近企业实际的案例贯穿全书

选取案例时，为了让本教材的实用性更加贴近企业实际，编写组的老师们经过多次讨论，最终决定从上市公司中选出原型。在进行行业选择时，选取了符合国家产业政策、具有良好发展前景的绿色新能源汽车动力电池系统的研发、生产和销售的多家企业，经过数据筛选和整理，最终确定了联创新能源股份有限公司为贯穿全书的案例企业。

2. 以工作任务式教学法设计工作情境和工作任务

根据工作情境（情境引例和任务资料）设计工作任务并进行任务布置，由工作任务入手引入相关的理论知识，通过任务实施学会相关技能，教学内容体系完整，实现了做中学、学中练的教学理念。

3. 知识够用，体系完整

重新梳理理论知识，保证理论知识与技能相匹配，同时保证理论知识体系的完整性。

（三）紧密融合大数据分析、数据可视化技术等现代信息技术，体现业财融合

本教材顺应数字时代发展要求，运用Excel、Python和数据可视化等现代信息技术对业务信息进行收集、整理、加工、分析和报告编写等操作处理，实现了大数据下的管理会计活动分析。同时，如下图所示，本教材将企业碎片化的业务信息与财务信息利用管理会计工具和信息技术工具实现业财融合。

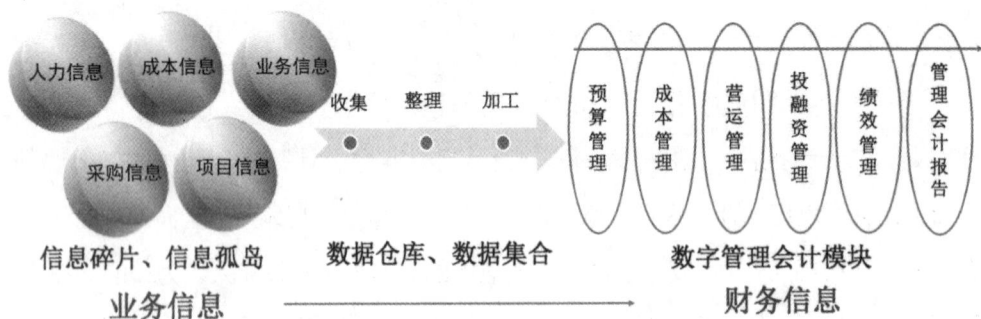

（四）融通"岗、课、赛、证"，体现技术技能人才成长规律

本教材根据职业岗位实际工作任务要求，确定教材内容，并与业财税融合大数

据应用及管理会计大赛接轨，教材内容与大赛相结合，以赛促学，实现"岗课赛证"融通综合育人，着力培养高素质技术技能人才。

（五）配套资源丰富，助力教师教学及学习者自主学习

本教材配有教学课件及参考答案，还配有动画、微课、视频等二维码链接资源，助力教师教学及学习者自主学习。

本书由中国职业技术教育学会智慧财经专业委员会组编，由北京财贸职业学院王景香和杜海霞担任主编并负责总纂，具体分工如下：工作领域一由北京财贸职业学院杜海霞编写，工作领域二和工作领域五由北京财贸职业学院王景香编写，工作领域三和工作领域六由安徽财贸职业学院李晶编写，工作领域四和工作领域七由淄博职业学院杨静编写。在本书编写过程中得到了中联企业集团、北京财贸职业学院、安徽财贸职业学院、淄博职业学院等单位的大力支持。

由于本书编者水平有限，书中难免存在不足之处，恳请读者指正！

编　者

2023 年 7 月

目　录

公司战略分析

知识目标

◆ 了解产业链的构成及分析方法；

◆ 掌握宏观经济因素分析方法；

◆ 掌握行业集中度分析内容及方法；

◆ 了解新能源汽车行业绿色生产、环境保护等相关知识。

技能目标

◆ 能够准确分析产业链，明确公司在产业链中的位置；

◆ 能够分析公司发展的宏观经济影响因素；

◆ 能够收集相关数据资料，分析公司及上下游企业的竞争情况；

◆ 能够收集相关数据资料，分析行业进入壁垒及替代产品的竞争情况。

素养目标

◆ 培养遵守会计职业道德准则和行为规范的品质；

◆ 培养战略思维，提升发现问题和分析问题的能力；

◆ 培养热爱自然、保护生态环境的意识。

知识导图

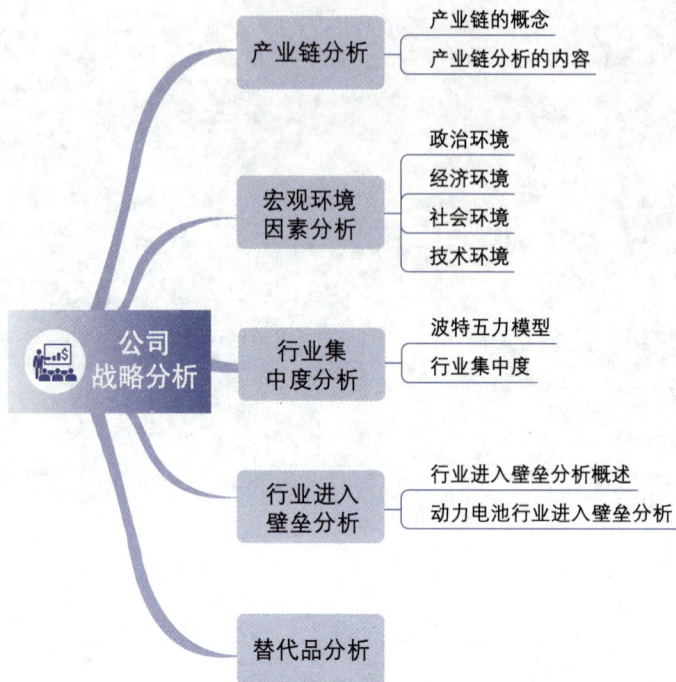

情境引例

联创新能源公司主要从事新能源汽车动力电池系统的研发生产和销售。根据《国民经济行业分类》(GB/T 4754—2017)，公司所处行业属于"C 制造业"中的大类"C38 电气机械和器材制造业"中的小类"C3841 锂离子电池制造"。

公司拥有独立的研发、采购、生产和销售体系，主要通过销售锂离子电池产品实现盈利。在研发方面，公司根据发展战略要求，围绕材料创新与制造创新，开展多部门联合研发，具备一定研发能力。在采购方面，公司通过严格的评估和考核程序遴选合格供应商，并通过技术合作、长期协议、合资合作等方式与供应商紧密合作，以保证原料、设备的技术先进性、可靠性以及成本竞争力。在生产销售方面，公司综合考虑客户需求及季节性销售特征安排生产，生产出的电池产品主要应用于新能源汽车。

任务一 产业链分析

任务资料

在对公司所处的产业链进行分析时，需要分析生产电池的上游原材料供应商及下游客户。联创新能源公司主要生产三元锂电池 523 型及三元锂电芯 523 型。锂电池主要由正极材料、负极材料、电解液、隔膜等材料构成。正极材料决定了锂离子电池的主要性能。联创新能源公司需要向供应商购买正极材料、负极材料、电解液、隔膜等用以生产电池及电芯，并销售给新能源汽车生产厂商。

任务布置

请结合联创新能源公司的主营业务，分析公司产业链，确定公司在产业链上的位置，绘制公司产业链流程图。

知识准备

一、产业链的概念

产业链是产业经济学中的一个概念，是指各个产业部门之间基于一定的技术经济关联，并依据特定的逻辑关系和时空布局关系客观形成的链条式关联关系形态。产业链各个环节是相互关联的行业。如图 1-1 所示，提供同类产品的不同企业构成行业，具备供给与需求关系的不同行业则构成产业链。

认识企业战略

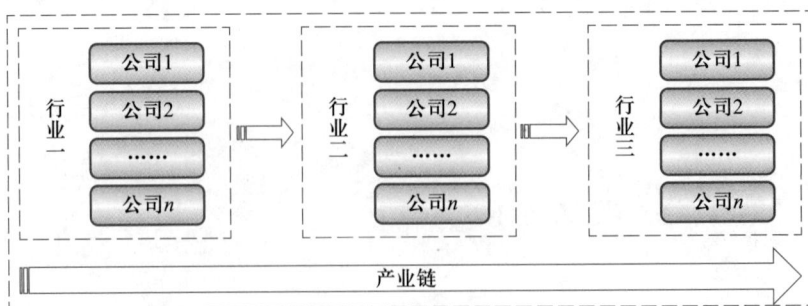

图 1-1　产业链

例如，在手机产业链中，小米、华为等手机公司构成手机行业，手机由摄像头、芯片、显示屏和电池等组成，相应的摄像头行业、芯片行业、显示屏行业、电池行业就成为手机产业链的上游。当然每个行业都由很多公司构成。手机生产出来需要进行销售，电商平台、超市、公司自营门店等就构成手机的下游行业。手机产业链如图1-2所示。

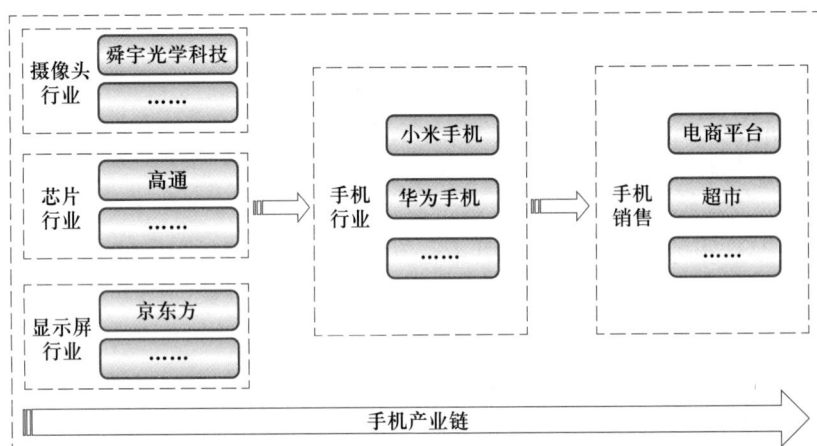

图 1-2　手机产业链

近年来，新能源汽车替代燃油汽车的趋势愈发明显，我国新能源汽车产业发展迅速，有效带动了动力电池产业的迅速发展。动力电池产业链的整体结构如图 1-3 所示，动力电池生产经营所需主要原材料，受锂、镍、钴等大宗商品或化工原料价格影响较大。动力电池公司可以采取战略合作、投资入股及签署长期订单合同等措施加强供应链布局和管理。

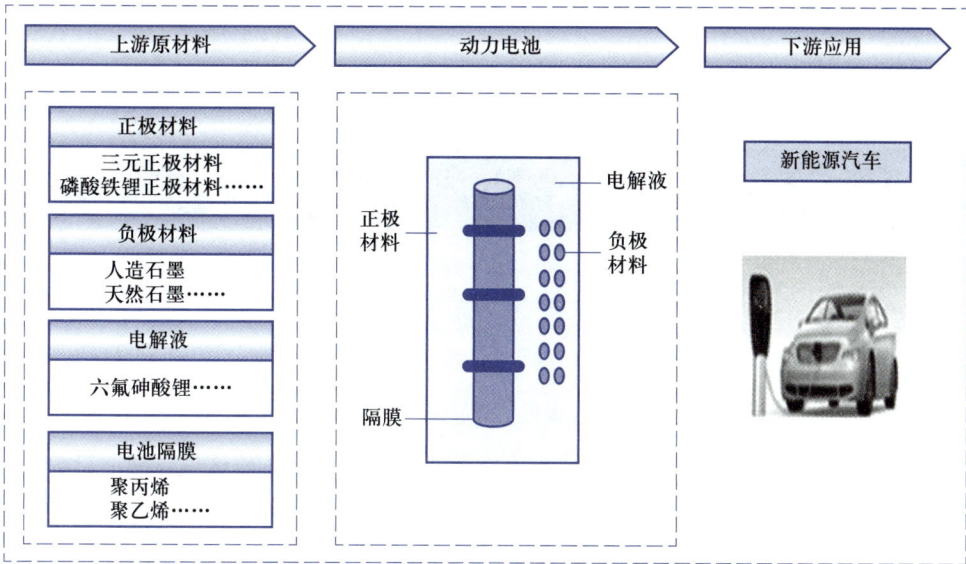

图 1-3 动力电池产业链的整体结构

二、产业链分析的内容

产业链中大量存在着上下游关系和相互之间的价值交换，上游环节向下游环节输送产品或服务，下游环节向上游环节反馈信息。识别公司所在的产业链以及上下游企业之间的关系，有助于公司确定发展战略及经营目标。产业链分析主要着重于对上下游企业之间的关系进行分析。

需要注意的是，产业链的边界不是一成不变的。例如，在智能手机出现之前是没有摄像头的，所以摄像头行业当时并不是手机产业链的构成。随着智能手机的发展，APP 等应用成为手机出厂前的重要应用配置之一，则 APP 等应用会成为手机产业链的重要构成行业之一。

产业链上不同的行业，由于其竞争能力不同，其盈利能力也是不同的。产业链分析有助于分析行业和某一具体企业的盈利水平。例如，近年来由于芯片行业技术壁垒较高，在整个手机产业链中处于较为强势的位置，有较高的议价权，因而也有相对较高的盈利水平。在产业链中，下游产业需求量的变化也会影响上游产业链产品的采购。例如，手机产业链中，手机销售量下降会影响手机生产厂商的产量与收入，进而会降低对手机摄像头的采购，从而手机摄像头企业的销售收入也会下降。

所以，企业要获得竞争优势，不能局限于内部价值链分析，还需要把企业置身于整个产业链中，从战略高度分析是否可以利用产业链的上游、下游来帮助企业进一步降低成本，或者通过采取战略合作、投资入股及签署长期订单合同等措施加强供应链布局和管理。

【知识拓展与价值提升】

微笑曲线

微笑曲线是由施振荣先生于 1992 年提出的，它为各种产业中长期发展战略提供了方向。微笑曲线的主要决策依据是产业附加值，希望推动企业向附加价值高的区域移动。附加价值就是市场给出的超出基本劳动报酬的溢价，这种溢价可以基于研发、设计、知识产权、品牌、渠道、市场、服务等。

施振荣先生指出：在个人计算机产业链中，上游的研发端掌握核心技术，具有绝对的话语权，因此可以获得较高利润；下游的营销环节面向市场，具有巨大的溢价能力，因此利润水平也较高；中间的生产制造行业利润水平较低。因此，企业可以通过向附加价值高的行业移动，获得较高的利润水平。微笑曲线如图 1-4 所示。

微笑曲线蕴含三个假设，一是研发等技术创新与生产制造是可以分开的，且二者并无关系；二是研发设计是不可替代的，而生产制造是标准化的；三是品牌是客户认可产品的关键。

尽管在很多产业里都发现了微笑曲线的规律，但从产业发展的长周期来看，技术创新最终源于生产制造，而非完全独立关系。当制造业存

图 1-4　微笑曲线

在技术壁垒时，也会有较高的利润水平。例如，由于制造工艺水平直接决定了芯片精度等级与良品率，因而制造环节的附加值与利润水平也是较高的。

《中华人民共和国国民经济和社会发展第十四个五年规划和 2035 年远景目标纲要》指出：深入实施制造强国战略。坚持自主可控、安全高效，推进产业基础高级化、产业链现代化，保持制造业比重基本稳定，增强制造业竞争优势，推动制造业高质量发展。

作为大学生和社会主义建设者和接班人，我们应该牢记使命，努力学习，发奋图强，为国家建设添砖加瓦。

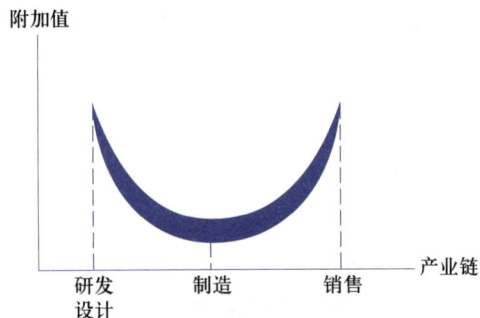

任务实施

公司主要生产三元锂电芯 523 型和三元锂电池 523 型两类产品。在具体分析产业链时，公司应收集整理上游供应商资料及下游客户资料。

1. 收集整理公司的供应商资料，公司供应商资料如表 1-1 所示。

表 1-1　公司供应商资料

采购项目	明细	供应商名称	供应商简称
电芯材料	正极材料（三元）	为百科技股份有限公司 湖南信义能源科技股份有限公司	为百科技 湖南信义
	正极导电剂（AB）		
	正极黏贴剂（PVDF）		
	分散剂（NMP）		
	正极集体流（铝箔）		
	正极端子		
	负极活性物质（石墨）	上海华天能源科技有限公司	上海华天
	负极粘结剂 1（SBR）		
	负极粘结剂 2（CMC）		
	负极集流体（铜箔）		
	负极端子		
	电解液（三元）	大氟化工股份有限公司	大氟化工
	隔膜（湿法涂覆）	中安信材料科技有限公司	中安信
	外壳	江西创业新能源科技有限公司	江西创业
	导热片	无锡恒远新材料科技有限公司	无锡恒远
模组材料	电压控制器	河南亿腾科技有限公司	河南亿腾
	模组端子	天津海化科技股份有限公司	天津海化
	模组外壳	宁波顶塔新材料股份有限公司	宁波顶塔
	模组连接器	湖南天赐科技有限公司	湖南天赐
电池包材料	PACK 端子	广州旭日新材科技有限公司	广州旭日
	汇流条	贵州华邦新材料股份有限公司	贵州华邦
	PACK 外壳	青岛似锦科技股份有限公司	青岛似锦
	BMS	合肥轩轩动力能源有限公司	合肥轩轩
	热管理外界组件	四川东辰能源科技有限公司	四川东辰

2. 收集整理公司的客户资料，公司客户资料如表 1-2 所示。

表1-2 公司客户资料

产品	客户名称	客户简称
电芯	通途新能源汽车股份有限公司 中骏汽车股份有限公司 蓝天新能源科技有限公司	通途新能源 中骏汽车 蓝天新能源
电池组	泰罗亚集团有限公司 黄河新能源集团科技有限公司 博奥赛斯汽车股份有限公司	泰罗亚 黄河新能源 博奥赛斯

3. 绘制公司产业链流程图。基于收集整理的供应商资料及客户资料，绘制公司产业链流程图。公司产业链流程图如图 1-5 所示。

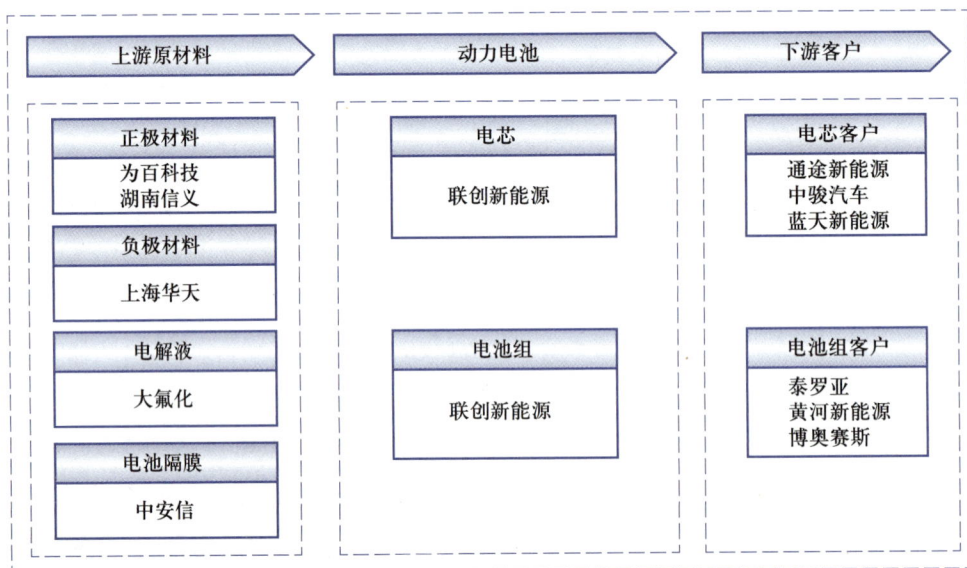

图 1-5 公司产业链流程图

任务二 宏观环境因素分析

任务资料

通过梳理相关资料，得出影响动力电池行业发展的宏观经济因素如下：

（1）党的二十大报告提出"广泛形成绿色生产生活方式，碳排放达峰后稳中有降，生态环境根本好转，美丽中国目标基本实现""推动绿色发展，促进人与自然和谐共生""推动能源清洁低碳高效利用，推进工业、建筑、交通等领域清洁低碳转型"。

（2）2020年，国务院办公厅印发的《新能源汽车产业发展规划（2021—2035年）》提出：以生态主导型企业为龙头，加快车用操作系统的开发应用，建设动力电池高效循环利用体系，强化质量安全保障，推动形成互融共生、分工合作、利益共享的新型产业生态。

（3）为了支持新能源汽车行业的发展，国家出台了一系列税收优惠政策。

（4）进入21世纪以来，汽车在我国社会的普及度越来越高，全国汽车驾驶人数也在逐年上升。

（5）传统汽车多使用柴油、汽油等石油提炼物，引致了污染等一系列生态问题，对人类社会的可持续发展造成了较大的威胁，坚持低碳出行成为公众认可的理念。

（6）近年来，中国新能源汽车行业申请专利量持续增长，新技术不断涌现，推动了新能源汽车行业的高质量发展。

任务布置

请基于宏观环境分析模型，将任务资料中的相关因素分别填入表1-3对应的项目中。

表1-3　公司宏观环境分析表

项目	序号
政治环境	
经济环境	
社会环境	
技术环境	

知识准备

按照《管理会计应用指引第100号——战略管理》，企业应关注宏观环境（包括政治、经济、社会、文化、法律及技术等因素）、产业环境、竞争环境等对其影响长远的外部环境因素，尤其是可能发生重大变化的外部环境因素，确认企业所面临的机遇和挑战。

宏观环境分析主要指对政治、经济、社会和技术这四大类影响企业的主要外部环境因素进行分析。根据宏观环境分析的结论，企业可以全面地识别出宏观环境中的机会和威胁，并据此对战略规划和经营策略做出调整。

一、政治环境

政治环境是指国家的社会制度，政府的方针、政策、法令等。在对政治环境进行分析时，主要考虑的因素包括：行业监管政策及制度、所属行业的市场化程度、所属行业的准入资质条件和门槛、政府相关的节能减排、生态保护等相关政策的要求对行业的影响、本行业相关的国家标准或行业标准对企业的影响。

二、经济环境

经济环境是指国家的经济制度、经济结构、产业布局、资源状况、经济发展水平，以及未来的经济走势等。在对经济环境进行分析时，主要考虑的因素包括：所在国家或地区的中长期发展规划，国家出台的产业扶持政策、财政政策、货币政策，以及税收政策，GDP 情况，目标市场所在地的主体企业类型和产业集聚情况，产业链相关企业的原材料价格变动情况等。

三、社会环境

社会环境是指社会成员的民族特征、文化传统、价值观念、教育水平，以及风俗习惯等因素。文化传统与价值观念的影响对于社会成员的影响是深远的。在对社会环境进行分析时，主要考虑人口总量、年龄结构、收入结构、受教育水平、文化对于经营管理策略的影响、消费偏好、审美观点、价值观念等因素。动力电池的下游行业主要为新能源汽车行业，其需求量主要取决于新能源汽车的销量，所以用户对于新能源汽车的认可度是影响动力电池行业的重要社会因素。

四、技术环境

技术环境除了要考察与企业直接相关的技术手段的发展变化外，还应及时了解国家对科技开发的投资和支持重点领域技术的发展动态等。在对技术因素进行分析时，主要考虑与企业所处领域直接相关的技术发展、国家对科技开发的投资和支持重点、新技术发展的动态、创新技术在产业场景中的应用、是否存在技术壁垒和产业相关专利技术规模等因素。

任务实施

将任务资料中相关因素分别填入 PEST 分析表对应的项目中，如表 1-4 所示。

表 1-4　公司宏观环境分析表

项目	序号
政治环境	(1)　(2)
经济环境	(3)
社会环境	(4)　(5)
技术环境	(6)

交互式自测请扫描书侧二维码练习。

任务二
交互式自测

任务三　行业集中度分析

任务资料

动力电池产业链的上游行业主要为原材料供应商所在行业，下游行业主要为新能源汽车行业。

正极材料的供应商直接影响着动力电池的质量与成本水平，所以在案例中主要分析正极材料行业的集中度水平。

联创新能源公司所在动力电池行业集中度水平越高，公司排名越靠前，与上下游企业的议价能力就越强，在原材料成本上升时，就越有可能转移成本压力。

从产业链下游来看，在新能源汽车产业政策的支持下，各大汽车厂商纷纷披露新能源汽车发展计划，提升新能源电动车销售规模，全球新能源汽车行业前景良好。预计到 2025 年新能源汽车销量将达到 750 万辆。

任务布置

1. 动力电池供应商集中度分析。

近年来，动力电池的原材料成本，尤其是正极材料成本呈现快速上涨态势。请分析动力电池三元正极材料供应商的集中度及发展趋势。

（1）计算 2018—2022 年三元正极材料供应商市场 *CRn*（Concentration Ratio，行业集中率）指数。分别计算前 2 名、4 名、10 名企业出货量占行业总出货量的比例。

（2）绘制 2018—2022 年三元正极材料供应商市场 *CRn* 指数柱状图。

（3）分析三元正极材料供应商市场集中度及发展趋势。

2. 动力电池行业集中度分析。

在动力电池市场扩张的前景下，收集与整理动力电池行业信息，具体分析行业集中度及发展趋势。

（1）计算 2018—2022 年动力电池市场 *CRn* 指数。分别计算前 2 名、4 名、10 名企业装机量占行业装机量的比例。

（2）绘制 2018—2022 年动力电池市场 *CRn* 指数柱状图。

（3）分析动力电池市场集中度及发展趋势。

3. 新能源汽车销售市场集中度分析。

动力电池多采用以销定产模式。新能源汽车的销售直接影响动力电池的销量。下游客户新能源汽车行业的市场竞争激烈程度对于动力电池行业有着重要影响，请分析新能源汽车销售市场集中度及发展趋势。

（1）计算 2018—2022 年新能源汽车销售市场 *CRn* 指数。分别计算前 2 名、4 名、10 名企业销售量占行业销售量的比例。

（2）绘制 2018—2022 年新能源汽车销售市场 *CRn* 指数柱状图。

（3）分析新能源汽车销售市场集中度及发展趋势。

知识准备

一、波特五力模型

波特五力模型是迈克尔·波特于 20 世纪 80 年代初提出的。他认为行业中存在着决定竞争规模和程度的五种力量，分别为：同行业内现有竞争者的竞争能力、潜在竞争者进入的能力、替代品的替代能力、供应商的讨价还价能力与购买者的议价能力。波特五力模型用于竞争战略的分析，可以有效地

战略分析工具

分析客户的竞争环境。

本任务主要对行业内现有竞争者的竞争能力、供应商的讨价还价能力与购买者的议价能力三种力量进行分析。

（一）行业内现有竞争者的竞争能力

可能表明行业中现有企业之间竞争加剧的因素包括：

（1）行业进入障碍较低，势均力敌的竞争对手较多，竞争参与者范围广泛。

（2）市场趋于成熟，产品需求增长缓慢。

（3）竞争者倾向于采用降价等手段促销。

（4）产品标准化程度高。竞争者提供几乎相同的产品或服务，用户转换成本很低。

（二）供应商的讨价还价能力

供应商讨价还价能力的强弱主要取决于他们所提供的要素在买方产品价值中所占的比重及对产品质量的影响程度。当供应方的投入要素构成了买方产品总成本的较大比例、对买方产品生产过程或者对买方产品的质量非常重要时，供方对于需方潜在的讨价还价能力就大大增强。一般而言，供应商讨价还价能力的影响因素如下：

（1）供应商行业的竞争程度。如果供应商行业被一些企业所控制，竞争度水平低，则供应商的讨价还价能力越强。

（2）产品标准化程度。供应商企业的产品具有一定特色，以致买方难以转换或转换成本太高，则供应商讨价还价能力越强。

（3）前向联合或一体化程度。供应商企业可能较容易通过投资控制买方企业实行前向联合或一体化，而买方企业难以通过投资等方式进行后向联合或一体化，则供应商讨价还价能力越强。

（三）购买者的议价能力

购买者议价能力的强弱主要取决于他们购买产品在卖方企业产品销售收入中所占比重及对所提供产品质量水平的要求程度。购买者主要通过降低价格或要求提供较高的产品质量与服务水平，来影响行业中现有企业的盈利能力。购买者议价能力的影响因素如下：

（1）购买者购买产品占卖方销售量的比例。比例越高，则购买者议价能力越强。

（2）卖方行业的竞争程度。若卖方行业由大量相对规模较小的企业组成，则购买者议价能力越强。

（3）产品的差异化程度。如购买者所购买的是标准化产品，同时向多个卖方购买产品在经济上是完全可行的，则购买者议价能力越强。

（4）后向联合或一体化程度。购买者企业可能较容易通过投资控制卖方企业实行后向联合或一体化，而卖方企业难以通过投资等方式进行前向联合或一体化，则购买者议价能力越强。

二、行业集中度

如前所述，影响产业链上下游（供应商、行业本身、购买者）议价能力及竞争能力的因素很多。行业集中度是用以测度行业竞争能力的重要指标之一。行业集中度是决定市场结构最基本、最重要的因素，体现了市场竞争和垄断程度。行业集中度有很多测度指标，其中 CR_n 指数是常用的集中度计量指标，是指某行业相关市场内前 n 家最大的企业所占市场份额（产值、产量、销售额、销售量、职工人数、资产总额等）的总和，是对整个行业市场结构集中程度的测量指标。当行业内少数几家企业拥有绝大多数市场份额时，这几家企业就可以凭借垄断地位获得较高的毛利水平，而其他企业的经营状况则处于劣势地位。但如果行业内企业集中度水平不高，则行业在与上下游企业谈判中会处于相对劣势地位，因而行业毛利率水平整体会相对偏低。CR_n 指数一般以某一行业排名前 4 位企业的销售额（或销售量等数值）占行业总销售额的比例来度量，即 $CR4$ 指数。$CR4$ 越大，说明这一行业的集中度越高，市场竞争越趋向于垄断。反之，集中度越低，市场竞争越激烈。

在实际分析时，可以根据不同年度的行业集中率变化情况，推断行业市场竞争趋势变化情况。如果某一行业 2018—2022 年 $CR4$ 分别为 30%、35%、40%、43%、50%，呈现持续上涨趋势，则表明优势企业通过渠道和价格等手段在扩大市场占有率，竞争能力越来越强，而其他企业的竞争优势在逐渐丧失；如果某一行业 2018—2022 年 $CR4$ 分别为 60%、62%、60%、59.5%、60.5%，呈现相对稳定趋势，则表明市场竞争结构相对稳定，行业领先者的优势地位已经建立。

赫芬达尔 – 赫希曼指数

HHI 指数（赫芬达尔 – 赫希曼指数）是反映行业市场集中度的重要指标，用某特定市场上所有企业市场份额的平方和来表示。具体公式如下：

$$HHI = \sum_{i=1}^{N} \left(\frac{X_i}{X} \right)^2$$

X：市场总规模

X_i：i 企业的规模

N：该行业内的企业数

当行业有四家企业，市场份额分别为 0.4，0.2，0.3，0.1，则 HHI 指数为 0.3（0.4×0.4＋0.2×0.2＋0.3×0.3＋0.1×0.1）。在实际计算的时候，一般会把这个指数乘以 10 000，以方便计算，所以该行业的 HHI 指数也可以表示为 3 000（0.3×10 000）。

当行业里面只有一家企业时，该指数为 1；但如果行业中的企业无限多，也就是每一家企业的占比都非常小，则该指数接近于 0。该指数越大，表明市场集中程度越高，垄断程度越高。

从经济含义上，确定相关市场的范围相对重要。国家市场监督管理总局在对某公司进行处罚时，指出相关商品市场为网络零售平台服务市场，并用 HHI 指数和 CR4 指数证明了该公司所在的市场确实是高度集中。根据平台服务收入市场份额，2015—2019 年，中国境内网络零售平台服务市场的 HHI 指数（赫芬达尔 – 赫希曼指数）分别为 7 408、6 008、6 375、5 925、5 350，CR4 指数分别为 99.68%、99.46%、98.92%、98.66%、98.45%，显示相关市场高度集中，竞争者数量较少。

在了解 HHI 指数计算与应用的同时，还需谨记：合法合规经营是企业必须履行的义务和社会责任。

任务实施

1. 动力电池供应商集中度分析。

对于联创新能源公司而言，三元正极材料供应商市场集中度越高，供应商的讨价还价能力就越强，当原材料成本上涨时，就越有可能将价格上涨的压力传导至公司，从而导致公司成本管理的压力变大。

为完成工作任务，需收集整理相关资料：

（1）收集整理 2018—2022 年国内三元正极材料供应商市场出货量相关数据资料，分别如表 1-5 至表 1-9 所示。

表1-5 2018年国内三元正极材料供应商出货量

2018年国内三元正极材料出货量：8.6万吨

2018年国内三元正极材料出货量TOP10（单位：万吨）

排名	生产企业	出货量	市场占有率
1	为百科技	0.928 8	10.80%
2	莫莫公司	0.705 2	8.20%
3	湖南木木	0.627 8	7.30%
4	天力科技	0.425 7	4.95%
5	远长锂科	0.408 5	4.75%
6	长升科技	0.328 52	3.82%
7	亚亚科技	0.320 78	3.73%
8	华振公司	0.273 48	3.18%
9	关关科技	0.172	2.00%
10	湖南信义	0.094 6	1.10%

表1-6 2019年国内三元正极材料供应商出货量

2019年国内三元正极材料出货量：13.68万吨

2019年国内三元正极材料出货量TOP10（单位：万吨）

排名	生产企业	出货量	市场占有率
1	为百科技	1.504 8	11.00%
2	莫莫公司	1.176 48	8.60%

排名	生产企业	出货量	市场占有率
3	远长锂科	1.026	7.50%
4	长升科技	0.711 36	5.20%
5	湖南木木	0.684	5.00%
6	天力科技	0.536 256	3.92%
7	亚亚科技	0.441 864	3.23%
8	飞宇公司	0.343 368	2.51%
9	湖南信义	0.246 24	1.80%
10	关关科技	0.150 48	1.10%

表1-7　2020年国内三元正极材料供应商出货量

2020年国内三元正极材料出货量：19.2万吨

2020年国内三元正极材料出货量TOP10（单位：万吨）

排名	生产企业	出货量	市场占有率
1	为百科技	2.284 8	11.90%
2	莫莫公司	1.708 8	8.90%
3	湖南木木	1.516 8	7.90%
4	长升科技	1.132 8	5.90%
5	华振公司	1.132 8	5.90%
6	天力科技	0.979 2	5.10%
7	亚亚科技	0.697 0	3.63%
8	湖南信义	0.654 7	3.41%
9	远长锂科	0.518 4	2.70%
10	关关科技	0.384 0	2.00%

表1-8　2021年国内三元正极材料供应商出货量

2021年国内三元正极材料出货量：23.6万吨

2021年国内三元正极材料出货量TOP10（单位：万吨）

排名	生产企业	出货量	市场占有率
1	为百科技	3.304 0	14.00%

排名	生产企业	出货量	市场占有率
2	莫莫公司	2.596 0	11.00%
3	湖南木木	2.360 0	10.00%
4	长升科技	1.888 0	8.00%
5	华振公司	1.888 0	8.00%
6	天力科技	1.699 2	7.20%
7	亚亚科技	1.352 3	5.73%
8	远长锂科	1.300 4	5.51%
9	关关科技	1.132 8	4.80%
10	湖南信义	0.967 6	4.10%

表1-9　2022年国内三元正极材料供应商出货量

2022年国内三元正极材料出货量：28.2万吨

2022年国内三元正极材料出货量TOP10（单位：万吨）

排名	生产企业	出货量	市场占有率
1	为百科技	3.849 3	13.65%
2	莫莫公司	3.181 0	11.28%
3	湖南木木	2.814 4	9.98%
4	华振公司	2.261 6	8.02%
5	长升科技	2.256 0	8.00%
6	亚亚科技	2.086 8	7.40%
7	天力科技	1.630 0	5.78%
8	远长锂科	1.536 9	5.45%
9	关关科技	1.325 4	4.70%
10	湖南信义	1.156 2	4.10%

（2）计算2018—2022年三元正极材料供应商市场 CRn 指数。分别计算前2名、前4名、前10名企业出货量占行业出货量的比例，如表1-10所示。

表 1-10　三元正极材料供应商 CRn 指数

年份	$CR2$	$CR4$	$CR10$
2018 年	19.00%	31.25%	49.83%
2019 年	19.60%	32.30%	49.86%
2020 年	20.80%	34.60%	57.34%
2021 年	25.00%	43.00%	78.34%
2022 年	24.93%	42.93%	78.36%

（3）绘制 2018—2022 年三元正极材料供应商 CRn 指数柱状图，如图 1-6 所示。

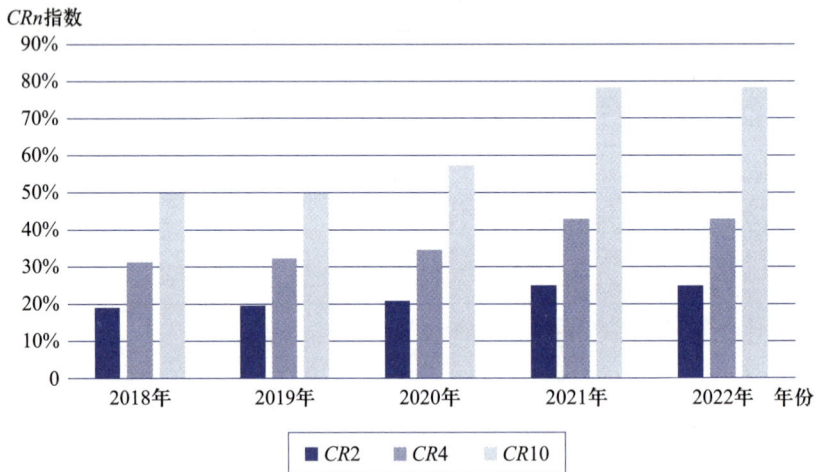

图 1-6　三元正极材料供应商 CRn 指数柱状图

（4）分析三元正极材料供应商市场集中度及发展趋势。从前两家最大的企业所占市场份额来看，2018—2022 年整体呈稳定上升趋势，且增速比较平缓；从前四家最大的企业所占市场份额来看，2018—2022 年整体也呈稳定上升趋势；从前十家最大的企业所占市场份额来看，2018—2022 年整体呈较快速上升趋势。另外值得注意的是，2021 年相较于其他年份来看，$CR2$、$CR4$、$CR10$ 都呈现了快速增长趋势。从以上分析中，可以看出该行业的行业集中度越来越高，说明行业竞争程度进一步加剧，行业中其他小企业发展空间越来越受限，外部企业进入本行业的难度加大。

2. 动力电池行业集中度分析。

为完成工作任务，需收集整理动力电池销售市场相关数据资料。

（1）收集整理 2018—2022 年国内动力电池行业装机总量相关数据资料，分别如表 1-11 至表 1-15 所示。

表1-11 2018年国内动力电池装机量

2018年国内动力电池总装机量：36.24 GW·h

2018年国内动力电池装机TOP10（单位：GW·h）

排名	电池企业	装机量	市场占有率
1	天能时代	10.4	28.70%
2	海源德	5.43	14.98%
3	海特利	2.33	6.43%
4	联创新能源	1.93	5.33%
5	鹏远	1.71	4.72%
6	聚源	1.15	3.17%
7	欧亚科技	0.99	2.73%
8	新源锂能	0.8	2.21%
9	奥曼电池	0.74	2.04%
10	远航新能源	0.74	2.04%

表1-12 2019年国内动力电池装机量

2019年国内动力电池总装机量：56.98 GW·h

2019年国内动力电池装机量TOP10（单位：GW·h）

排名	电池企业	装机量	市场占有率
1	天能时代	23.52	41.28%
2	海源德	11.44	20.08%
3	联创新能源	3.09	5.42%
4	聚源	2.07	3.63%
5	欧亚科技	1.9	3.33%
6	鹏远	1.74	3.05%
7	新源锂能	1.27	2.23%
8	奥曼电池	0.82	1.44%
9	中天锂电	0.72	1.26%
10	赛特新能源	0.64	1.12%

表1-13　2020年国内动力电池装机量

2020年国内动力电池总装机量：62.2 GW·h

2020年国内动力电池装机量TOP10（单位：GW·h）

排名	电池企业	装机量	市场占有率
1	天能时代	31.71	50.98%
2	海源德	10.76	17.30%
3	联创新能源	3.6	5.79%
4	聚源	1.94	3.12%
5	新源锂能	1.74	2.80%
6	中天锂电	1.49	2.40%
7	欧亚科技	1.21	1.95%
8	时代天航	1.14	1.83%
9	鹏远	0.69	1.11%
10	宁远达	0.65	1.05%

表1-14　2021年国内动力电池装机量

2021年国内动力电池总装机量：63.6 GW·h

2021年国内动力电池装机量TOP10（单位：GW·h）

排名	电池企业	装机量	市场占有率
1	天能时代	31.79	49.98%
2	海源德	9.48	14.91%
3	联创新能源	4.61	7.25%
4	中天锂电	3.55	5.58%
5	迪迦高科	3.32	5.22%
6	日京	2.24	3.52%
7	新源锂能	1.18	1.86%
8	瑞普能源	0.95	1.49%
9	聚源	0.92	1.45%
10	欧亚科技	0.85	1.34%

表1-15　2022年国内动力电池装机量

2022年国内动力电池总装机量：154.5 GW·h

2022年国内动力电池装机量TOP10（单位：GW·h）

排名	电池企业	装机量	市场占有率
1	天能时代	69.33	49.53%
2	海源德	23.56	16.83%
3	中创国机	8.6	6.14%
4	迪迦高科	6.5	4.64%
5	联创新能源	6.101	3.95%
6	时代天航	3.99	2.85%
7	亚科技	2.372	1.69%
8	丰郎能源	2.366	1.69%
9	新源锂能	2.24	1.60%
10	瑞普能源	1.78	1.27%

（2）计算2018—2022年动力电池市场 CRn 指数。分别计算前2名、前4名、前10名企业装机量占行业装机量的比例，如表1-16所示。

表1-16　动力电池市场 CRn 指数

年份	$CR2$	$CR4$	$CR10$
2018年	43.68%	55.44%	72.35%
2019年	61.36%	70.41%	82.84%
2020年	68.28%	77.19%	88.33%
2021年	64.89%	77.72%	92.60%
2022年	66.36%	77.14%	90.19%

（3）绘制2018—2022年动力电池市场 CRn 指数柱状图，如图1-7所示。

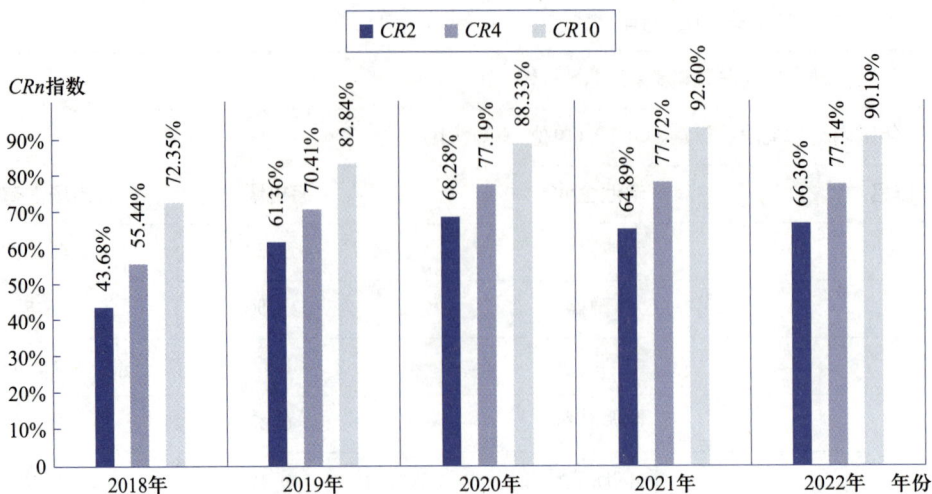

图 1-7　动力电池市场 CRn 指数柱状图

（4）分析动力电池市场集中度及发展趋势。

从前两家最大的企业所占市场份额来看，2018—2022 年整体呈上升趋势，且除 2018 年外，其他年份所占比重均超过 60%；从前四家最大的企业所占市场份额来看，2018—2022 年整体也呈稳定上升趋势且除 2018 年外，其他年份所占比重均超过 70%；从前十家最大的企业所占市场份额来看，2018—2022 年整体呈较快速上升趋势，特别是近两年所占比重超过 90%。可见，随时间推移，行业集中度越来越高，说明行业竞争程度进一步加剧，行业中其他小企业发展空间越来越受限，外部企业进入本行业的难度加大。

3. 新能源汽车销售市场集中度分析。

销售客户的集中度水平越高，在与公司博弈时的议价能力就越强。新能源汽车行业集中度水平越高，动力电池生产企业在定价时就会处于劣势地位，从而很难把上游原材料企业的成本压力转移至客户，毛利率会呈现下降趋势。

（1）收集整理 2018—2022 年新能源汽车销售量相关数据资料，分别如表 1-17 至表 1-21 所示。

表1-17　2018年新能源汽车销售量

2018年新能源汽车总销售量：77.7万辆

2018年新能源汽车销售量TOP10（单位：万辆）

排名	公司名称	销售量	市场份额
1	迪亚公司	65.824	10.70%
2	菱通公司	54.56	7.50%
3	拉特公司	35.904	5.20%
4	图汽公司	15.136	2.30%
5	山城公司	16.192	2.60%
6	埃安公司	14.784	2.20%
7	来为公司	11.616	1.30%
8	大鹏公司	10.912	1.10%
9	泰罗亚公司	10.208	0.90%
10	博奥赛斯公司	9.856	0.80%

表1-18　2019年新能源汽车销售量

2019年新能源汽车总销售量：125.6万辆

2019年新能源汽车销售量TOP10（单位：万辆）

排名	公司名称	销售量	市场份额
1	迪亚公司	49.63	14.10%
2	菱通公司	41.89	11.90%
3	拉特公司	19.71	5.60%
4	图汽公司	7.39	2.10%
5	山城公司	7.04	2.00%
6	埃安公司	5.63	1.60%
7	来为公司	2.46	0.70%
8	大鹏公司	1.76	0.50%
9	泰罗亚公司	1.06	0.30%
10	博奥赛斯公司	0.70	0.20%

表1-19　2020年新能源汽车销售量

2020年新能源汽车总销售量：120.6万辆

2020年新能源汽车销售量TOP10（单位：万辆）

排名	公司名称	销售量	市场份额
1	迪亚公司	58.43	16.60%
2	图汽公司	47.17	13.40%
3	拉特公司	28.51	8.10%
4	菱通公司	11.26	3.20%
5	山城公司	8.45	2.40%
6	利吉公司	7.39	2.10%
7	来为公司	4.22	1.20%
8	大鹏公司	3.52	1.00%
9	晓默公司	3.34	0.95%
10	博奥赛斯公司	2.46	0.70%

表1-20　2021年新能源汽车销售量

2021年新能源汽车总销售量：136.7万辆

2021年新能源汽车销售量TOP10（单位：万辆）

排名	公司名称	销售量	市场份额
1	迪亚公司	23.51	17.20%
2	菱通公司	19.14	14.00%
3	拉特公司	7.25	5.30%
4	图汽公司	3.69	2.70%
5	山城公司	4.24	3.10%
6	埃安公司	3.69	2.70%
7	来为公司	2.46	1.80%
8	大鹏公司	2.05	1.50%
9	博奥赛斯公司	1.91	1.40%
10	理杰公司	1.78	1.30%

表 1-21　2022 年新能源汽车销售量

2022 年新能源汽车总销售量：352 万辆

2022 年新能源汽车总销售量TOP10（单位：万辆）

排名	公司名称	销售量	市场份额
1	迪亚公司	65.82	18.70%
2	菱通公司	54.56	15.50%
3	拉特公司	35.90	10.20%
4	图汽公司	15.14	4.30%
5	山城公司	16.19	4.60%
6	埃安公司	14.78	4.20%
7	来为公司	11.62	3.30%
8	大鹏公司	10.91	3.10%
9	泰罗亚公司	10.21	2.90%
10	博奥赛斯公司	9.86	2.80%

（2）计算 2018—2022 年新能源汽车销售市场 CRn 指数。分别计算前 2 名、前 4 名、前 10 名企业销量占行业销售量的比例，如表 1-22 所示。

表 1-22　新能源汽车销售市场 CRn 指数

年份	$CR2$	$CR4$	$CR10$
2018 年	18.20%	25.70%	34.60%
2019 年	26.00%	33.70%	39.00%
2020 年	30.00%	41.30%	49.65%
2021 年	31.20%	39.20%	51.00%
2022 年	34.20%	48.70%	69.60%

（3）绘制 2018—2022 年新能源汽车销售市场 CRn 指数柱状图，如图 1-8 所示。

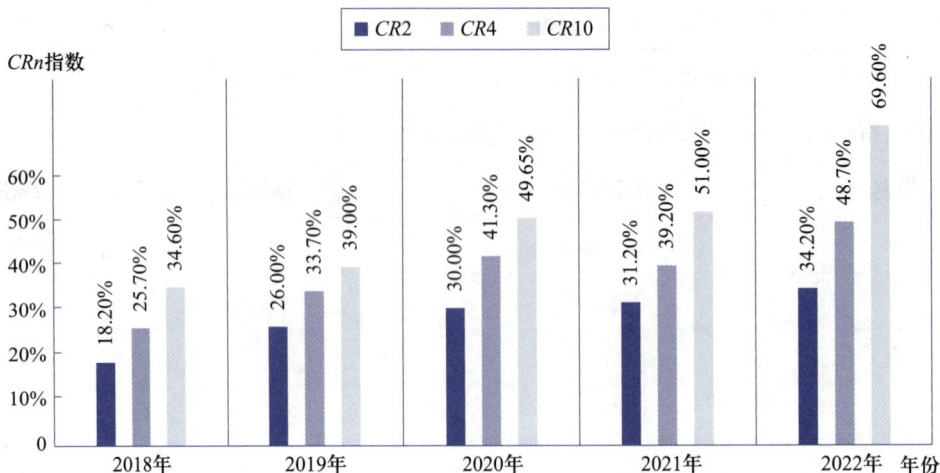

图 1-8　新能源汽车销售市场 *CRn* 指数柱状图

（4）分析新能源汽车销售市场集中度及发展趋势。从图 1-8 中可以看出，不管是 *CR2*、*CR4* 还是 *CR10*，在 2018—2022 年基本呈上升趋势，说明随着时间推移，新能源汽车销售市场集中度越来越高，行业竞争加剧，小企业发展空间受限，外部企业进入本行业的难度加大。

【即学即练】

交互式自测请扫描书侧二维码练习。

任务三
交互式自测

任务四　行业进入壁垒分析

任务资料

近年来，动力电池行业迅速发展，吸引了诸多资本的投入。对于联创新能源公司而言，分析潜在的竞争者对于公司战略分析意义重大。动力电池行业为技术密集与资本密集行业，可以通过对现有动力电池生产企业研发费用投入的分析，预测行业新进入者可能存在的技术壁垒。

任务布置

分析动力电池行业主要生产企业近年来的研发费用情况：

1. 计算 2020—2022 年动力电池主要生产企业的研发投入比率；

2. 绘制 2020—2022 年市场占有率前两名企业及联创新能源公司的研发费用折线图。

3. 分析新企业进入是否存在技术壁垒。

知识准备

一、行业进入壁垒分析概述

行业进入壁垒是企业要进入新的行业时所必须承担的额外成本。行业进入壁垒的高低，既反映了市场内已有企业优势的大小，也反映了新进入企业所遇障碍的大小。行业进入壁垒的高低是影响该行业市场竞争关系的一个重要因素，同时也是对市场结构的直接反映。

常见的壁垒因素主要包括品牌、资本、技术与渠道等方面。品牌壁垒是指客户对于某一企业的产品具有较高的忠诚度或消费偏好，从而新企业进入时很难获得客户资源，形成进入壁垒。当行业需要大规模投资才能获得收益时，资本就会成为新进入者的重要壁垒因素。技术壁垒是指行业内现有企业拥有知识产权、专利技术、创新生产工艺、特殊技术人才，从而形成新进入企业的壁垒。渠道壁垒是指行业内现有企业可能控制了高质量或低成本的供应商渠道，或者相对重要的销售渠道，或者二者兼而有之，从而阻碍了新企业的进入。

二、动力电池行业进入壁垒分析

（1）当行业需要大规模投资才能获得收益时，资本就会成为新进入者的重要壁垒因素。就动力电池行业而言，生产基地的建设需要较大规模资金投入，无形中为新进入企业构建了进入壁垒。如表1-23所示，新能源电池项目的建设投资均在数亿元规模以上。每 GW·h 的资金投入少则为 2.6 亿元，多则为 6 亿元，可见没有足够的资金投入是无法进入动力电池行业的。

表1-23 动力电池行业部分项目投资

电池企业	新能源电池项目	年产能 /（GW·h）	金额 /亿元	单位投资 /[亿元/（GW·h）]
天能时代	新型锂电池生产制造基地项目	137	582	4.25
海源德	海源德基地项目	50	248	4.96
中创国机	动力电池制造基地及西南研发基地	60	220	3.67
迪迦高科	高性能电芯项目	1	2.6	2.60
时代天航	新能源电池项目	5	30	6.00
亚科技	锂电池项目	10	50	5.00

（2）动力电池行业是技术密集型行业，电池的能量密度、安全性与稳定性是影响动力电池销量的关键因素。大量的研发投入是新进入企业面临的重要问题。锂电池生产具备较高的生产技术水平，现有行业企业，尤其是龙头企业多拥有大量的专利技术与高水平的生产工艺，新进入本行业的企业往往难以在短时间内达到较高的制造水平。为了分析新进入企业可能面临的技术壁垒，需收集整理动力电池主要生产企业研发投入相关资料。

（3）销售渠道是新进入企业通常会面临的重要壁垒。动力电池生产企业一般以销定产，与下游新能源汽车客户有着稳定的联系。因而建立销售渠道，构建与新能源汽车公司的合作关系，是新进入企业必须解决的重要问题。

功率芯片行业进入壁垒分析

芯片广泛应用于计算机、智能手机、汽车、冰箱、洗衣机等产品中，其重要性不言而喻。我国功率芯片行业进入壁垒主要包括：

1. 技术壁垒

首先，芯片对其可靠性、稳定性相关的性能指标有着较高的要求，此外，在相同的电压参数下，不同的工作环境又有其个性化的要求。

其次，功率芯片产品类别丰富，不同的功率芯片产品在设计思路和工艺方面都存在一定差异，新进入者很难在短期内完成足够的技术铺垫。

最后，功率芯片的成本问题。芯片成本的降低既要考虑结构设计，也要考虑工艺优化，是一个长期研发及应用积累的过程，往往需要几代产品研发升级实现。新进入者难以快速实现低成本化的目标，产品难以形成市场竞争力。因此功率芯片行业具有较强的技术壁垒。

2. 人才壁垒

功率芯片最早诞生于20世纪五六十年代，国内的功率芯片企业作为行业后来者，而且人才引进比较困难，而技术人才的培养又需要较长的周期，因此功率芯片行业存在一定的人才壁垒。

党的二十大报告提出，加快构建新发展格局，着力推动高质量发展。推动汽车芯片国产化进程，对于新能源汽车供应链的安全与稳定来说至关重要。

为了解决芯片技术难题，我国出台了一系列技术创新项目支持政策，诸多国内企业致力于攻关先进光刻机各个部件的技术壁垒，并已取得了一定进展。作为职业院校的学生，也要具备创新精神，为我国产业迈向全球产业链中高端贡献自己的力量。

任务实施

1. 收集整理2020—2022年动力电池主要生产企业的研发投入。研发投入如表

1-24 所示。

表1-24 研发投入表

单位：亿元

电池企业	2020 年		2021 年		2022 年	
	研发投入	营业收入	研发投入	营业收入	研发投入	营业收入
天能时代	29.92	458.19	35.69	503.39	38.89	518.53
海源德	25.56	387.86	26.61	487.36	30.12	418.33
中创国机	5.88	49.58	6.96	67.25	7.02	98.87
迪迦高科	4.77	64.11	5.02	56.66	6.05	74.69
联创新能源	3.63	41.72	4.31	52.50	5.02	67.84
时代天航	3.25	42.99	3.38	41.73	4.52	57.58
欧亚科技	3.08	42.60	3.21	41.42	4.92	68.05
丰郎能源	2.65	37.59	3.28	46.99	4.9	66.67
新源锂能	2.4	33.57	2.65	36.35	3.54	45.33
瑞普能源	2.26	32.06	2.56	32.82	3.38	43.95

计算研发投入占收入的比例，如表1-25所示。

表1-25 研发占收入比例表

电池企业	2020 年		2021 年		2022 年	
	研发投入/亿元	占收入比例	研发投入/亿元	占收入比例	研发投入/亿元	占收入比例
天能时代	29.92	6.53%	35.69	7.09%	38.89	7.50%
海源德	25.56	6.59%	26.61	5.46%	30.12	7.20%
中创国机	5.88	11.86%	6.96	10.35%	7.02	7.10%
迪迦高科	4.77	7.44%	5.02	8.86%	6.05	8.10%
联创新能源	3.63	8.70%	4.31	8.21%	5.02	7.40%
时代天航	3.25	7.56%	3.38	8.10%	4.52	7.85%
欧亚科技	3.08	7.23%	3.21	7.75%	4.92	7.23%
丰郎能源	2.65	7.05%	3.28	6.98%	4.9	7.35%
新源锂能	2.4	7.15%	2.65	7.29%	3.54	7.81%
瑞普能源	2.26	7.05%	2.56	7.80%	3.38	7.69%

2. 2020—2022 年市场占有率前两名企业为天能时代和海源德，绘制天能时代、海源德和联创新能源三家企业研发费用折线图，如图 1-9 所示。

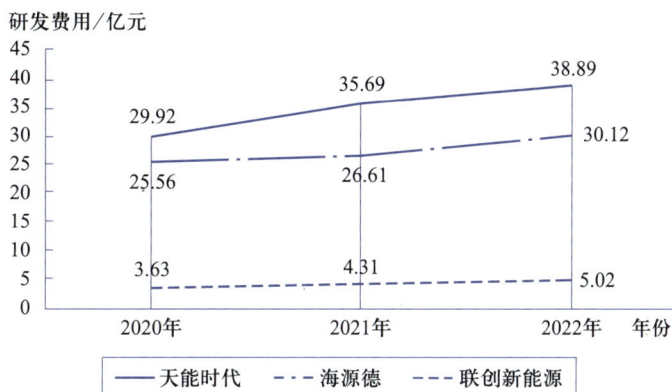

图 1-9　研发费用折线图

3. 分析动力电池行业进入技术壁垒。对研发投入进行描述性统计，并对技术壁垒水平进行分析，如表 1-26 所示。

表 1-26　研发投入描述性统计

电池企业	2020 年		2021 年		2022 年	
	研发投入/亿元	占收入比	研发投入/亿元	占收入比	研发投入/亿元	占收入比
平均值	8.34	7.72%	9.367	7.79%	10.836	7.52%
中位数	3.44	8.13%	3.845	8.16%	4.77	7.63%
最大值	29.92	11.86%	35.69	10.35%	38.89	8.10%
最小值	2.26	6.53%	2.56	5.46%	3.38	7.10%

技术壁垒水平：高（✓）低（　　　）

【即学即练】

交互式自测请扫描书侧二维码练习。

任务四
交互式自测

任务五　替代品分析

任务资料

新能源汽车行业的发展带动了动力电池行业的蓬勃发展。三元锂电池与磷酸铁锂电池通常被视作动力电池的两大技术路线。联创新能源公司的主要产品为三元锂电池，需要分析磷酸铁锂电池作为替代品对于公司战略的影响。

相关资料如下：

（1）在温度适应性方面，磷酸铁锂电池更耐高温。

（2）在温度适应性方面，磷酸铁锂电池不耐低温。

（3）磷酸铁锂电池受上游原材料影响较小，价格相对便宜。

（4）随着中国电池技术日益成熟，磷酸铁锂电池能量密度低的问题有希望得以解决。

（5）国内新能源汽车 2023 年开始已无补贴，三元锂电池凭借更高能量密度获得政策补贴的优势将有所减弱。

（6）三元锂电池的技术创新也在持续进行中，能量密度不断提高，续航里程具有明显优势。

（7）各大新能源汽车企业正在规划增加装载磷酸铁锂电池汽车的产量。

任务布置

分析磷酸铁锂电池相关数据资料：

1. 利用 SWOT 矩阵分析磷酸铁锂电池的优势、劣势、机会与威胁，将任务资料中的序号填入表 1-27 中。

表1-27　磷酸铁锂电池SWOT分析表

项目	序号
优势（S）	
劣势（W）	
机会（O）	
威胁（T）	

2. 分析近年来磷酸铁锂电池和三元锂电池各自的出货量与市场占有率，初步预测磷酸铁锂电池装机量的未来趋势。

知识准备

什么是替代品呢？替代品是指那些与企业提供的产品具有同等（或相似）功能或能够实现效用的其他产品，从而会产生对客户、消费者同类需求的争夺，形成替代品的威胁。当替代品拥有价格优势时，例如价格更低或者能提供更多效用时，其对于现有产品的威胁水平会更高。

在分析替代品的威胁时，有很多种方法。SWOT分析是其中比较有用的方法之一。如表1-28所示，SWOT分析是一个战略性的规划方法，帮助企业在业务竞争、产品和项目规划方面明确自身的优势、劣势、机会和威胁。S（strengths）是优势、W（weaknesses）是劣势、O（opportunities）是机会，T（threats）是威胁。优势和劣势是针对企业或产品内部条件而言的，机会和威胁则是由外部因素导致的。

表1-28　SWOT分析表示例

项目	示例
优势（S）	良好的企业形象、雄厚的技术力量、良好的产品质量、成本优势
劣势（W）	缺少关键技术、资金短缺、成本较高
机会（O）	新产品、新市场、新需求、利好政策
威胁（T）	不利政策、客户偏好改变、经济不景气

本任务内容主要通过对替代品的 SWOT 矩阵分析，明确替代品的优势、劣势、机会与威胁，进而分析公司动力电池产品可能面临的市场竞争。

在 SWOT 分析的基础上，可以进一步分析企业产品与替代品的市场占有率。如果替代品的市场占有率呈现上升趋势，则表明替代品对于企业产品的威胁水平呈现上升趋势。

【知识拓展与价值提升】

替代品分析中的"关注点"

在最初分析替代品时，通常基于同类产品进行分析。例如，就方便面而言，红烧牛肉面可以视为酸辣牛肉面的替代品。但是随着消费升级，研究发现自热火锅等成为方便面的替代品，所以替代品呈现出相对多样化的特征。再例如，传统意义上，去外地开会，公路与高铁出行是替代品，但在技术发达的今天，可以利用各类远程视频会议系统开会，于是由于远程视频会议系统的出现，导致公路与出行人数减少。

所以，进行替代品分析时，应具备敏锐的洞察能力。同时，在替代品 SWOT 矩阵分析和市场占有率分析时，需要收集各类信息，提高自身接受新技术的能力并具备使用 Python 等新技术素养。

任务实施

1. 编制磷酸铁锂电池 SWOT 分析表，如表 1-29 所示。

表1-29　磷酸铁锂电池SWOT分析表

项目	序号
优势（S）	（1）（3）
劣势（W）	（2）
机会（O）	（4）（5）（7）
威胁（T）	（6）

2. 收集 2018—2022 年磷酸铁锂电池和三元锂电池各自的出货量与市场占有率相关数据资料。

3. 整理磷酸铁锂电池和三元锂电池市场占有率，如表 1-30 所示。

表 1-30　装机量表及市场占有率表

产品	2018 年		2019 年		2020 年		2021 年		2022 年	
	装机量 /（GW·h）	市占率	装机量 /（GW·h）	市占率	装机量 /（GW·h）	市占率	装机量 /（GW·h）	市占率	装机量 /（GW·h）	市占率
三元锂电池	27.98	44.00%	33.1	58.09%	40.5	65.11%	38.9	61.16%	74.3	48.09%
磷酸铁锂电池	31.55	49.60%	22.2	38.96%	20.2	32.48%	24.4	38.36%	79.8	51.65%

4. 绘制 2018—2022 年度磷酸铁锂电池和三元电池市场占有率折线图，如图 1-10 所示。

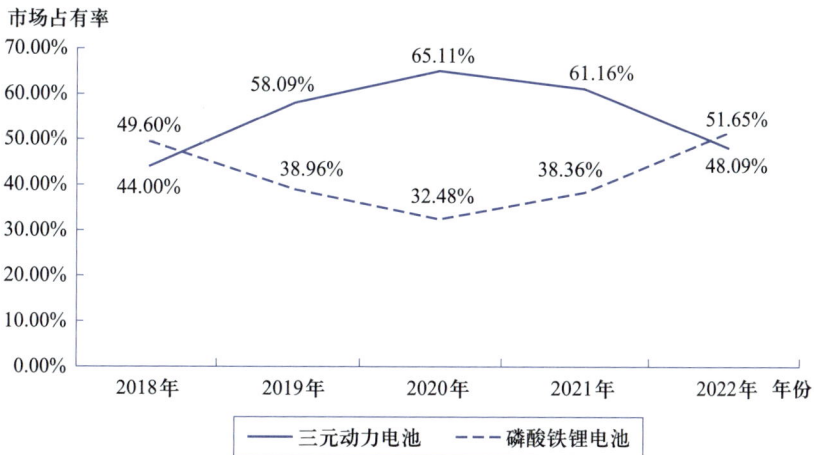

图 1-10　市场占有率折线图

从图中可以看出，三元动力电池市场占有率从 2018 年到 2020 年是上升趋势，转而到 2021 年开始市场占有率逐渐下降。磷酸铁锂电池市场占有率在 2020 年到 2022 年则呈稳步上升趋势。说明三元动力电池逐渐趋于产品生命周期的衰退阶段，而磷酸铁锂电池则处于上升趋势，未来很有可能取代三元动力电池成为市场主力，未来发展趋势向好。

交互式自测请扫描书侧二维码练习。

任务五
交互式自测

战略地图

全面预算管理

知识目标

◆ 熟悉全面预算管理的概念；

◆ 掌握全面预算编制的流程；

◆ 掌握零基预算与增量预算、固定预算与弹性预算、定期预算与滚动预算的概念和编制方法。

技能目标

◆ 能够根据企业战略目标，根据行业市场发展现状，制订经营计划，进而确定企业预算目标；

◆ 能够分解预算目标，并下达到企业内部各个经营单位；

◆ 能够根据分解后的预算目标，编制经营预算、专门决策预算和财务预算；

◆ 能够将预算分解到各部门，将年度预算分解为季度预算，执行预算，并分析预算差异；

◆ 能够根据不同预算考核主体，制定预算考核指标，并进行考核。

素养目标

◆ 培养精细化管理能力；

◆ 培养认真严谨、精益求精的工匠精神；

◆ 培养独立、客观、公正的工作态度。

知识导图

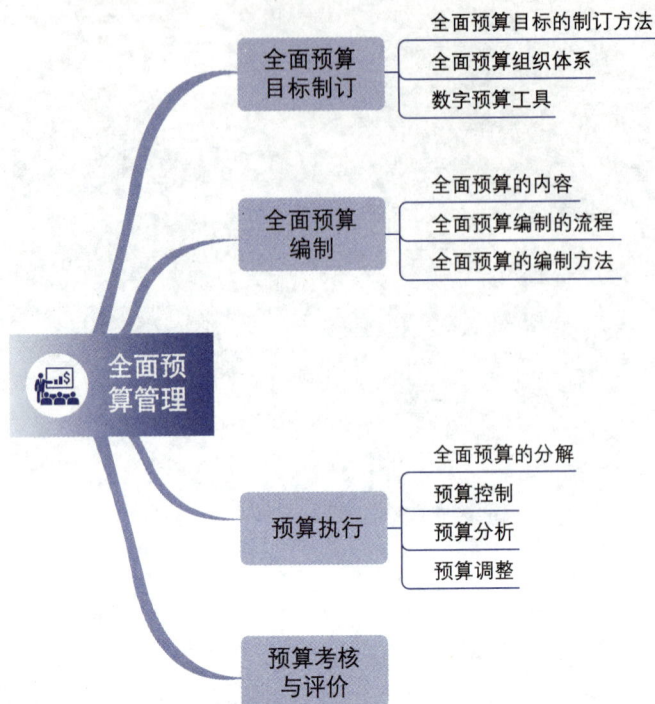

全面预算管理
- 全面预算目标制订
  - 全面预算目标的制订方法
  - 全面预算组织体系
  - 数字预算工具
- 全面预算编制
  - 全面预算的内容
  - 全面预算编制的流程
  - 全面预算的编制方法
- 预算执行
  - 全面预算的分解
  - 预算控制
  - 预算分析
  - 预算调整
- 预算考核与评价

情境引例

北京联创新能源科技股份有限公司（以下简称联创新能源公司）实行一年一期的年度预算编制，编制期为每年9月—12月。公司成立了由总经理担任主任，各部门最高负责人担任委员的预算管理委员会，预算管理组织架构图如图2-1所示。

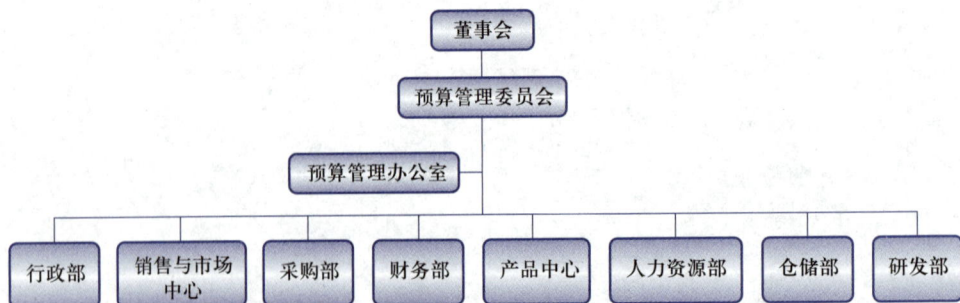

董事会
预算管理委员会
预算管理办公室
行政部 | 销售与市场中心 | 采购部 | 财务部 | 产品中心 | 人力资源部 | 仓储部 | 研发部

图2-1　预算管理组织架构图

此外，还设立了预算管理办公室，负责预算管理委员会的日常工作。预算管理办公室由财务部总经理担任主任。预算管理委员会负责公司预算管理的所有工作。9月中旬，预算管理委员会讨论公司下一年度的战略规划，制订年度经营计划，编制全面预算目标。10月初，给各部门分解预算目标、审议批准编制方法与程序。10月到11月为预算编制期。11月中旬，预算管理委员会审议预算初稿，平衡各部门预算。如有必要，调整预算目标。12月中旬，预算管理委员会审批并下达部门年度业务目标与业务计划、年度预算到各部门。年度预算编制完毕。全面预算编制流程如图2-2所示。

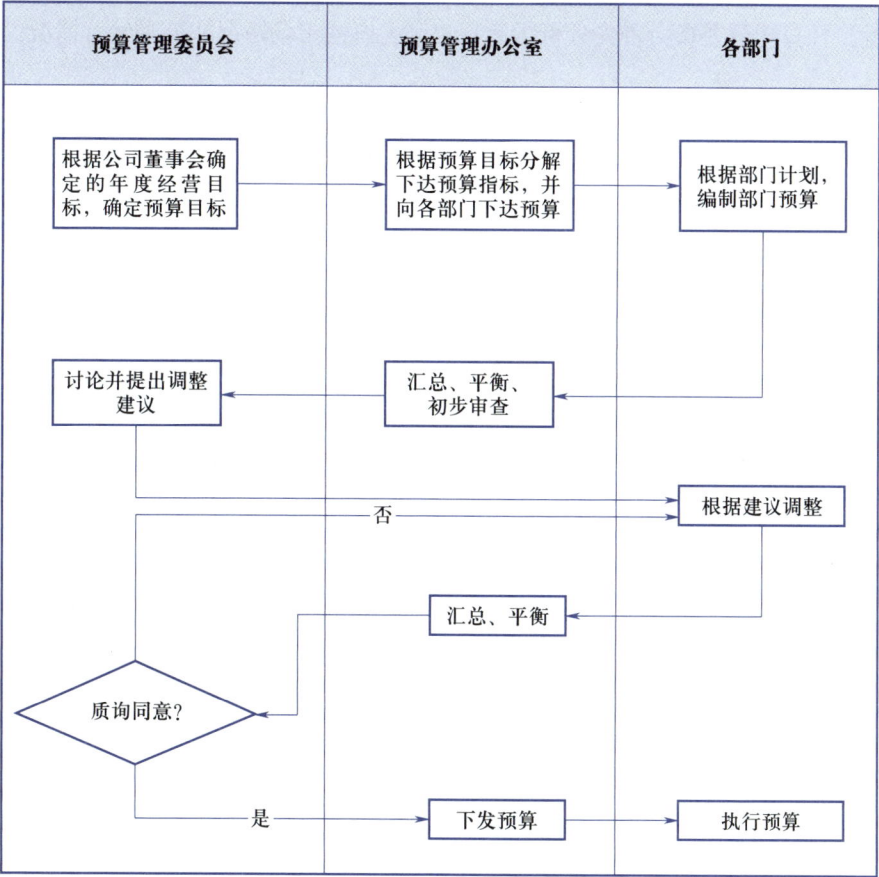

图2-2 全面预算编制流程图

任务一 全面预算目标制订

任务资料

2022 年 9 月中旬，联创新能源公司预算管理委员会开始讨论公司下一年度的战略目标。预算管理委员会首先分析了近三年动力电池市场情况和公司经营情况。具体如下：

1. 随着动力电池技术的成熟和市场竞争的加剧，电芯和电池包价格逐年下降，2020—2022 年动力电池单价表如表 2-1 所示。

表 2-1 2020—2022 年动力电池单价表

类型	名称	电量	2020 年	2021 年	2022 年
电芯	三元锂电芯 523 型	250 wh	280	270	265
电池包	三元锂电池 523 型	60 kw·h	70 000	69 000	67 500

2. 随着新能源汽车销售量的增长，动力电池需求量呈稳步上升趋势，2020—2022 年动力电池总装机量表如表 2-2 所示。

表 2-2 2020—2022 年动力电池装机量表

指标	2020 年	2021 年	2022 年
国内装机量/（GW·h）	62.2	63.6	154.5
联创新能源公司装机量/（GW·h）	3.6	4.61	6.101
市场占有率/%	5.79	7.25	3.95

从表 2-2 可以看出，虽然该公司每年电池装机量在逐年上升，但由于市场需求增长非常快，国内总装机量大幅提升，同时该公司目前最大产能仅有 8 GW·h。在

双重因素影响下，导致该公司市场占有率在 2022 年下降较多。企业管理层已经意识到这个问题，决定在 2023 年投资一个新的动力电池生产项目。新项目总装机量设计为 10 GW·h，初步估计预算为 43.5 亿元，预计 2023 年 4 月初需要一次性支付 30% 款项，全部用于购置非流动资产。

3. 该公司 2020—2022 年产品销售量情况如表 2-3 所示。

表 2-3　2020—2022 年产品销售量统计表

类型	名称	电量	项目	2020 年	2021 年	2022 年
电芯	三元锂电芯 523 型	250 W·h	销售量／件	2 400 000	3 200 000	4 400 000
电池包	三元锂电池 523 型	60 kW·h	销售量／件	50 000	63 500	83 350
合计			总电量／(kW·h)	3 600 000	4 610 000	6 101 000
合计			总收入／元	4 172 000 000	5 245 500 000	6 792 125 000

4. 该公司 2020—2022 年费用占比情况如表 2-4 所示。

表 2-4　2020—2022 年费用占比情况表

项目	2020 年		2021 年		2022 年	
	金额	占收入百分比	金额	占收入百分比	金额	占收入百分比
销售费用	187 740 000	4.50%	200 287 500	3.82%	228 461 800	3.36%
管理费用	241 976 000	5.80%	275 252 250	5.25%	308 194 968	4.54%
研发费用	362 964 000	8.70%	430 522 750	8.21%	502 844 422	7.40%
合计	792 680 000	19.00%	906 062 500	17.28%	1 039 501 190	15.30%

5. 2022 年该公司产品标准成本资料如表 2-5 所示。2023 年，单位产品材料耗用量不变，但预计材料价格会发生变化，2023 年原材料价格预估表如表 2-6 所示。

表2-5　2022年三元锂电池标准成本计算单

成本项目	名称	单位用量 /(kW·h)	计量单位	单位价格／元	单位成本 /[元/(kW·h)]
电芯／(kW·h)	正极材料（三元）	1.74	kg	115.00	200.10
	正极辅材	1.00	套	21.35	21.35
	负极活性物质（石墨）	0.97	kg	48.00	46.56
	负极辅材	1.00	套	72.5	72.5
	电解液（三元）	0.58	L	32.00	18.56
	隔膜（湿法涂覆）	16.00	m²	2.40	38.40
	其他辅材	1.00	套	46.00	46.00
	电芯材料成本合计				443.47
模组／(kW·h)	模组辅材	1	套	100.67	100.67
电池包／(kW·h)	PACK材料包	1	个	126.61	126.61
直接人工 /[元／(kW·h)]	人工成本	0.72	工时	50.00	36.00
变动制造费用 /[元／(kW·h)]	电费	24.85	度	0.52	12.92
	水费、维修费用	1.00	单位	5.00	5.00
固定制造费用（元／年）	设备折旧费（年折旧费）	240 000 000			
	房屋建筑折旧费	36 000 000			
	土地使用权摊销	1 800 000			
	车间管理人员薪酬	2 400 000			
	其他杂项	1 200 000			
	模组电池包人员薪酬（专属固定成本）	800 000			
	固定制造费用总计	282 200 000			

注：固定制造费用包括联合成本和专属固定成本。模组电池包人员薪酬是专属固定成本，为模组电池包生产车间工人计时固定工资。

表2-6　2023年原材料价格预估表

原材料	采购单价／元	计量单位
正极材料（三元）	112.5	kg
正极辅材	21	套

原材料	采购单价 / 元	计量单位
负极活性物质（石墨）	50	kg
负极辅材	72	套
电解液（三元）	33	L
隔膜（湿法涂覆）	2.5	m^2
其他辅材	45	套
模组辅材	101	套
PACK材料包	126	个

假设废品率为 0。

任务布置

根据上述资料完成下列任务：

1. 按表 2-1 中 2020—2022 年电池单价下降速度的算术平均值预测 2023 年产品单价，填入表 2-7。单价保留整数，百分比数保留两位小数。

2. 按表 2-3 中 2020—2022 年电池销售量上涨速度的平均值预测 2023 年动力电池销售量，填入表 2-8。销售量保留整数，百分比数保留两位小数。

3. 按表 2-4 预测 2023 年费用占收入比。2023 年销售费用、管理费用和研发费用占比按 2020—2022 年占比算术平均值计算，并进一步预测 2023 年销售费用、管理费用和研发费用，填入表 2-9。金额保留整数，百分比数保留两位小数。

知识准备

全面预算管理是以企业战略目标为导向，在对未来经营环境预测的基础上，确定预算期经营计划，明确预算目标，并对预算目标进行逐层分解，采

全面预算目标的制定

取上下结合、分级编制、逐级汇总的方式进行的一系列量化的计划安排。

一、全面预算目标的制订方法

战略是企业长远发展规划，为了保证公司战略的实现，需要将公司长期战略分解为年度经营计划。年度经营计划是企业为了实现战略而制订的一个年度内包括目标、策略与方案等在内的经营管理计划。经营计划需要通过制订全面预算目标落实。因此，全面预算目标的制订是全面预算管理的第一步。一般由财务部门或者预算编制部门根据企业战略目标、本预算年度经营计划、行业发展前景、预算期经营环境预测的结果，制订全面预算目标。全面预算目标一般包括销售目标、成本费用目标、利润目标和现金流量目标等。① 销售目标一般包括销售单价、销售量和销售收入目标。销售目标应根据企业自身产能水平、所占市场份额以及行业发展前景等因素综合确定。本任务资料中，企业由于受到产能限制，导致 2022 年市场占有率下降，这对企业发展和行业地位造成了不利影响，企业应尽快增加产能，提高市场份额。② 成本费用目标根据企业历史经验数据并参考行业标杆或行业均值确定。③ 利润目标主要由企业战略目标决定，并受到销售预算目标和成本费用目标等因素影响。

全面预算目标的制订方法比较多，常见的有趋势分析法、标杆法和本量利分析法等。

（一）趋势分析法

趋势分析法是根据事物发生的连续性原理，应用数理统计方法将过去的历史资料按时间顺序排列，运用一定的数字模型来推测计划期数据的一种预测方法。根据趋势分析法采用的数学方法不同，又可分为：

1. 算术平均法

算术平均法是指以过去若干时期的销售量（或销售金额）的算术平均数作为计划期的销售预测数。这一方法的优点是计算简单，缺点是测出的预计数量与实际数量会发生较大的误差，所以这种方法只适用于销售量比较稳定的产品。

2. 移动加权平均法

移动加权平均法是指根据过去若干时间的销售量（或销售金额）按其距计划期的远近分别进行加权（近期所加权数大些，远期所加权数小些），然后计算其加权平均数，作为计划期的销售预测数。

3. 指数平滑法

指数平滑法是指根据某个指标的若干连续历史实际数据和预测数据为基础，引入平滑系数，作为加权因子，以求得平均数的一种时间序列预测法。指数平滑法对离预测期较近的历史数据给予较大的权重，权重由近到远按指数规律递减的一种特殊的加权平均法。

（二）标杆法

标杆法是指以企业历史最高水平或同行业中领先企业的盈利水平为基准来确定预算指标的一种方法。实务中，通常存在企业内部基准和外部基准两种标杆。企业内部基准是以本企业历史最高水平为标准；外部基准是以行业同类先进企业的水平为标准。利用标杆法确认预算指标，很容易发现本企业的问题与不足，具有较为广泛的适用性。

（三）本量利分析法

本量利分析法是"成本—业务量—利润"分析的简称，是研究产品变动成本、固定成本、销售量、销售单价、产品品种结构和利润等因素之间的相互关系，据以确定销售价格、销售量、产品成本、目标利润等的方法。

预算目标的制订过程是一个自下而上、自上而下的沟通、协调过程，在这一过程中企业内部各级责任单位和个人的利益被考虑进去，并与企业整体利益经过协调达成一致。

制订预算目标时应注意以下几点：

1. 长远目标与短期目标相结合

预算目标是公司战略目标的具体体现和阶段性目标，是短期目标。预算目标应该能反映企业长期战略管理的目的，并促进长期战略管理目标的实现。

2. 定量指标与定性指标相结合

制订预算目标时，要注意定量指标与定性指标相结合。

（1）定量指标一般用于衡量企业的经营业绩和财务状况，常见的定量指标有财务类指标、运营类指标、客户类指标和学习发展类指标等。财务类指标如目标利润、销售利润率、资产负债率、净资产收益率、资本保值增值率、费用占比等。运营类指标如销售量完成率、销售额增长率和市场占有率等。客户类指标如客户保有量、客户投诉率等指标。学习发展类指标如培训计划完成率、员工培训满意度等指标。

（2）定性指标一般用于衡量企业各部门的经营效率和各责任人的工作能力等，常见的定性指标如部门预算执行效果指标、工作能力考核指标和工作态度考核指标等。

3. 企业内部与外部相结合

预算管理的目标是以企业内在条件为前提的，忽视自身条件的目标是不切合实际的；同时，预算管理的目标还要考虑市场竞争风险、资本要求、市场发展状况、市场价格状况及趋势，在充分的市场预测的前提下，制订切实可行的预算管理目标。离开市场预测这一现实基础，预算目标的制订将是盲目的，对实际工作和企业发展难以发挥指导作用。

二、全面预算组织体系

全面预算组织体系一般包括：预算决策机构、预算组织机构、预算执行机构。

（一）预算决策机构

1. 股东大会

股东大会是全面预算管理的法定权利机构。《中华人民共和国公司法》规定，股东大会负责审议批准公司的年度财务预算方案、决策方案。

2. 董事会

董事会是全面预算管理的法定决策机构。《中华人民共和国公司法》规定，董事会负责制订公司的年度预算方案、决策方案。

3. 预算管理委员会

预算管理委员会一般由董事长或总经理任组长，财务总监任副组长，由副总经理、各职能部门负责人组成。预算管理委员会的职责主要有：审议公司预算管理制度；根据年度预算目标，审批确定目标分解方案；负责召开预算平衡审议会，提出修改与调整意见；根据预算授权审批制度对预算执行过程中预算内、超预算和预算外事项进行审批控制；组织召开预算执行分析会议、协调各部门制订下一步工作计划；根据预算授权审批制度对预算调整事项进行审核和决策；审批预算考核意见等。

（二）预算组织机构：预算管理办公室或财务部

企业可以设置预算管理办公室或者由财务部执行预算管理办公室的职责。其职责包括：制订预算编制方法和程序；根据公司战略和经营计划，制订预算目标，并分解目标；对各部门编制的预算给予指导，并进行初步审查、协调和平衡，汇总编制公司总体预算方案，并报预算管理委员会审查；根据预算管理制度，制订预算调整方案，报预算管理委员会审批；对预算执行情况进行监控和预警；汇总分析预算责任单位的预算执行情况，编制预算执行分析报告，报预算管理委员会审批；设计预算考核指标，并组织各预算责任中心进行预算考核，出具预算指标考核结果和意见，报预算管理委员会审批。

（三）预算执行机构：各预算责任中心

预算责任中心是指执行预算的各运营单位和管理部门，根据预算目标，承担一定责任并享有相应权利和利益的企业内部单位。

预算执行机构的主要职责包括：根据下达的年度预算目标，编制部门预算并报相关部门审核；执行和控制预算委员会下达的预算；定期分析、报告预算执行情况；根据预算制度，向预算委员会提出预算调整申请；协调本单位或部门内部资源及单位或部门之间的预算关系。

三、数字预算工具

顺应数字时代发展要求，企业在全面预算编制过程中，常常运用 Excel、大数据分析、数据可视化等现代信息技术，将大量的行业信息、市场前景信息和企业自身财务信息进行收集、整理、加工和分析，为企业制订年度经营计划、确定全面预算目标，提供全面、及时、准确的信息集合和有效的管理工具。

下面以使用频率较高的 Excel 软件为基础，介绍一下企业全面预算编制过程中常用的函数。

（1）ROUND 函数。ROUND 函数返回一个数值，该数值是按照指定的小数位数进行四舍五入运算的结果。

Round 函数的语法是：ROUND（number，num_digits），即：ROUND（数值，保留的小数位数）。

number：需要进行四舍五入的数字。

num_digits：指定的位数，按此位数进行四舍五入。

其中，如果 num_digits 大于 0，则四舍五入到指定的小数位。

如果 num_digits 等于 0，则四舍五入到最接近的整数。

如果 num_digits 小于 0，则在小数点左侧进行四舍五入。

例如，＝Round（3.24，1）将 3.24 四舍五入到一个小数位（3.2）；＝Round（17.8，−1）将 17.8 四舍五入到小数点左侧一位（20）。这个参数 −1 表示取整到十位数。

另外需要注意的是，为了防止计算过程中无理数产生的一系列尾数差异，本书中凡是无法除尽需要保留小数位数的，一律使用 Round 函数。

（2）If 函数。If 函数是条件判断函数：如果指定条件的计算结果为 TRUE，If 函数将返回某个值；如果该条件的计算结果为 FALSE，则返回另一个值。

If 函数的语法是：If(logical_test，value_if_true，value_if_false)

logical_test：表示计算结果为 TRUE 或 FALSE 的任意值或表达式。

value_if_true：表示 logical_test 为 TRUE 时返回的值。

value_if_false 表示 logical_test 为 FALSE 时返回的值。

【知识拓展与价值提升】

预算管理中的部门沟通协调能力

有效的沟通是用心去做、用心去听，是心与心的交流，不仅仅是信息的发出，而更重要的是信息被接收，被正确无误地理解与贯彻。

作为预算管理人员，沟通贯穿整个预算管理过程。大到预算编制过程的各部门主要业务项目及发展趋势，小到预算检查过程中的细枝末节，均需要通过沟通进行交流、消化，以实现信息的有效传递。

预算人员在沟通过程中应注意以下几点：

（1）准备充分，有话可说。为了提高沟通的质量与效率，预算管理人员必须熟悉公司经营状况及业务特点，了解各部门的工作重点及业务发展方向，不断提高对公司的整体把握能力。具体表现在，对各部门上报的预算执行情况进行分析时，认真仔细查看资料，整理出疑惑事项，通过相关途径进行询问。在预算检查时，拟订预算检查的工作重点检查事项，并进行明确分工，及时记录需询问事项，进行集中交流。在沟通时，准备充分，思路清晰，做到有的放矢。

（2）树立自信，克服胆怯。首先，财务部门应建立一个良好的沟通与交流氛围，注重提升员工表达能力。其次，通过预算管理小组内部的沟通与交流，逐步树立员工自信，使其敢于发言，善于发言，使预算人员逐步克服过分怯场、胆怯的心理；另一条途径是对预算人员进行沟通技巧培训，提高预算人员的讲话技巧与方式，抓住重点，注重表达方式，通过员工自我压力调整，以实现沟通与交流的目的。

（3）用心沟通，畅所欲言。所谓沟通，存在两方面的因素，一方面是讲话者，另一方面是听取者。讲话者把话讲出来，听取者能够准确无误地理解，才叫沟通。所以，沟通时讲话者必须注意语速及清晰度，使得听取者能够准确无误地理解发出的信息及内涵。讲话者要做到用心去讲，听取者要用心去听，用心去想，用心去理解。树立讲实话、讲真话的理念，只有这样，才能实现"零距离"沟通，实现沟通与交流的目的。

（4）注重方式，不带情绪。预算是既注重大事又注重细节的工作，特别是细节问题很多。所以，预算人员在沟通时一定要注意方式，精神要集中，说话要语气平和，对事不对人。千万不能附带责备、指责的语气，否则，会影响沟通的效果与效率。既要保持管理者的风格，又要做到平等相待，以实现预算过程中的沟通目的。沟通的基础决定沟通的作用，沟通的态度决定沟通的效率。只有预算人员始终以真实、真挚、真诚为基础，做到注重方式、方法，为了共同提高预算管理在实际工作中的作用，沟通才能发挥积极作用。

任务实施

根据知识准备，我们了解了全面预算目标的内容和计算方法，实际中我们可以选择其中的一种或几种计算方法组合使用。根据任务资料，联创新能源 2023 年全面预算目标包括四个方面：销售价格、销售量、费用和成本数据。成本数据已经在任务资料中直接给出，不需要我们再预测。

根据任务布置要求，分别完成各个任务：

1. 预测 2023 年产品单价。

第一步，计算 2020—2022 年下降率。公式如下：

$$下降率 = \frac{上期单价 - 本期单价}{上期单价} \times 100\%$$

第二步，计算 2023 年预计下降率。公式如下：

$$2023 \text{ 年预计下降率} = \frac{2022 \text{ 年下降率} + 2021 \text{ 年下降率}}{2}$$

第三步，预计 2023 年单价。公式如下：

$$2023 \text{ 年单价} = 2022 \text{ 年单价} \times (1 - 2023 \text{ 年预计下降率})$$

2023 年产品单价预测表如表 2-7 所示。

表 2-7　2023 年产品单价预测表

类型	名称	电量	项目	2020 年	2021 年	2022 年	2023 年
电芯	三元锂电芯523型	250 W·h	单价／元	280	270	265	258
			下降率		3.57%	1.85%	2.71%
电池包	三元锂电池523型	60 kW·h	单价／元	70 000	69 000	67 500	66 285
			下降率		1.43%	2.17%	1.80%

2. 预测 2023 年产品销售量。

第一步，计算 2020—2022 年产品销售量增长率。公式如下：

$$\text{增长率} = \frac{\text{本期销售量} - \text{上期销售量}}{\text{上期销售量}} \times 100\%$$

第二步，预测 2023 年增长率。公式如下：

$$2023 \text{ 年增长率} = \frac{2022 \text{ 年增长率} + 2021 \text{ 年增长率}}{2}$$

第三步，预测 2023 年销售量和总收入。公式如下：

$$2023 \text{ 年销售量} = 2022 \text{ 年销售量} \times (1 + 2023 \text{ 年增长率})$$

$$\text{总收入} = \text{电芯单价} \times \text{销售量} + \text{电池包单价} \times \text{销售量}$$

2023 年动力电池销售量预测表如表 2-8 所示。

表 2-8　2023 年动力电池销售量预测表

类型	名称	电量	项目	2020 年	2021 年	2022 年	2023 年
电芯	三元锂电芯523型	250 W·h	销售量／件	2 400 000	3 200 000	4 400 000	5 958 480
			增长率		33.33%	37.50%	35.42%

类型	名称	电量	项目	2020 年	2021 年	2022 年	2023 年
电池包	三元锂电池523型	60 kW·h	销售量／件	50 000	63 500	83 350	107 630
			增长率		27.00%	31.26%	29.13%
合计			总电量/(kW·h)	3 600 000	4 610 000	6 101 000	7 947 420
合计			总收入／元	4 172 000 000	5 245 500 000	6 792 125 000	8 671 542 390

3. 预测 2023 年销售费用、管理费用和研发费用。

第一步，计算 2023 年各费用占收入百分比。

$$2023 \text{ 年占收入百分比} = \frac{2020 \text{ 年—} 2022 \text{ 年三年占收入比之和}}{3} \times 100\%$$

第二步，预测 2023 年各费用金额。

$$2023 \text{ 年费用金额} = 2023 \text{ 年收入} \times \text{该费用占收入百分比}$$

2023 年各费用预测表如表 2-9 所示。

表2-9　2023年各费用预测表

项目	2020 年		2021 年		2022 年		2023 年	
	金额／元	占收入百分比	金额／元	占收入百分比	金额／元	占收入百分比	金额／元	占收入百分比
销售费用	187 740 000	4.50%	200 287 500	3.82%	228 461 800	3.36%	337 322 999	3.89%
管理费用	241 976 000	5.80%	275 252 250	5.25%	308 194 968	4.54%	450 920 204	5.20%
研发费用	362 964 000	8.70%	430 522 750	8.21%	502 844 422	7.40%	702 394 934	8.10%
合计	792 680 000	19.00%	906 062 500	17.28%	1 039 501 190	15.30%	1 490 638 137	17.19%

【即学即练】

交互式自测请扫描书侧二维码练习。

任务一
交互式自测

任务二　全面预算编制

任务资料

根据任务一，已完成了 2023 年度企业预算目标制订。预算管理办公室将预算目标下发给各部门，由各部门编制部门预算。

一、销售与市场中心

该部门需要编制年度销售预算，并将年度预算分解为季度预算。根据全年汽车销售特点，第 1—4 季度动力电池销售量约各占全年销量的 20%、20%、30% 和 30%。公司施行的信用政策为当期收款 90%，下季度收回余款。公司所有产品适用的增值税税率为 13%。收款时确认收入。

该部门根据 2023 年度销售费用预算目标总额制订 2023 年销售费用预算，并分解为季度预算。

二、仓储部

该部门根据仓储制度，制订 2023 年度仓储计划并分解为季度仓储计划。原材料发出单价采用全月一次加权平均法，库存商品发出计价方法采用先进先出法。

三、产品中心

该部门根据 2023 年动力电池销售预测表、仓储计划、2022 年动力电池标准成本计算单中的材料耗用量和制造费用、2023 年原材料价格预估表等内容，编制 2023 年度产量预算和产品成本预算，并分解为季度预算。假设月初月末均无在产品。

四、采购部

根据企业材料需求量和储存量要求，编制 2023 年度材料采购预算。所有原材料适用的增值税税率为 13%，付款方式为当季支付采购款的 80%，余款下季度支付。

五、研发部

研发部根据 2023 年度研发费用预算目标总额制订 2023 年研发费用预算，并分解为季度预算。

六、人力资源部

人力资源部根据各部门提交的 2023 年度部门预算中有关职工薪酬预算，汇总编制 2023 年度职工薪酬预算。

七、行政部

行政部在财务部的协助下根据各部门提交的后勤及办公费、差旅及招待费和其他杂费等项目，汇总编制 2023 年管理费用预算。

八、财务部

财务部负责编制销售成本预算、折旧及摊销预算、资本支出预算、税费预算和财务预算。该公司对存货采用先进先出法计价。

目前，企业与银行保持稳定关系，短期经营资金一般为期限一年内的银行短期贷款，长期投资项目可以采用银行借款、发行债券、发行股票等方式融资。不同筹资方式的平均利率估算如表 2-10 所示。

表2-10　不同筹资方式的平均利率估算

筹资方式	期限	资金成本率（利率）
短期借款	1 年内	4%
长期借款	1~5 年	6%
发行债券	3~10 年	5%
发行股票		由股利政策决定

该公司利息收入主要来自货币资金存款利息，平均年利率为1%。

2023年，该公司准备投资一个新的动力电池生产项目。新项目总装机量设计为10 GW·h，初步估计预算为43.5亿元，预计2023年4月初一次性支付30%款项，全部用于购置非流动资产。

该公司涉及的税种包括增值税、城市维护建设税、教育费附加、房产税、城镇土地使用税和印花税。增值税、城市维护建设税、教育费附加、所得税均按月计提，按季申报缴纳，1月、4月、7月、10月缴纳。房产税和城镇土地使用税按年计算，每年4月和10月各计提50%，5月和10月两期缴纳。房产税、城镇土地使用税按2022年度数据预估，分别为1 600 000元和900 000元。印花税根据2022年印花税占销售收入百分比估算。2022年印花税占销售收入总额的0.01%。适用的所得税税率为15%，城市维护建设税税率为7%，教育费附加费率为3%，地方教育附加费率为2%。

该公司预计2022年年末的资产负债表如表2-11所示。

表2-11 资产负债表

会企01表

编制单位：　　　　　　　　2022年12月31日　　　　　　　　单位：元

资产	期末余额	负债和所有者权益 （或股东权益）	期末余额
流动资产：		流动负债：	
货币资金	65 000 000	短期借款	0
交易性金融资产	0	交易性金融负债	0
衍生金融资产	0	衍生金融负债	0
应收票据	0	应付票据	0
应收账款	203 763 750	应付账款	227 423 343.26
应收账款融资	0	预收款项	0
预付款项	0	合同负债	0
其他应收款	0	应付职工薪酬	76 964 300
存货	325 468 823.26	应交税费	97 430 000
合同资产	0	其他应付款	0
持有待售资产	0	持有待售负债	0
一年内到期的非流动资产	0	一年内到期的非流动负债	0

资产	期末余额	负债和所有者权益 （或股东权益）	期末余额
其他流动资产	0	其他流动负债	0
流动资产合计	594 232 573.26	流动负债合计	401 817 643.26
非流动资产：		非流动负债：	
债券投资	0	长期借款	0
其他债权投资	0	应付债券	0
长期应收款	0	其中：优先股	0
长期股权投资	0	永续债	0
其他权益工具投资	0	租赁负债	0
其他非流动金融资产	0	长期应付款	0
投资性房地产	0	预计负债	45 235 436
固定资产	2 407 850 800	递延收益	0
在建工程	0	递延所得税负债	0
生产性生物资产	0	其他非流动负债	0
油气资产	0	非流动负债合计	45 235 436
使用权资产	0	负债合计	447 053 079.26
无形资产	66 600 000	所有者权益（或股东权益）：	
开发支出	0	实收资本（或股本）	884 301 400
商誉	0	其他权益工具	0
长期待摊费用	0	其中：优先股	0
递延所得税资产	0	永续债	0
其他非流动资产	0	资本公积	647 316 000
非流动资产合计	2 474 450 800	减：库存股	0
		其他综合收益	0
		专项储备	0
		盈余公积	42 464 000
		未分配利润	1 047 548 894
		所有者权益（或股东权益）合计	2 621 630 294
资产总计	3 068 683 373.26	负债和所有者权益（或股东权益）合计	3 068 683 373.26

任务布置

请为各部门编制相关预算。

知识准备

根据图 2-2 全面预算编制流程图，预算管理办公室完成预算目标分解后，应将预算目标下达到各部门，并由各部门编制部门预算。本任务就是要完成各部门预算的编制，进一步由预算管理办公室汇总、平衡、初步审查后进行最后的综合平衡，完成全面预算的编制工作。

本任务包括全面预算的内容及各部门负责编制的主要预算、全面预算编制的流程和全面预算的编制方法。

一、全面预算的内容

企业的全面预算（亦称总预算）通常以年度为基础进行编制，全面预算编制的内容主要包括经营预算、财务预算和专门决策预算三部分，如图 2-3 所示。

（一）经营预算

经营预算主要包括：销售预算、生产预算、材料采购预算、直接材料预算、直接人工预算、制造费用预算、产品成本预算、销售成本预算和销售费用及管理费用预算等内容。

1. 销售预算

销售预算是编制全面预算的起点，其他预算的编制以销售预算为基础。销售预算通常由销售部门编制。在销售预算的编制过程中，企业应根据历史财务数据做出的市场销售预测、已经或预算期内能够获得的销售合同、自身的产能做出预计销售量的预测；根据企业在市场竞争中所取得的份额、市场环境（包括供应与需求）及企业对产品定价策略做出单价的预测。再依据销售收入是预计销售量与单价的乘积，得出预计销售收入，并根据各季度现销收入与收回前期的应收账款反映现金收入额，为编制现金收支预算提供资料。根据销售预测确定的销售量和销售单价确定各期的销售收

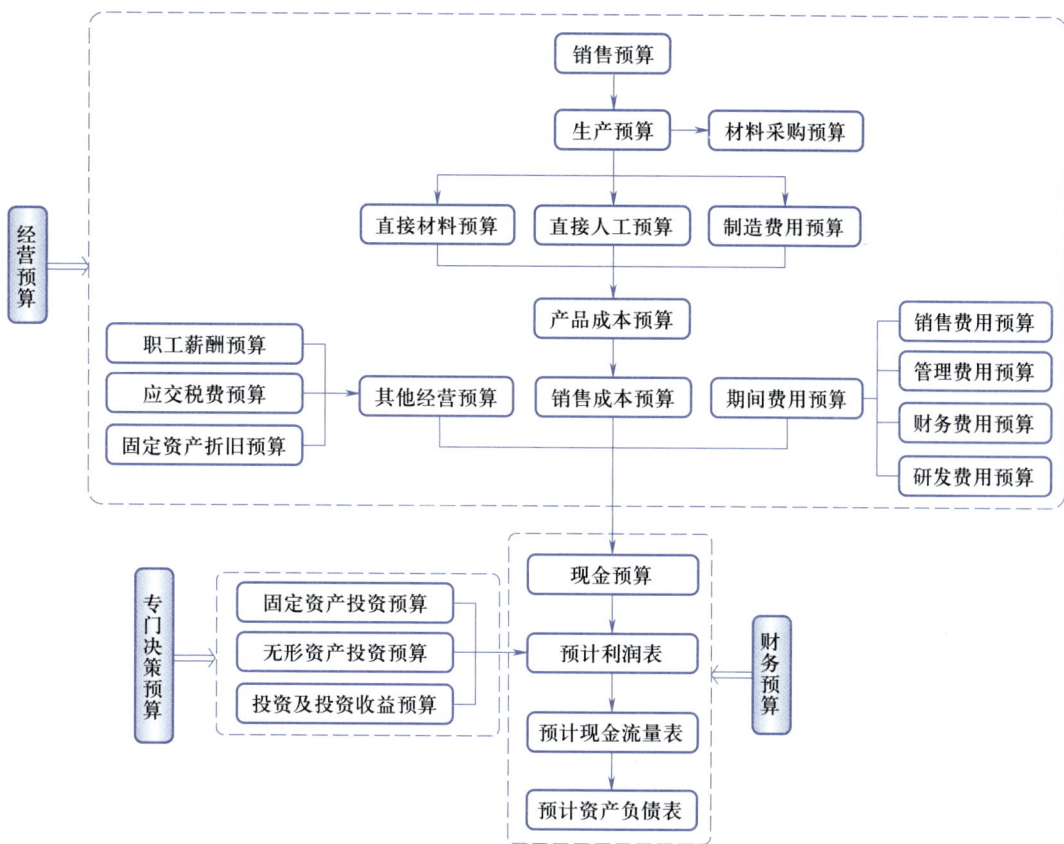

图 2-3　全面预算的内容

入，并根据各期销售收入和企业信用政策，确定每期销售现金流量，是销售预算的两个核心问题。

2. 生产预算

生产预算是在销售预算的基础上编制完成的，其主要内容是确定产品在预算期的生产量和期末结存量，前者为编制直接材料预算、直接人工预算、制造费用预算等提供基础，后者是编制期末存货预算和预计资产负债表的基础。通常由生产部门负责编制。

生产预算的特殊之处在于只有实物量而没有价值量。通常，企业的生产和销售并不能做到同步运动，这就需要设置一定的存货水平，以保证在发生意外需求时能够按时供货，及时生产。存货数量通常按照下期销售量的一定百分比水平确定。

预计期末结存量 = 预计期初结存量 + 预计生产量（本期增加）−
预计销售量（本期减少）

得出基本公式：

预计生产量＝预计销售量＋预计期末结存量－预计期初结存量

3. 材料采购预算

材料采购预算是为了规划预算期材料消耗情况及采购活动而编制的，用于反映预算期各种材料消耗量、采购量、材料消耗成本和材料采购成本等计划信息的一种业务预算。材料采购预算是以生产预算为基础编制的，并需要考虑材料的期初、期末的存量。材料采购预算通常由采购部门负责编制。

材料预计生产需要量＝单位产品材料的消耗定额 × 产品预计生产量

材料期末结存量＝材料期初结存量＋材料采购量（本期增加）－
材料耗用量（本期减少）

得出基本公式：

材料采购量＝材料耗用量＋材料期末结存量－材料期初结存量

材料采购支出＝当期现金采购支出＋支付前期赊购金额

材料期末结存量可以为期末存货预算表的编制提供依据，现金支出的确定可以为现金预算的编制提供依据。

4. 直接材料预算

直接材料预算是以生产预算为基础编制的，其主要内容有直接材料的单位产品材料用量、生产需用量、材料单价等。生产需用量的计算公式如下：

生产需用量＝预计生产量 × 单位产品材料用量

5. 直接人工预算

直接人工预算也是以生产预算为基础编制的。直接人工预算是一种既反映预算期内人工工时消耗水平，又规划人工成本开支的业务预算。

由于工资一般需要以现金支付，因此直接人工预算表中预计直接人工成本就是现金预算中的直接人工支出。直接人工预算的关键在于确定现金预算中直接人工的总成本和产品成本预算中的直接人工。直接人工预算通常由生产部门负责编制。

6. 制造费用预算

制造费用预算是反映生产成本中除去直接材料、直接人工以外的所有不能直接计入产品制造成本的间接制造费用的预算。制造费用预算通常按照成本习性划分为变动制造费用和固定制造费用两个部分。变动制造费用的编制基础是生产预算；固定制造费用则需要进行逐项的统计，一般来说固定制造费用与当期的产量无关，按照每季度需要支付的金额大小求出全年数。制造费用中，除折旧费外的（比如保险费用、修理费等）都必须以现金支付。所以，根据全年每个季度制造费用合计数扣除折旧费后，即可得出"合计现金支出的制造费用"。制造预算通常由生产部门负责编制。

7. 产品成本预算

产品成本预算是生产预算、材料采购预算、直接人工预算、制造费用（包含变动制造费用、固定制造费用）预算的综合汇总。产品成本预算包含单位产品生产成本预算和产品总成本预算。单位产品生产成本反映的是预算期内各产品的单位生产成本，分别以材料采购预算、直接人工预算、制造费用预算为基础。

产品成本预算的关键在于确定单位产品生产成本，其目标是结合销售预算（根据销售量）确定利润表预算中的"营业成本"本期发生额和结合生产预算确定资产负债表预算中的"存货－产成品"期末余额。产品成本预算通常由生产部门负责编制。

8. 销售成本预算

销售成本是指已销产品的生产成本。本期销售成本计算公式如下：

本期销售成本＝期初存货成本＋本期生产成本－本期期末存货成本

销售成本预算通常由财务部门负责编制。

9. 期间费用预算

期间费用预算包括销售费用预算、管理费用预算、财务费用预算和研发费用预算。

（1）销售费用预算是指为了实现销售所需要支付的费用预算。销售费用预算包括变动性销售费用预算和固定性销售费用预算两部分。变动性销售费用主要包括销售佣金、包装费、运输费、装卸费等。固定性销售费用包括促销费用、广告费用、专设销售机构的办公费、折旧费和人员基本工资等。销售费用预算通常由销售部门负责编制。

（2）管理费用预算是指企业维持日常运行发生的费用预算。管理费用是任何企业所必需的一项费用，在现今企业的管理资源更被视为核心竞争力资源。在财务会计中多将管理费用列支于固定成本。合理的管理费用可以帮助企业利用管理职能为实际生产增添效率，过高或者过低的管理费用对于企业来说均不适宜。管理费用一般多以过去的实际开支为基础，再根据预算期可预见的增减变化进行调整，调整的目的是提高单位管理费用对企业的效率并且避免浪费。管理费用预算内容通常涉及多个职能部门，通常由财务部门首先将管理费用预算目标分解到各个部门，由各部门编制自身费用预算，再由财务部门进行汇总。

（3）财务费用预算是指预算期内因筹措使用资金而发生的费用预算。财务费用预算的明细项目主要包括：利息支出（减利息收入）、汇兑损失（减汇兑收益）、借款手续费及其他筹资费用。为符合资本化条件的资产借款而发生的费用，应予以资本化，不列入财务费用预算。

（4）研发费用预算是反映企业进行研究与开发过程中发生的费用化支出预算，主要包括研发人员薪酬、研发直接投入费用、折旧费用与长期待摊费用、无形资产摊销费用、设计费用、装备调试费用与试验费用等。

10. 其他经营预算

其他经营预算主要包括职工薪酬预算、应交税费预算、固定资产折旧预算等。职工薪酬预算是企业根据薪酬政策制订的薪酬预算，包括基本工资、绩效奖金、社会保险、津贴补贴等。应交税费预算是预计企业应交各种税费的预算，包括应交增值税、应交所得税、税金及附加等税费预算。固定资产折旧预算是预算期企业计提固定资产折旧的预算。

（二）财务预算

财务预算是一系列专门反映企业未来一定预算期内预计财务状况和经营成果，以及现金收支等价值指标的各种预算的总称，具体包括现金预算、预计利润表、预计现金流量表和预计资产负债表等。财务预算通常由财务部门负责编制。

1. 现金预算

现金预算是企业对一定期间内的现金流量所作的预计和规划。现金预算的编制基础是收付实现制，即现金预算中包含了所有的现金收入和支出，但是不包括权责发生制下应收而未收到的收入和应付而未付的支出。现金预算编制的目的在于资金不足时做好现金的筹措，资金剩余时合理安排现金的投放。

现金流量即现金流入和现金流出的数量，是指现金在企业经营过程中的流转量。

（1）现金流入的来源包括（但不限于）：① 产品销售收入。这是任何正常经营的企业最主要的现金来源。② 应收类资产的减少。例如，企业应收账款、应收票据、长期应收款等的收回，导致企业债权减少的同时现金增加。③ 债务的增加。例如，企业向金融机构借入长、短期借款或向社会公众发行企业债券，都会使得企业债务增加的同时现金增加。④ 企业吸收新的投资者加入企业（有限责任公司）；企业首次公开发行股份上市、配股、发行可转换公司债券（股份有限公司）也都会使得企业债务增加的同时现金增加。⑤ 出售企业（剩余）资产。⑥ 利息、红利收入。

（2）现金支出的渠道包括（但不限于）：① 直接材料采购、直接人工（包含福利费）、各项税费（不包含企业所得税）的现金支出。② 负债的减少。例如，企业对应付账款、应付票据、长期应付款等的支付，导致企业负债减少的同时现金减少。③ 企业对各利益相关主体的分配。企业以现金缴纳企业所得税、支付利息费用、分配现金股利，在分别实现了对政府部门、债权人及股东回报的同时现金减少。

2. 预计利润表

预计利润表预算是指以货币的形式综合反映企业在计划期内的预计经营成果的财务预算，其编制的依据基础是经营预算、专门决策预算和现金预算。通过编制预计利润表预算可以得出企业预算期的预计利润，并与企业的目标利润进行比较。如果二者水平相差较大，决定是否需要调整部门预算，设法达到目标利润；或者经过企业高层的批复之后预算人员修订目标利润。

3. 预计现金流量表

预计现金流量表是以现金流量表的内容和格式编制的反映企业预算期内所有现金收支的预算。它以经营预算、专门决策预算和财务预算中所有涉及现金收支的预算为基础，是企业资金调控管理的基础，是企业能否持续经营的基本保障。

4. 预计资产负债表

预计资产负债表的编制需以计划期开始日的资产负债表为基础，然后结合计划期间各项业务预算、专门决策预算、现金预算和预计利润表进行编制。它是编制全面预算的终点。

（三）专门决策预算

专门决策预算又称资本支出预算、长期决策预算，通常指与项目投资决策密切相关的投资决策预算。该预算往往涉及长期建设项目的资金投资与筹措，并且经常跨越多个年度。编制专门决策预算的依据是项目投资的财务可行性分析报告书及相关资料，以及企业筹资决策计划的相关资料。例如，固定资产投资决策、无形资产投资决策、投资及投资收益预算等。

二、全面预算编制的流程

全面预算的编制流程是一个自上而下、自下而上相互协调平衡的过程。结合图2-2，全面预算编制具体包括以下流程：

（1）预算管理委员会根据企业发展战略和公司年度经营目标，确定全面预算目标。

（2）根据年度全面预算目标和公司初步分解的经营计划目标，预算管理办公室负责将全面预算目标具体分解到各部门和生产单位。

（3）公司预算管理办公室制订全面预算指导文件，下发至各部门。全面预算指导文件包括：公司全面预算目标；全面预算假设、表格、编制说明和编制进度要求。

（4）公司各部门全面分析以前年度预算执行情况，根据对下一预算年度经营环境的变化、年度经营目标、全面预算目标、全面预算指导文件的要求及部门计划，编制下一预算年度的预算草案，交部门主管领导初审，由主管领导提出意见并进行修改。

（5）各部门将审核后的全面预算草案上报公司预算管理办公室，预算管理办公室初步审查各部门和各生产单位上报的预算草案是否符合编制要求，并提出修改意见。

（6）预算管理办公室汇总平衡各部门的预算草案，编制公司总体预算，提交预算管理委员会审议。

（7）预算管理委员会审议各部门及公司整体全面预算草案。

（8）预算管理办公室组织各部门根据审议结果修改各部门及公司整体全面预算草案，并报预算管理委员会审核。

（9）预算管理委员会将审核后的全面预算草案报董事会批准，批准后正式下达给各部门执行。

三、全面预算的编制方法

常见的全面预算编制方法，主要包括以下几种：

（一）增量预算法与零基预算法

按预算编制出发点特征不同分为增量预算法与零基预算法两大类。

1. 增量预算法

增量预算法又称调整预算法，是指以基期成本费用水平为基础，结合预算期业务量水平及有关降低成本的措施，通过调整基期有关费用项目而编制相关预算的方法。

增量预算法的前提条件是：

（1）现有的业务活动是企业所必需的。只有保留企业现有的每项业务活动，才能使企业的经营得到正常发展。

（2）原有的各项业务开支都是合理的。既然现有的业务活动是必需的，那么原有的各项费用开支都是合理的，在预算期予以保留。

（3）增加费用预算是值得的。

增量预算法以过去的费用发生水平为基础，实际上就承认过去所发生的一切费用开支都是合理的，主张不需在预算内容上作较大改进，而是遵循以前期间的预算项目。所以增量预算法可能导致以下不足：

（1）受原有费用项目的限制，可能导致保护落后。增量预算法往往不加分析地保留或接受原有的成本项目，可能使原来本不合理的费用开支继续存在下去，使得不必要的开支合理化，最终导致预算上的浪费。

（2）滋生预算中的"平均主义"和"简单化"。增量预算法的编制者凭主观按照费用开支的平均水平削减预算或增加预算，不利于调动各部门降低费用开支的积极性。

（3）不利于企业未来的长远发展。增量预算法只对目前已经存在的费用项目编制预算，而对于那些在未来实际需要发生并且对企业长期发展确实有利的开支项目可能因为没有考虑未来情况的变化而造成预算的不足，最终影响企业的长期发展。

2. 零基预算法

零基预算法的全称是"以零为基础编制预算"的方法，是为了克服增量预算法的缺点而设计的方法。采用零基预算法编制费用预算时，不考虑以往会计期间所发生的费用项目或数额，而是以所有的预算支出均为零为出发点，一切从实际需要出发，逐项审议预算期内各项费用的内容及开支标准是否合理，在综合平衡的基础上编制费用预算的一种方法。

零基预算法不再以历史资料为基础进行调整，而是一切从零开始。编制预算时，首先需要确定各项费用开支是否应该存在，其次按各项目轻重缓急，安排预算。具体来讲，零基预算法的编制程序如下：

（1）确定预算目标。动员企业内部所有部门，根据企业预算期利润目标、销售目标和生产指标等，分析预算期各项费用项目，并预测费用开支水平。

（2）拟订预算期各项费用的预算方案，划分不可避免项目和可避免项目。对于不可避免项目必须保证资金的供应；对于可避免项目则需要逐项进行成本—效益分析和综合评价，权衡轻重缓急，划分费用支出的等级并排出先后顺序。

（3）按照费用支出的等级及顺序，并根据企业预算期可用于费用开支的资金数额分配资金，分解落实相应的费用控制目标，编制相应的费用预算。

零基预算法的优点是：

（1）不受现有费用项目的限制。零基预算法可以促使企业将有限的资金用在刀刃上。

（2）有助于企业内各部门的沟通、协调和激励，能够调动各基层单位参与预算编制的积极性和主动性。零基预算法可以促进各预算部门合理使用资金，提高资金的利用效果。

（3）有助于企业未来发展。零基预算法以零为出发点，对一切费用一视同仁，有助于企业面向未来考虑预算问题。

零基预算法的缺点是一切从零出发，在正式编制预算前需要完成大量的基础工作，比如对企业现状和市场进行大量的调研、对现有资金使用效果进行成本—效益分析都会带来工作量的增加，预算编制需要大量的时间。所以，折中的办法是：两到三年用零基预算法编制一次预算，其间作适当的调整。

（二）固定预算法与弹性预算法

按业务量基础的数量特征不同分为固定预算法与弹性预算法两大类。

1. 固定预算法

固定预算法又称静态预算法，是预算的最基本方法，是根据预算期内正常的、可实现的某一业务量（如生产量、销售量）水平作为唯一基础来编制预算的方法。它是根据未来固定不变的业务量水平，不考虑预算期内生产活动可能发生的变动而编制预算的方法。

固定预算法存在适应性差的缺点：固定预算法过于呆板，一般适用于经营业务稳定，产品产销量稳定，能准确预测产品需求及产品成本的企业。固定预算法编制的基础是事先假定的业务量，一旦未来业务量发生变动，仍然根据事先确定的业务量作为基础来编制预算。固定预算法还存在可比性差的缺点：当实际业务量与预算业务量产生较大差异，两者就会因编制基础的差异导致不可比。

固定预算法适用于考核非营利性组织和业务量水平较为稳定的企业。

2. 弹性预算法

弹性预算法又称动态预算法，是为克服固定预算的缺点而设计的，是指在成本习性分析的基础上区分变动成本和固定成本，根据业务量、成本和利润的关系，按照预算期内可能的一系列业务量（如生产量、销售量、材料消耗量和机器工时等）水平编制系列预算的方法。

编制弹性预算，要选用一个最能代表生产经营活动水平的业务量计量单位。举例来说，生产单一产品的部门，应选用产品实物量；手工操作为主的车间，应选用人工工时；机械化利用程度较高的企业应选用机器工时。

一般来说，在正常生产能力的 70%～110%，或者以历史上最高业务量和最低业务量为上下限。弹性预算法适用于与全面预算中所有与业务量有关的预算，实务中主要适用于与预算执行单位业务量有关的成本预算和利润预算。

（1）公式法。公式法是运用成本性态模型，假定成本 Y 与业务量 X 之间存在线性关系，成本总额 Y、固定成本总额 a、业务量 X 与单位变动成本 b 之间的数量关系可以用公式表示为 $Y=a+bX$。公式法要求依照成本与业务量的线性关系假定，将企业所有成本项目分解成变动成本和固定成本两部分。

公式法的优点在于便于计算在业务量有效变动范围内任何业务量的预算总成本，在已知固定成本总额 a 与单位变动成本 b 的条件下，只需代入业务量水平 X 即可计算出预算总成本 Y，编制预算的工作量相对较小。公式法的缺点在于用数学方法修正和进行成本分解会耗费大量的计算工作量。另外，对每一项目进行成本分解也不可能十分精确而且也不经济。

（2）列表法。列表法是在预计的业务量范围内将业务量分为若干个水平，再按照不同的业务量水平编制预算的弹性预算法。

列表法可以直接在表中找到各种在业务量水平之内的成本预算，便于预算的控制和考核，在一定程度上弥补了公式法的不足。业务量水平的间距越小，实际业务量水平出现在预算表的可能性也就越大，其代价是预算编制过程中工作量的增大。在评价和考核实际成本时，往往需要使用插补法来计算实际业务量水平下的预算成本。

（三）定期预算法与滚动预算法

按预算期的时间特征不同分为定期预算法与滚动预算法两大类。

1. 定期预算法

定期预算法是以固定不变的会计期间（如年度、季度、月份）作为预算期间编制预算的方法。采用这种方法的优点是能够使预算期间和会计期间相对应，便于将实际数与预算数进行对比，也有利于对预算执行情况进行分析和评价。但是，以固定期间作为预算期，在执行一段时期后，管理者更倾向于只考虑余下期间的业务量，会放弃考虑对现有期间无明显提升的业务量，导致一些短期行为的出现。定期预算法也不能适应连续不断的业务活动过程的预算管理。

2. 滚动预算法

滚动预算法又称连续预算法或永续预算法，是指在编制预算时先按照一个会计年度来编制，随着预算的执行不断延伸和补充预算，逐期往后滚动，使预算期始终保持为一个会计年度的预算编制方法。从概念上可以看出滚动预算法的特点在于预算期与会计年度相脱节，但是又始终保持 12 个月或者 4 个季度的预算编制方法。

滚动预算法相对于定期预算法的优点在于：

（1）可以保持预算的连续性和完整性，使得管理者及相关人员能够从动态的预算中更准确地把握企业的未来。

（2）可以根据前期预算执行的结果，动态结合最新变化的形势，不断调整预算，使得预算工作与实际的最新情况更为相符，使管理者始终能够最及时地从动态的角度把握近期的规划和变动并能考虑远期的战略布局，更有针对性地开展管理、控制工作。

（3）可以在不断调整预算的同时使预算期间仍始终保持在 12 个月，能够使各级管理者对未来 12 个月甚至更长期间的生产经营活动作出全盘规划，使企业的各项管理工作更加有效率地进行。

采用滚动预算法编制预算的缺点是工作量较大。

企业可以结合自身实际情况决定采用逐月滚动方式、逐季滚动方式或者混合滚动方式编制滚动预算：

（1）逐月滚动方式。逐月滚动方式是指在预算编制过程中，以月份为预算的编制和滚动单位，每个月调整一次预算的方法。逐月滚动预算如图 2-4 所示。

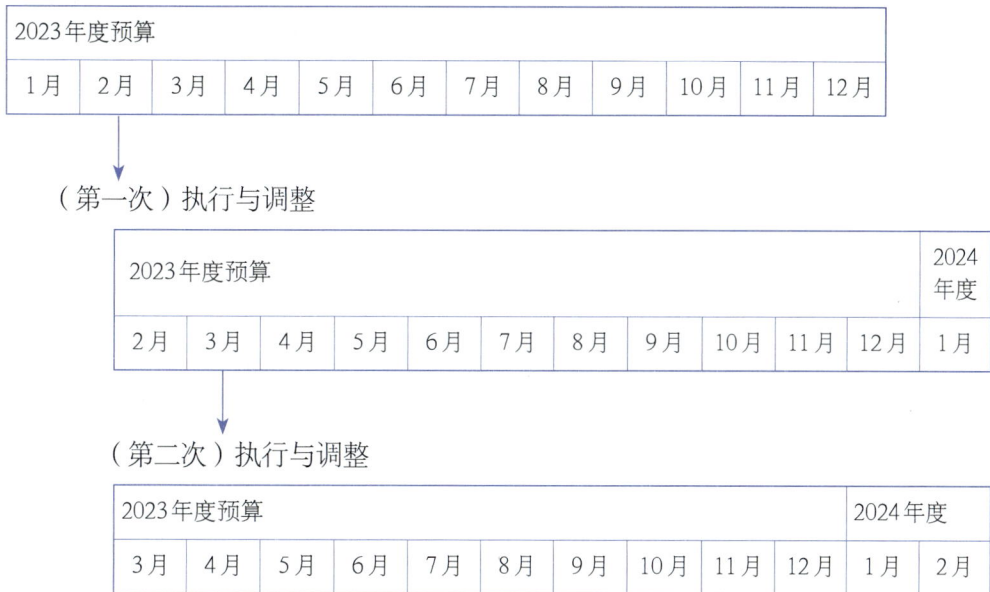

2023年度预算											
1月	2月	3月	4月	5月	6月	7月	8月	9月	10月	11月	12月

（第一次）执行与调整

2023年度预算											2024年度
2月	3月	4月	5月	6月	7月	8月	9月	10月	11月	12月	1月

（第二次）执行与调整

2023年度预算										2024年度	
3月	4月	5月	6月	7月	8月	9月	10月	11月	12月	1月	2月

图 2-4　逐月滚动预算

（2）逐季滚动方式。逐季滚动方式是指在预算编制过程中，以季度为预算的编制和滚动单位，每个季度调整一次预算的方法。逐季滚动预算如图 2-5 所示。

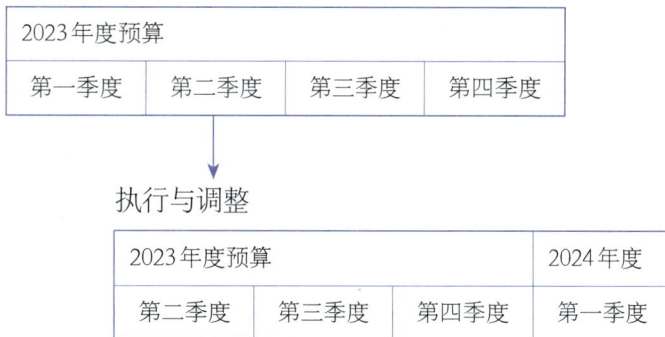

2023年度预算			
第一季度	第二季度	第三季度	第四季度

执行与调整

2023年度预算			2024年度
第二季度	第三季度	第四季度	第一季度

图 2-5　逐季滚动预算

（3）混合滚动方式。混合滚动方式是指在预算编制的过程中，同时以月份和季度作为预算的编制和滚动单位的方法。采用这种预算编制方法的理论依据是：人们对未来的了解程度具有对近期把握较大、对远期的预计把握较小的特征。所以，混合滚动方式可以一定程度上帮助预算的编制者和使用者克服预算的盲目性，对于近期的预算编制得更为详细一些。混合滚动预算如图 2-6 所示。

2023年度预算					
第一季度			第二季度	第三季度	第四季度
1月	2月	3月	预算数	预算数	预算数

（第一次）执行与调整

2023年度预算					2024年度预算
第二季度			第三季度	第四季度	第一季度
4月	5月	6月	预算数	预算数	预算数

（第二次）执行与调整

2023年度预算				2024年度预算	
第三季度			第四季度	第一季度	第二季度
7月	8月	9月	预算数	预算数	预算数

图 2-6　混合滚动预算

【知识拓展与价值提升】

预算中的毫厘不差

预算编制过程中，经常会出现资产负债表不平衡的情况，排除编制错误的问题，还有一个重要的问题就是预算编制过程中出现的尾数差异。起初某个零点零零几的差异很可能导致最终几万几十万的差异。为了避免这种错误，需要预算人员必须具备认真严谨的工作态度。具体来说，应做到以下几点：

（1）数值除不尽时，应使用 Round 函数保留固定的小数位，比如整数或者两位小数等。

（2）使用"倒挤"方法避免误差。例如，在编制销售预算时，全年合计数是一定的，第一、二、三、四季度销售量分别为全年销售量的 20%、20%、30% 和 30%，但为了防止计算前三季度销售量时出现小数，可选择使用 Round 函数取整，同时为避免四个季度销售量加起来不等于全年合计，第四季度销售量就采用了倒挤的方式，如下图所示。

f_x	=预算目标设定!I11-销售预算!E4-销售预算!F4-销售预算!G4					
	C	D	E	F	G	H	I
	项目		第一季度	第二季度	第三季度	第四季度	全年合计
三元锂电芯	销售量	1,191,696.00	1,191,696.00	1,787,544.00	1,787,544.00	5,958,480.00
	单价	258.00	258.00	258.00	258.00	258.00
	销售额(不含税)	307,457,568.00	307,457,568.00	461,186,352.00	461,186,352.00	1,537,287,840.00
	销售额（含税）	347,427,051.84	347,427,051.84	521,140,577.76	521,140,577.76	1,737,135,259.20

通过这些做法就可以避免因尾数调整出现的误差。当然，最重要的还是预算编制者必须始终保持认真严谨的工作态度。

任务实施

一、销售与市场中心

（一）销售预算表

销售与市场中心根据 2023 年销售目标，编制 2023 年销售预算。2023 年销售预算表如表 2-12 所示。

（二）销售费用预算表

销售部门根据 2023 年销售费用预算目标，结合 2023 年销售费用预算表（见表 2-13）编制了 2023 年分季度销售费用预算表，如表 2-14 所示。

表2-12 2023年销售预算表

项目		第一季度	第二季度	第三季度	第四季度	全年合计
三元锂电芯523型	销售量/件	1 191 696.00	1 191 696.00	1 787 544.00	1 787 544.00	5 958 480.00
	单价/元	258.00	258.00	258.00	258.00	258.00
	销售额/元（不含税）	307 457 568.00	307 457 568.00	461 186 352.00	461 186 352.00	1 537 287 840.00
	销售额/元（含税）	347 427 051.84	347 427 051.84	521 140 577.76	521 140 577.76	1 737 135 259.20
三元锂电池523型	销售量/件	21 526.00	21 526.00	32 289.00	32 289.00	107 630.00
	单价/元	66 285.00	66 285.00	66 285.00	66 285.00	66 285.00
	销售额/元（不含税）	1 426 850 910.00	1 426 850 910.00	2 140 276 365.00	2 140 276 365.00	7 134 254 550.00
	销售额/元（含税）	1 612 341 528.30	1 612 341 528.30	2 418 512 292.45	2 418 512 292.45	8 061 707 641.50
销售额合计（不含税）/元		1 734 308 478.00	1 734 308 478.00	2 601 462 717.00	2 601 462 717.00	8 671 542 390.00
销售额合计（含税）/元		1 959 768 580.14	1 959 768 580.14	2 939 652 870.21	2 939 652 870.21	9 798 842 900.70
现金流量	当期收现/元	1 763 791 722.13	1 763 791 722.13	2 645 687 583.19	2 645 687 583.19	9 504 877 613.68
	期末应收/元	195 976 858.01	195 976 858.01	293 965 287.02	293 965 287.02	293 965 287.02
	收回上期/元	203 763 750.00	195 976 858.01	195 976 858.01	293 965 287.02	203 763 750.00
	收现合计/元	1 967 555 472.13	1 959 768 580.14	2 841 664 441.20	2 939 652 870.21	9 708 641 363.68

表2-13 2023年销售费用预算表

项目	2020年		2021年		2022年		2023年	
	金额/元	占销售收入百分比	金额/元	占销售收入百分比	金额/元	占销售收入百分比	金额/元	占销售收入百分比
销售费用总额	187 740 000	100%	200 287 500	100%	228 461 800	100%	337 322 999	100%
其中:								
售后综合服务费	131 418 000.00	70.00%	136 195 500.00	68.00%	150 784 788.00	66.00%	229 379 639.32	68.00%
运输费	30 034 000.00	16.00%	34 048 875.00	17.00%	41 123 124.00	18.00%	57 344 909.83	17.00%
职工薪酬	9 387 000.00	5.00%	12 017 250.00	6.00%	14 850 017.00	6.50%	19 665 930.84	5.83%
后勤及办公费	2 660 000.00	1.42%	2 723 450.00	1.36%	3 426 927.00	1.50%	4 823 718.89	1.43%
差旅及招待费	3 854 200.00	2.05%	4 806 900.00	2.40%	5 711 545.00	2.50%	7 825 893.58	2.32%
宣传推广费	8 018 000.00	4.27%	8 011 500.00	4.00%	9 823 857.40	4.30%	14 133 833.66	4.19%
折旧费	1 060 000.00	0.56%	1 060 000.00	0.53%	1 060 000.00	0.46%	1 060 000.00	0.31%
其中:运输车辆	1 000 000.00	0.53%	1 000 000.00	0.50%	1 000 000.00	0.44%	1 000 000.00	0.30%
办公家具、设备资产	60 000.00	0.03%	60 000.00	0.03%	60 000.00	0.03%	60 000.00	0.02%
其他杂费(保险费)	1 308 800.00	0.70%	1 424 025.00	0.71%	1 681 541.60	0.74%	3 089 072.88	0.92%

注:1. 售后综合服务费。公司销售动力电池系统、储能电池产品时一般向客户提供一定程的质量保证,在质量保证期间或一定里程内公司有免费维修、更换和及时服务的义务和责任。公司在销售时按照销售收入的一定比例计提预计负债,并记入"销售费用——售后综合服务费"。
2. 2023年占比按照2020—2022年占比均值计算(折旧值除外),其他杂项需进行尾数调整。

表2-14 2023年分季度销售费用预算表

单位：元

项目	第一季度	第二季度	第三季度	第四季度	全年合计
售后综合服务费	45 875 927.86	45 875 927.86	68 813 891.80	68 813 891.80	229 379 639.32
运输费	11 468 981.97	11 468 981.97	17 203 472.95	17 203 472.94	57 344 909.83
职工薪酬	3 933 186.17	3 933 186.17	5 899 779.25	5 899 779.25	19 665 930.84
后勤及办公费	964 743.78	964 743.78	1 447 115.67	1 447 115.66	4 823 718.89
差旅及招待费	1 565 178.72	1 565 178.72	2 347 768.07	2 347 768.07	7 825 893.58
宣传推广费	2 826 766.73	2 826 766.73	4 240 150.10	4 240 150.10	14 133 833.66
折旧费	265 000.00	265 000.00	265 000.00	265 000.00	1 060 000.00
其中：运输车辆	250 000.00	250 000.00	250 000.00	250 000.00	1 000 000.00
办公家具、设备资产	15 000.00	15 000.00	15 000.00	15 000.00	60 000.00
其他杂费	617 814.58	617 814.58	926 721.86	926 721.86	3 089 072.88
销售费用合计	67 517 599.81	67 517 599.81	101 143 899.70	101 143 899.68	337 322 999.00

注：以上费用中折旧在4个季度内平摊，其他各项费用按照销售收入各季度占比分配金额。第四季度需要做尾数调整。

二、仓储部

仓储部根据仓储管理制度和2022年年末库存情况，制订了2023年仓储计划，如表2-15所示。

表2-15 2023仓储计划

类型	名称	计量单位	期初库存量	期初库存单位成本/元	预算期期末库存占当期销售量/使用量的比重	金额/元
库存商品	三元锂电芯523型（250 W·h）	件	66 000	140	5.00%	9 240 000.00
	三元锂电池523型（60 kW·h）	件	1 600	52 100	5.00%	83 360 000.00

类型	名称	计量单位	期初库存量	期初库存单位成本/元	预算期期末库存占当期销售量/使用量的比重	金额/元
原材料	正极材料（三元）	kg	636 840	115	6.00%	73 236 600.00
	正极辅材	套	365 966	21.35	6.00%	7 813 374.10
	负极活性物质（石墨）	kg	355 020	48	6.00%	17 040 960.00
	负极辅材	套	366 010	72.5	6.00%	26 535 725.00
	电解液（三元）	L	212 280	32	6.00%	6 792 960.00
	隔膜（湿法涂覆）	m^2	5 856 000	2.4	6.00%	14 054 400.00
	其他辅材	套	91 500	46	6.00%	4 209 000.00
	模组辅材	套	365 988	100.67	6.00%	36 844 011.96
	PACK材料包	个	366 020	126.61	6.00%	46 341 792.20
合计						325 468 823.26

三、产品中心

产品中心根据 2023 年销售预算、仓储计划编制 2023 年产量预算表，如表 2-16 所示。编制 2023 年直接材料预算表、直接人工预算表、制造费用预算表和生产成本预算表，分别如表 2-17 ~ 表 2-20 所示。

四、采购部

采购部需要根据直接材料预算耗用量编制 2023 年材料采购预算表，如表 2-21 所示。

采购预算编制

表 2-16　2023 年产量预算表

产品	项目	第一季度	第二季度	第三季度	第四季度	全年合计
三元锂电芯 523 型（250 W·h）	预计销售量／件	1 191 696	1 191 696	1 787 544	1 787 544	5 958 480
	加：期末存量／件	59 585	59 585	89 377	89 377	89 377
	减：期初存量／件	66 000	59 585	59 585	89 377	66 000
	预计生产量／件	1 185 281	1 191 696	1 817 336	1 787 544	5 981 857
三元锂电池 523 型（60 kW·h）	预计销售量／件	21 526	21 526	32 289	32 289	107 630
	加：期末存量／件	1 076	1 076	1 614	1 614	1 614
	减：期初存量／件	1 600	1 076	1 076	1 614	1 600
	预计生产量／件	21 002	21 526	32 827	32 289	107 644
总电量／(kW·h)		1 556 440.25	1 589 484.00	2 423 954.00	2 384 226.00	7 954 104.25

表 2—17 直接材料预算表

产品	原材料	计量单位	第一季度			第二季度			第三季度			第四季度		
			耗用量	加权平均单价/元	耗用成本/元	耗用量	加权平均单价/元	耗用成本/元	耗用量	加权平均单价/元	耗用成本/元	耗用量	加权平均单价/元	耗用成本/元
三元锂电芯523型(250 W·h)	正极材料(三元)	kg	515 597	113.05	58 288 240.85	518 388	112.53	58 334 201.64	790 541	112.50	88 935 862.50	777 582	112.50	87 477 975.00
	正极辅材	套	296 320	21.08	6 246 425.60	297 924	21	6 256 404.00	454 334	21.00	9 541 014.00	446 886	21.00	9 384 606.00
	负极活性物质(石墨)	kg	287 431	49.56	14 245 080.36	288 986	49.97	14 440 630.42	440 704	50.00	22 035 200.00	433 479	50.00	21 673 950.00
	负极辅材	套	296 320	72.11	21 367 635.20	297 924	72.01	21 453 507.24	454 334	72.00	32 712 048.00	446 886	72.00	32 175 792.00
	电解液(三元)	L	171 866	32.78	5 633 767.48	172 796	32.99	5 700 540.04	263 514	33.00	8 695 962.00	259 194	33.00	8 553 402.00
	隔膜(湿法涂覆)	m²	4 741 124	2.48	11 757 987.52	4 766 784	2.5	11 916 960.00	7 269 344	2.50	18 173 360.00	7 150 176	2.50	17 875 440.00
	其他辅材	套	296 320	45.06	13 352 179.20	297 924	45	13 406 580.00	454 334	45.00	20 445 030.00	446 886	45.00	20 109 870.00
	电芯材料成本合计	—			130 891 316.21			131 508 823.34			200 538 476.50			197 251 035.00
三元锂电池523型(60 kW·h)	正极材料(三元)	kg	2 192 609	113.05	247 874 447.45	2 247 314	112.53	252 890 244.42	3 427 139	112.50	385 553 137.50	3 370 972	112.50	379 234 350.00
	正极辅材	套	1 260 120	21.08	26 563 329.60	1 291 560	21	27 122 760.00	1 969 620	21.00	41 362 020.00	1 937 340	21.00	40 684 140.00
	负极活性物质(石墨)	kg	1 222 316	49.56	60 577 980.96	1 252 813	49.97	62 603 065.61	1 910 531	50.00	95 526 550.00	1 879 220	50.00	93 961 000.00
	负极辅材	套	1 260 120	72.11	90 867 253.20	1 291 560	72.01	93 005 235.60	1 969 620	72.00	141 812 640.00	1 937 340	72.00	139 488 480.00
	电解液(三元)	L	730 870	32.78	23 957 918.60	749 105	32.99	24 712 973.95	1 142 380	33.00	37 698 540.00	1 123 657	33.00	37 080 681.00
	隔膜(湿法涂覆)	m²	20 161 920	2.48	50 001 561.60	20 664 960	2.5	51 662 400.00	31 513 920	2.50	78 784 800.00	30 997 440	2.50	77 493 600.00
	其他辅材	套	1 260 120	45.06	56 781 007.20	1 291 560	45	58 120 200.00	1 969 620	45.00	88 632 900.00	1 937 340	45.00	87 180 300.00
	模组辅材	套	1 260 120	100.91	127 158 709.20	1 291 560	100.99	130 434 644.40	1 969 620	101.00	198 931 620.00	1 937 340	101.00	195 671 340.00
	PACK材料包	个	1 260 120	126.17	158 989 340.40	1 291 560	126.01	162 749 475.60	1 969 620	126.00	248 172 120.00	1 937 340	126.00	244 104 840.00
	电池包材料成本合计	—			842 771 548.21			863 300 999.58			1 316 474 327.50			1 294 898 731.00
耗用成本合计		—			973 662 864.42			994 809 822.92			1 517 012 804.00			1 492 149 766.00

注：耗用量保留整数，其余保留两位小数。加权平均单价由采购预算按全月一次加权平均法确定。三元锂电池523耗用成本需要倒挤。

表2-18 直接人工预算表

产品	项目	第一季度	第二季度	第三季度	第四季度	全年合计
三元锂电芯523型 (250 W·h)	预计产量/件	1 185 281	1 191 696	1 817 336	1 787 544	5 981 857
	单位产品耗用直接人工工时	0.18	0.18	0.18	0.18	0.18
	工时小计	213 350.58	214 505.28	327 120.48	321 757.92	1 076 734.26
	每小时工资/元	50	50	50	50	50
	人工成本合计/元	10 667 529.00	10 725 264.00	16 356 024.00	16 087 896.00	53 836 713.00
三元锂电池523型 (60 kW·h)	预计产量/件	21 002	21 526	32 827	32 289	107 644
	单位产品耗用直接人工工时	43.2	43.2	43.2	43.2	43.2
	工时小计	907 286.4	929 923.2	1 418 126.4	1 394 884.8	4 650 220.8
	每小时工资/元	50	50	50	50	50
	人工成本合计/元	45 364 320.00	46 496 160.00	70 906 320.00	69 744 240.00	232 511 040.00
合计		56 031 849.00	57 221 424.00	87 262 344.00	85 832 136.00	286 347 753.00

注：1 kW·h电量消耗0.72工时，一个三元锂电芯523型电量为250 W·h，消耗0.18个工时，一个三元锂电池523型电量为60 kW·h，消耗43.2个工时。

表2-19 制造费用预算表

产品		项目	第一季度	第二季度	第三季度	第四季度	全年合计
三元锂电芯523型(250 W·h)	变动制造费用	预计总产电量/(kW·h)	296 320.25	297 924.00	454 334.00	446 886.00	1 495 464.25
		电费/元	3 828 457.63	3 849 178.08	5 869 995.28	5 773 767.12	19 321 398.11
		水费、维修费用/元	1 481 601.25	1 489 620.00	2 271 670.00	2 234 430.00	7 477 321.25
		合计/元	5 310 058.88	5 338 798.08	8 141 665.28	8 008 197.12	26 798 719.36
		单位锂电芯分配额/(元/件)	4.48	4.48	4.48	4.48	4.48
三元锂电池523型(60 kW·h)	变动制造费用	预计总产电量/(kW·h)	1 260 120.00	1 291 560.00	1 969 620.00	1 937 340.00	6 458 640.00
		电费/元	16 280 750.40	16 686 955.20	25 447 490.40	25 030 432.80	83 445 628.80
		水费、维修费用/元	6 300 600.00	6 457 800.00	9 848 100.00	9 686 700.00	32 293 200.00
		合计/元	22 581 350.40	23 144 755.20	35 295 590.40	34 717 132.80	115 738 828.80
		单位锂电池分配额/(元/件)	1 075.20	1 075.20	1 075.20	1 075.20	1 075.20
	固定制造费用	设备折旧费/元	60 000 000.00	60 000 000.00	60 000 000.00	60 000 000.00	240 000 000.00
		房屋建筑折旧费/元	9 000 000.00	9 000 000.00	9 000 000.00	9 000 000.00	36 000 000.00
		土地使用权摊销费/元	450 000.00	450 000.00	450 000.00	450 000.00	1 800 000.00
		车间管理人员薪酬/元	600 000.00	600 000.00	600 000.00	600 000.00	2 400 000.00
		其他杂项(付现)/元	300 000.00	300 000.00	300 000.00	300 000.00	1 200 000.00
		联合固定制造费用合计/元	70 350 000.00	70 350 000.00	70 350 000.00	70 350 000.00	281 400 000.00
		联合固定制造费用分配率/[元/(kW·h)]	45.20	44.26	29.02	29.51	35.38
		模组电池包人员薪酬(专属成本)/元	200 000.00	200 000.00	200 000.00	200 000.00	800 000.00
		单位电池模组电池包人员薪酬/(元/件)	9.52	9.29	6.09	6.19	6.19
		固定制造费用总额/元	70 550 000.00	70 550 000.00	70 550 000.00	70 550 000.00	282 200 000.00

注：固定制造费用包括了联合成本和专属成本，专属成本是模组和PACK车间计时工人工资。联合固定制造费用分配率＝联合固定制造费用合计/总电量。计算结果一律保留两位小数。

表 2-20 生产成本预算表

金额单位: 元

产品	项目	第一季度	第二季度	第三季度	第四季度	全年合计
三元锂电芯523型 (250 W·h)	计划产量/件	1 185 281.00	1 191 696.00	1 817 336.00	1 787 544.00	5 981 857.00
	直接材料	130 891 316.21	131 508 823.34	200 538 476.50	197 251 035.00	660 189 651.05
	直接人工	10 667 529.00	10 725 264.00	16 356 024.00	16 087 896.00	53 836 713.00
	变动制造费用	5 310 058.88	5 338 798.08	8 141 665.28	8 008 197.12	26 798 719.36
	变动生产成本	146 868 904.09	147 572 885.42	225 036 165.78	221 347 128.12	740 825 083.41
	单位变动生产成本	123.91	123.83	123.83	123.83	123.85
	单位固定制造费用	11.30	11.07	7.26	7.38	
	单位产品成本	135.21	134.90	131.09	131.21	
	固定制造费用 (1)	13 393 675.30	13 192 074.72	13 193 859.36	13 192 074.72	52 971 684.10
	产品成本总计	160 262 579.39	160 764 960.14	238 230 025.14	234 539 202.84	793 796 767.51
三元锂电池523型 (60 kW·h)	计划产量/件	21 002.00	21 526.00	32 827.00	32 289.00	107 644.00
	直接材料	842 771 548.21	863 300 999.58	1 316 474 327.50	1 294 898 731.00	4 317 445 606.29
	直接人工	45 364 320.00	46 496 160.00	70 906 320.00	69 744 240.00	232 511 040.00
	变动制造费用	22 581 350.40	23 144 755.20	35 295 590.40	34 717 132.80	115 738 828.80
	变动生产成本	910 717 218.61	932 941 914.78	1 422 676 237.90	1 399 360 103.80	4 665 695 475.09
	单位变动生产成本	43 363.36	43 340.24	43 338.60	43 338.60	
	单位固定制造费用	2 721.52	2 664.89	1 747.29	1 776.79	
	单位产品成本	46 084.88	46 005.13	45 085.89	45 115.39	
	固定制造费用 (2)	57 156 324.70	57 357 925.28	57 356 140.64	57 357 925.28	229 228 315.90
	产品成本总计	967 873 543.31	990 299 840.06	1 480 032 378.54	1 456 718 029.08	4 894 923 790.99

注: 1. 单位产品成本 = 单位变动生产成本 + 单位固定制造费用。

2. 固定制造费用 (1) = 单位固定制造费用 × 计划产量。

3. 固定制造费用 (2) = 总的固定制造费用 - 固定制造费用 (1)

表2-21 材料采购预算表

项目		计量单位	第一季度			第二季度			第三季度			第四季度		
			数量	单价/元	金额/元	数量	单价/元	金额/元	数量	单价/元	金额/元	数量	单价/元	金额/元
一、物资采购														
期初库存	正极材料（三元）	kg	636 840	115	73 236 600.00	162 492	113.05	18 382 936.70	165 942	112.53	18 688 090.64	253 061	112.50	28 488 978.14
	正极辅材	套	365 966	21.35	7 813 374.10	93 386	21.08	1 964 678.90	95 369	21.00	2 006 321.90	145 437	21.00	3 057 749.90
	负极活性物质（石墨）	kg	355 020	48	17 040 960.00	90 585	49.56	4 483 498.68	92 508	49.97	4 625 902.65	141 074	50.00	7 054 202.65
	负极辅材	套	366 010	72.5	26 535 725.00	93 386	72.11	6 735 588.60	95 369	72.01	6 862 469.76	145 437	72.00	10 467 365.76
	电解液（三元）	L	212 280	32	6 792 960.00	54 164	32.78	1 773 733.92	55 314	32.99	1 820 902.93	84 354	33.00	2 779 222.93
	隔膜（湿法涂覆）	m²	5 856 000	2.4	14 054 400.00	1 494 183	2.48	3 647 918.38	1 525 905	2.50	3 727 223.38	2 326 996	2.50	5 729 950.88
	其他辅材	套	91 500	46	4 209 000.00	93 386	45.06	4 200 483.60	95 369	45.00	4 289 718.60	145 437	45.00	6 542 778.60
	模组辅材	套	365 988	100.67	36 844 011.96	75 607	100.91	7 628 941.76	77 494	100.99	7 832 444.36	118 177	101.00	11 941 427.36
	PACK材料包	个	366 020	126.61	46 341 792.20	75 607	126.17	9 535 533.80	77 494	126.01	9 760 380.20	118 177	126.00	14 886 438.20
	期初库存合计	—			232 868 823.26			58 353 314.34			59 613 454.42			90 948 114.42
本期消耗领用	正极材料（三元）	kg	2 708 206	113.05	306 162 688.30	2 765 702	112.53	311 224 446.06	4 217 680	112.50	474 489 000.00	4 148 554	112.50	466 712 325.00
	正极辅材	套	1 556 440	21.08	32 809 755.20	1 589 484	21	33 379 164.00	2 423 954	21.00	50 903 034.00	2 384 226	21.00	50 068 746.00
	负极活性物质（石墨）	kg	1 509 747	49.56	74 823 061.32	1 541 799	49.97	77 043 696.03	2 351 235	50.00	117 561 750.00	2 312 699	50.00	115 634 950.00

	项目	计量单位	第一季度			第二季度			第三季度			第四季度		
			数量	单价/元	金额/元	数量	单价/元	金额/元	数量	单价/元	金额/元	数量	单价/元	金额/元
本期消耗领用	负极辅材	套	1 556 440	72.11	112 234 888.40	1 589 484	72.01	114 458 742.84	2 423 954	72.00	174 524 688.00	2 384 226	72.00	171 664 272.00
	电解液（三元）	L	902 736	32.78	29 591 686.08	921 901	32.99	30 413 513.99	1 405 894	33.00	46 394 502.00	1 382 851	33.00	45 634 083.00
	隔膜（湿法涂覆）	m²	24 903 044	2.48	61 759 549.12	25 431 744	2.50	63 579 360.00	38 783 264	2.50	96 958 160.00	38 147 616	2.50	95 369 040.00
	其他辅材	套	1 556 440	45.06	70 133 186.40	1 589 484	45.00	71 526 780.00	2 423 954	45.00	109 077 930.00	2 384 226	45.00	107 290 170.00
	模组辅材	套	1 260 120	100.91	127 158 709.20	1 291 560	100.99	130 434 644.40	1 969 620	101.00	198 931 620.00	1 937 340	101.00	195 671 340.00
	PACK材料包	个	1 260 120	126.17	158 989 340.40	1 291 560	126.01	162 749 475.60	1 969 620	126.00	248 172 120.00	1 937 340	126.00	244 104 840.00
	本期消耗领用合计	—			973 662 864.42			994 809 822.92			1 517 012 804.00			1 492 149 766.00
期末库存	正极材料（三元）	kg	162 492	113.05	18 382 936.70	165 942	112.53	18 688 090.64	253 061	112.50	28 488 978.14	248 913	112.50	28 022 328.14
	正极辅材	套	93 386	21.08	1 964 678.90	95 369	21.00	2 006 321.90	145 437	21.00	3 057 749.90	143 054	21.00	3 007 706.90
	负极活性物质（石墨）	kg	90 585	49.56	4 483 498.68	92 508	49.97	4 625 902.65	141 074	50.00	7 054 202.65	138 762	50.00	6 938 602.65
	负极辅材	套	93 386	72.11	6 735 588.60	95 369	72.01	6 862 469.76	145 437	72.00	10 467 365.76	143 054	72.00	10 295 789.76
	电解液（三元）	L	54 164	32.78	1 773 733.92	55 314	32.99	1 820 902.93	84 354	33.00	2 779 222.93	82 971	33.00	2 733 583.93
	隔膜（湿法涂覆）	m²	1 494 183	2.48	3 647 918.38	1 525 905	2.50	3 727 223.38	2 326 996	2.50	5 729 950.88	2 288 857	2.50	5 634 603.38
	其他辅材	套	93 386	45.06	4 200 483.60	95 369	45.00	4 289 718.60	145 437	45.00	6 542 778.60	143 054	45.00	6 435 543.60
	模组辅材	套	75 607	100.91	7 628 941.76	77 494	100.99	7 832 444.36	118 177	101.00	11 941 427.36	116 240	101.00	11 745 790.36
	PACK材料包	个	75 607	126.17	9 535 533.80	77 494	126.01	9 760 380.20	118 177	126.00	14 886 438.20	116 240	126.00	14 642 376.20
	期末库存合计	—			58 353 314.34			59 613 454.42			90 948 114.42			89 456 324.92

续表

项目		计量单位	第一季度			第二季度			第三季度			第四季度		
			数量	单价/元	金额/元	数量	单价/元	金额/元	数量	单价/元	金额/元	数量	单价/元	金额/元
本期购进	正极材料（三元）	kg	2 233 858	112.5	251 309 025.00	2 769 152	112.50	311 529 600.00	4 304 799	112.50	484 289 887.50	4 144 406	112.50	466 245 675.00
	正极辅材	套	1 283 860	21.00	26 961 060.00	1 591 467	21.00	33 420 807.00	2 474 022	21.00	51 954 462.00	2 381 843	21.00	50 018 703.00
	负极活性物质（石墨）	kg	1 245 312	50.00	62 265 600.00	1 543 722	50.00	77 186 100.00	2 399 801	50.00	119 990 050.00	2 310 387	50.00	115 519 350.00
	负极辅材	套	1 283 816	72.00	92 434 752.00	1 591 467	72.00	114 585 624.00	2 474 022	72.00	178 129 584.00	2 381 843	72.00	171 492 696.00
	电解液（三元）	L	744 620	33.00	24 572 460.00	923 051	33.00	30 460 683.00	1 434 934	33.00	47 352 822.00	1 381 468	33.00	45 588 444.00
	隔膜（湿法涂覆）	m²	20 541 227	2.50	51 353 067.50	25 463 466	2.50	63 658 665.00	39 584 355	2.50	98 960 887.50	38 109 477	2.50	95 273 692.50
	其他辅材	套	1 558 326	45.00	70 124 670.00	1 591 467	45.00	71 616 015.00	2 474 022	45.00	111 330 990.00	2 381 843	45.00	107 182 935.00
	模组辅材	套	969 739	101.00	97 943 639.00	1 293 447	101.00	130 638 147.00	2 010 303	101.00	203 040 603.00	1 935 403	101.00	195 475 703.00
	PACK材料包	个	969 707	126.00	122 183 082.00	1 293 447	126.00	162 974 322.00	2 010 303	126.00	253 298 178.00	1 935 403	126.00	243 860 778.00
	本期购进合计（不含税）				799 147 355.50			996 069 963.00			1 548 347 464.00			1 490 657 976.50
	本期购进合计（含税）				903 036 511.72			1 125 559 058.19			1 749 632 634.32			1 684 443 513.45
二、采购付款														
	当期支付当期款项				722 429 209.38			900 447 246.55			1 399 706 107.46			1 347 554 810.76
	当期支付上期款项				227 423 343.26			180 607 302.34			225 111 811.64			349 926 526.86
	当期支付款项合计				949 852 552.64			1 081 054 548.89			1 624 817 919.10			1 697 481 337.62
	当期末支付款项				180 607 302.34			225 111 811.64			349 926 526.86			336 888 702.69

注：材料数量全部保留整数，其他保留两位小数。为防止尾数调整带来的问题，期末库存金额应倒挤。

五、研发部

研发部门根据 2023 年研发费用预算目标，结合研发费用 2020—2022 年明细项目占比，如表 2-22 所示，编制了 2023 年分季度研发费用预算，如表 2-23 所示。

六、行政部

在财务部的协助下，行政部根据 2023 年管理费用预算目标，结合 2020—2022 年管理费用详情编制了 2023 年度管理费用预算表，如表 2-24 所示，并进一步编制了 2023 年管理费用季度预算，如表 2-25 所示。

财务部还需要编制其他预算表，为了保证预算顺序，我们把其他预算放在职工薪酬预算后面。

七、人力资源部

人力资源部根据各部门有关人员薪酬的数据，编制 2023 年职工薪酬预算表，如表 2-26 所示。

八、财务部

财务部门负责编制预算的种类较多，包括销售成本预算、折旧及摊销预算、资本支出预算、税金及附加预算、所得税费用预算和税费预算等。

财务部门根据生产销售部门有关数据，编制 2023 年销售成本预算，如表 2-27 所示。

折旧及摊销预算表如表 2-28 所示。

表2-22 2023年研发费用预算

单位：元

项目	2020年		2021年		2022年		2023年	
	金额	占比	金额	占比	金额	占比	金额	占比
研发费用总额	362 964 000.00	100%	430 522 750.00	100%	502 844 422.00	100%	702 394 934.00	100%
其中：								
职工薪酬	165 581 000.00	45.62%	200 193 000.00	46.50%	236 336 800.00	47.00%	325 700 530.90	46.37%
物料消耗费	81 166 880.00	22.36%	94 715 000.00	22.00%	115 655 000.00	23.00%	157 687 662.68	22.45%
折旧	53 800 700.00	14.82%	53 800 700.00	12.50%	53 800 700.00	10.70%	53 800 700.00	7.66%
开发设计费	15 083 300.00	4.16%	21 526 000.00	5.00%	23 628 000.00	4.70%	32 450 645.95	4.62%
水电及办公经费	12 457 200.00	3.43%	13 916 000.00	3.23%	17 650 000.00	3.51%	23 811 188.26	3.39%
其他	34 874 920.00	9.61%	46 372 050.00	10.77%	55 773 922.00	11.09%	108 944 206.21	15.51%

注：2023年占比按照2020~2022年三年占比均值计算（折旧除外），其他杂项需进行尾数调整。折旧每年都相等。

表2-23 2023年分季度研发费用预算表

单位：元

项目	第一季度	第二季度	第三季度	第四季度	全年合计
职工薪酬	81 425 132.73	81 425 132.73	81 425 132.71	81 425 132.71	325 700 530.90
物料消耗费	39 421 915.67	39 421 915.67	39 421 915.67	39 421 915.67	157 687 662.68
折旧	13 450 175.00	13 450 175.00	13 450 175.00	13 450 175.00	53 800 700.00
开发设计费	8 112 661.49	8 112 661.49	8 112 661.49	8 112 661.48	32 450 645.95
水电及办公经费	5 952 797.07	5 952 797.07	5 952 797.05	5 952 797.05	23 811 188.26
其他	27 236 051.55	27 236 051.55	27 236 051.56	27 236 051.56	108 944 206.21
研发费用总计	175 598 733.51	175 598 733.51	175 598 733.47	175 598 733.47	702 394 934.00

注：以上各项费用在4个季度内平摊。除折旧费外，其他均为付现费用。第四季度各费用需要进行尾数调整。

表 2-24 2023 年度管理费用预算表

项目	2020年		2021年		2022年		2023年	
	金额/元	占比	金额/元	占比	金额/元	占比	金额/元	占比
管理费用总额	241 976 000.00	100%	275 252 250.00	100.00%	308 194 968.00	100%	450 920 204.00	100.00%
其中:								
职工薪酬	211 729 000.00	87.50%	246 679 000.00	89.62%	275 865 000.00	89.51%	400 777 877.32	88.88%
后勤及办公费	12 098 800.00	5.00%	10 586 625.00	3.85%	12 976 630.00	4.21%	19 615 028.87	4.35%
折旧	3 064 700.00	1.27%	3 064 700.00	1.11%	3 064 700.00	0.99%	3 064 700.00	1.12%
差旅及招待费	9 074 100.00	3.75%	7 057 750.00	2.56%	8 110 390.00	2.63%	13 437 422.08	2.98%
其他杂费	6 009 400.00	2.48%	7 864 175.00	2.86%	8 178 248.00	2.66%	14 025 175.73	2.67%

注：职工薪酬主要是运营管理人员、行政管理人员、财务人员等薪酬。折旧主要是运营部门、行政管理部门和财务部门等资产计提的折旧（折旧除外），其他杂费需进行尾数调整。2020年至2023年计提金额相等。2023年占比按照2020—2022年三年占比均值计算（折旧除外），其他杂费需进行尾数调整。

表 2-25 2023 年管理费用分季度预算表

单位：元

项目	第一季度	第二季度	第三季度	第四季度	全年合计
职工薪酬	100 194 469.33	100 194 469.33	100 194 469.33	100 194 469.33	400 777 877.32
后勤及办公费	4 903 757.22	4 903 757.22	4 903 757.21	4 903 757.21	19 615 028.87
折旧	766 175.00	766 175.00	766 175.00	766 175.00	3 064 700.00
差旅及招待费	3 359 355.52	3 359 355.52	3 359 355.52	3 359 355.52	13 437 422.08
其他杂费	3 506 293.93	3 506 293.93	3 506 293.93	3 506 293.94	14 025 175.73
管理费用合计	112 730 051.00	112 730 051.00	112 730 051.00	112 730 051.00	450 920 204.00

注：以上各项费用在4个季度内均摊。除折旧费外，其他均为付现费用。第四季度各费用需要进行尾数调整。

表2-26 2023年职工薪酬预算表

单位：元

项目	第一季度	第二季度	第三季度	第四季度	全年
直接人工	56 031 849.00	57 221 424.00	87 262 344.00	85 832 136.00	286 347 753.00
制造费用	800 000.00	800 000.00	800 000.00	800 000.00	3 200 000.00
销售费用	3 933 186.17	3 933 186.17	5 899 779.25	5 899 779.25	19 665 930.84
管理费用	100 194 469.33	100 194 469.33	100 194 469.33	100 194 469.33	400 777 877.32
研发费用	81 425 132.73	81 425 132.73	81 425 132.73	81 425 132.71	325 700 530.90
合计	242 384 637.23	243 574 212.23	275 581 725.31	274 151 517.29	1 035 692 092.06
季末应付职工薪酬	80 794 879.08	81 191 404.08	91 860 575.10	91 383 839.10	91 383 839.10
当季支付职工薪酬	238 554 058.15	243 177 687.23	264 912 554.29	274 628 253.29	1 021 272 552.96

注：假设每季度末应付薪酬为当季薪酬的1/3。当季支付的薪酬金额＝期初应付职工薪酬＋本季2/3的薪酬。

表2-27 销售成本预算表

产品	项目	第一季度	第二季度	第三季度	第四季度	全年合计
三元锂电芯523型(250 W·h)	销售数量／件	1 191 696	1 191 696	1 787 544	1 787 544	5 958 480
	期初存量／件	66 000	59 585	59 585	89 377	66 000
	期末存量／件	59 585	59 585	89 377	89 377	89 377
	期初产品成本／元	9 240 000.00	8 056 487.85	8 038 016.50	11 716 430	9 240 000

产品	项目	第一季度	第二季度	第三季度	第四季度	全年合计
三元锂电芯523型 (250 W·h)	本期生产成本/元	160 262 579.39	160 764 960.14	238 230 025.14	234 539 202.84	793 796 767.51
	期末存货成本/元	8 056 487.85	8 038 016.50	11 716 430.93	11 727 156.17	11 727 156.17
	本期销售成本/元	161 446 091.54	160 783 431.49	234 551 610.71	234 528 477.60	791 309 611.34
	销售数量/件	21 526	21 526	32 289	32 289	107 630
	期初存量/件	1 600	1 076	1 076	1 614	1 600
	期末存量/件	1 076	1 076	1 614	1 614	1 614
三元锂电池523型 (60 kW·h)	期初产品成本/元	83 360 000.00	49 587 330.88	49 501 519.88	72 768 626.46	83 360 000.00
	本期生产成本/元	967 873 543.31	990 299 840.06	1 480 032 378.54	1 456 718 029.08	4 894 923 790.99
	期末存货成本/元	49 587 330.88	49 501 519.88	72 768 626.46	72 816 239.46	72 816 239.46
	本期销售成本/元	1 001 646 212.43	990 385 651.06	1 456 765 271.96	1 456 670 416.08	4 905 467 551.53

注：产品发出按照先进先出法。

表2-28 折旧及摊销预算表

金额单位：元

项目	原值	折旧（摊销）方法	折旧（摊销）年限	残值率	年折旧（摊销）额	已提折旧（摊销）年限	已提折旧（摊销）额	账面余值
车间：								
设备	2 400 000 000	直线法	10	0.00%	240 000 000	3	720 000 000	1 680 000 000

项目	原值	折旧(摊销)方法	折旧(摊销)年限	残值率	年折旧(摊销)额	已提折旧(摊销)年限	已提折旧(摊销)额	账面余值
房屋建筑	720 000 000	直线法	20	0.00%	36 000 000	3	108 000 000	612 000 000
土地使用权	72 000 000	直线法	40	0.00%	1 800 000	3	5 400 000	66 600 000
采购部门:		直线法						
办公家具、设备资产	200 000	直线法	5	0.00%	40 000	3	120 000	80 000
销售部门:							0	0
运输车辆	5 000 000	直线法	5	0.00%	1 000 000	3	3 000 000	2 000 000
办公家具、设备资产	300 000	直线法	5	0.00%	60 000	3	180 000	120 000
研发部门:								
办公家具、设备资产	269 003 500	直线法	5	0.00%	53 800 700	3	161 402 100	107 601 400
管理部门等其他:		直线法						
办公家具、设备资产	15 123 500	直线法	5	0.00%	3 024 700	3	9 074 100	6 049 400
合计	3 481 627 000				335 725 400		1 007 176 200	2 474 450 800

根据公司战略发展规划，2023 年准备投资一个新的动力电池生产项目，预计投资 4 350 000 000 元，2023 年 4 月预计支出 765 386 400 元，用于工程建设和设备购置，2023 年资本支出预算表如表 2-29 所示。

表2-29　2023年资本支出预算表

单位：元

项目	第一季度	第二季度	第三季度	第四季度	全年
资本预算：					
固定资产投资		765 386 400			765 386 400
现金支出合计		765 386 400			765 386 400

财务部门根据公司涉及的各种税种，编制 2023 年度有关的税费计算表，分别如表 2-30～表 2-32 所示。

根据以上预算，财务部门编制财务预算，主要包括现金收支预算表、预计利润表、预计现金流量表和预计资产负债表，分别如表 2-33～表 2-36 所示。

表2-30　税金及附加预算表

单位：元

项目	第一季度	第二季度	第三季度	第四季度	全年合计
一、增值税					
本期销项税额	225 460 102.14	225 460 102.14	338 190 153.21	338 190 153.21	1 127 300 510.70
本期进项税额	103 889 156.22	129 489 095.19	201 285 170.32	193 785 536.95	628 448 958.68
进项税额转出	0	0	0	0	0
上期留抵税额	0	0	0	0	0
应纳增值税税额	121 570 945.92	95 971 006.95	136 904 982.89	144 404 616.26	498 851 552.02
二、税金及附加					
1. 城市维护建设税	8 509 966.21	6 717 970.49	9 583 348.80	10 108 323.14	34 919 608.64
2. 教育费附加					
（1）教育费附加	3 647 128.38	2 879 130.21	4 107 149.49	4 332 138.49	14 965 546.57
（2）地方教育费附加	2 431 418.92	1 919 420.14	2 738 099.66	2 888 092.33	9 977 031.05
3. 房产税		800 000.00		800 000.00	1 600 000.00
4. 城镇土地使用税		450 000.00		450 000.00	900 000.00
5. 印花税	173 430.85	173 430.85	260 146.27	260 146.27	867 154.24
税金及附加合计	14 761 944.36	12 939 951.69	16 688 744.22	18 838 700.23	63 229 340.50

表2-31 所得税费用预算表

单位：元

项目	第一季度	第二季度	第三季度	第四季度	全年
销售收入	1 734 308 478.00	1 734 308 478.00	2 601 462 717.00	2 601 462 717.00	8 671 542 390.00
减：销售成本	1 163 092 303.97	1 151 169 082.55	1 691 316 882.67	1 691 198 893.68	5 696 777 162.87
税金及附加	14 761 944.36	12 939 951.69	16 688 744.22	18 838 700.23	63 229 340.50
销售费用	67 517 599.81	67 517 599.81	101 143 899.70	101 143 899.68	337 322 999.00
管理费用	112 730 051.00	112 730 051.00	112 730 051.00	112 730 051.00	450 920 204.00
研发费用	175 598 733.51	175 598 733.51	175 598 733.51	175 598 733.47	702 394 934.00
税前利润	200 607 845.35	214 353 059.44	503 984 405.90	501 952 438.94	1 420 897 749.63
所得税	30 091 176.80	32 152 958.92	75 597 660.88	75 292 865.84	213 134 662.44

注：企业所得税享受15%的优惠税率。按月计提，按季申报缴纳，分别在4月、7月、10月和次年1月缴纳。

表2-32 2023年度税费预算表

单位：元

项目	第一季度	第二季度	第三季度	第四季度	全年合计
一、增值税					
本期销项税额	225 460 102.14	225 460 102.14	338 190 153.21	338 190 153.21	1 127 300 510.70
本期进项税额	103 889 156.22	129 489 095.19	201 285 170.32	193 785 536.95	628 448 958.68
进项税额转出	0.00	0.00	0.00	0.00	0.00
上期留抵税额	0.00	0.00	0.00	0.00	0.00

项目	第一季度	第二季度	第三季度	第四季度	全年合计
应纳增值税税额	121 570 945.92	95 971 006.95	136 904 982.89	144 404 616.26	498 851 552.02
二、所得税					
本期应交所得税	30 091 176.80	32 152 958.92	75 597 660.88	75 292 865.84	213 134 662.44
三、税金及附加					
1. 城市维护建设税	8 509 966.21	6 717 970.49	9 583 348.80	10 108 323.14	34 919 608.64
2. 教育费附加					
（1）教育费附加	3 647 128.38	2 879 130.21	4 107 149.49	4 332 138.49	14 965 546.57
（2）地方教育费附加	2 431 418.92	1 919 420.14	2 738 099.66	2 888 092.33	9 977 031.05
3. 房产税	0.00	800 000.00	0.00	800 000.00	1 600 000.00
4. 城镇土地使用税	0.00	450 000.00	0.00	450 000.00	900 000.00
5. 印花税	173 430.85	173 430.85	260 146.27	260 146.27	867 154.24
税金及附加合计	14 761 944.36	12 939 951.69	16 688 744.22	18 838 700.23	63 229 340.50
当季支付税额	97 603 430.85	167 674 067.08	139 900 632.98	230 441 387.99	635 619 518.90
当季未支付税额	166 250 636.23	139 640 486.71	228 931 241.72	237 026 036.06	237 026 036.06

表 2-33 2023 年度现金收支预算表

单位：元

项目	第一季度	第二季度	第三季度	第四季度
期初余额	65 000 000.00	608 580 202.98	173 857 658.92	823 930 321.12
加现金流入：				
收回当期销售收入	1 763 791 722.13	1 763 791 722.13	2 645 687 583.19	2 645 687 583.19
收回上期销售收入	203 763 750.00	195 976 858.01	195 976 858.01	293 965 287.02
本期收入现金合计	1 967 555 472.13	1 959 768 580.14	2 841 664 441.20	2 939 652 870.21
减现金流出：				
采购物资支出合计	949 852 552.64	1 081 054 548.89	1 624 817 919.10	1 697 481 337.62
付现制造费用（不含职工薪酬）	28 191 409.28	28 783 553.28	43 737 255.68	43 025 329.92
付现销售费用（不含职工薪酬）	17 443 485.78	17 443 485.78	26 165 228.65	26 165 228.63
付现管理费用（不含职工薪酬）	11 769 406.67	11 769 406.67	11 769 406.67	11 769 406.67
付现研发费用（不含职工薪酬）	80 723 425.78	80 723 425.78	80 723 425.78	80 723 425.76
支付各部门职工薪酬	238 554 058.15	243 177 687.23	264 912 554.29	274 628 253.29
税费缴纳	97 603 430.85	167 674 067.08	139 900 632.98	230 441 387.99
资本支出	0.00	765 386 400.00	0.00	0.00
本期支出现金合计	1 424 137 769.15	2 396 012 574.71	2 192 026 423.15	2 364 234 369.88
期末收支净额	608 417 702.98	172 336 208.41	823 495 676.97	1 399 348 821.45
合理库存款量	50 000 000.00	50 000 000.00	50 000 000.00	50 000 000.00
多余（不足）	558 417 702.98	122 336 208.41	773 495 676.97	1 349 348 821.45
归还本金	0.00	0.00	0.00	0.00

项目	第一季度	第二季度	第三季度	第四季度
偿付利息	0.00	0.00	0.00	0.00
利息收入	162 500.00	1 521 450.51	434 644.15	2 059 825.80
新增借款	0.00	0.00	0.00	0.00
期末余额	608 580 202.98	173 857 658.92	823 930 321.12	1 401 408 647.25

注：新增借款年利率6%，利息收入主要为货币资金利息，期初余额为本金，利率为1%。借款季度初计入，下季度初还利息。

现金收支预
算表编制

表2-34 预计利润表

2023年

会企02表
单位：元

项目	第一季度	第二季度	第三季度	第四季度	全年
一、营业收入	1 734 308 478.00	1 734 308 478.00	2 601 462 717.00	2 601 462 717.00	8 671 542 390.00
减：营业成本	1 163 092 303.97	1 151 169 082.55	1 691 316 882.67	1 691 198 893.68	5 696 777 162.87
税金及附加	14 761 944.36	12 939 951.69	16 688 744.22	18 838 700.23	63 229 340.50
销售费用	67 517 599.81	67 517 599.81	101 143 899.70	101 143 899.68	337 322 999.00
管理费用	112 730 051.00	112 730 051.00	112 730 051.00	112 730 051.00	450 920 204.00
研发费用	175 598 733.51	175 598 733.51	175 598 733.51	175 598 733.47	702 394 934.00

项目	第一季度	第二季度	第三季度	第四季度	全年
财务费用	(162 500.00)	(1 521 450.51)	(434 644.15)	(2 059 825.80)	(4 178 420.46)
其中：利息费用	—	—	—	—	—
利息收入	162 500.00	1 521 450.51	434 644.15	2 059 825.80	4 178 420.46
加：其他收益	—	—	—	—	—
投资收益（损失以"-"号填列）	—	—	—	—	—
其中：对联营企业和合营企业的投资收益	—	—	—	—	—
以摊余成本计量的金融资产终止确认收益（损失以"-"号填列）	—	—	—	—	—
净敞口套期收益（损失以"-"号填列）	—	—	—	—	—
公允价值变动收益（损失以"-"号填列）	—	—	—	—	—
信用减值损失（损失以"-"号填列）	—	—	—	—	—
资产减值损失（损失以"-"号填列）	—	—	—	—	—
资产处置收益（损失以"-"号填列）	—	—	—	—	—
二、营业利润（亏损以"-"号填列）	200 770 345.35	215 874 509.95	504 419 050.05	504 012 264.74	1 425 076 170.09
加：营业外收入	—	—	—	—	—
减：营业外支出	—	—	—	—	—
三、利润总额（亏损总额以"-"号填列）	200 770 345.35	215 874 509.95	504 419 050.05	504 012 264.74	1 425 076 170.09

项目	第一季度	第二季度	第三季度	第四季度	全年
减：所得税费用	30 091 176.80	32 152 958.92	75 597 660.88	75 292 865.84	213 134 662.44
四、净利润（净损失以"-"号填列）	170 679 168.55	183 721 551.03	428 821 389.17	428 719 398.90	1 211 941 507.65
（一）持续经营净利润（净损失以"-"号填列）	170 679 168.55	183 721 551.03	428 821 389.17	428 719 398.90	1 211 941 507.65
（二）终止经营净利润（净损失以"-"号填列）	—	—	—	—	—
五、其他综合收益的税后净额	—	—	—	—	—
（一）不能重分类进损益的其他综合收益	—	—	—	—	—
1. 重新计量设定收益计划变动额	—	—	—	—	—
……					
（二）将重分类进损益的其他综合收益	—	—	—	—	—
1. 权益法下可转损益的其他综合收益	—	—	—	—	—
……					
六、综合收益总额	—	—	—	—	—
七、每股收益：					
（一）基本每股收益	—	—	—	—	—
（二）稀释每股收益	—	—	—	—	—

注：盈余公积按当期利润的10%提取，余下90%计入未分配利润。

表2-35 现金流量表

2023年

会企03表
单位：元

项目	第一季度	第二季度	第三季度	第四季度
一、经营活动产生的现金流量				
销售商品、提供劳务收到的现金	1 967 555 472.13	1 959 768 580.14	2 841 664 441.20	2 939 652 870.21
收到的税费返还	—	—	—	—
收到其他与经营活动有关的现金	162 500.00	1 521 450.51	434 644.15	2 059 825.80
经营活动现金流入小计	1 967 717 972.13	1 961 290 030.65	2 842 099 085.35	2 941 712 696.01
购买商品、接受劳务支付的现金	949 852 552.64	1 081 054 548.89	1 624 817 919.10	1 697 481 337.62
支付给职工以及为职工支付的现金	238 554 058.15	243 177 687.23	264 912 554.29	274 628 253.29
支付的各项税费	97 603 430.85	167 674 067.08	139 900 632.98	230 441 387.99
支付其他与经营活动有关的现金	138 127 727.51	138 719 871.51	162 395 316.78	161 683 390.98
经营活动现金流出小计	1 424 137 769.15	1 630 626 174.71	2 192 026 423.15	2 364 234 369.88
经营活动产生的现金流量净额	543 580 202.98	330 663 855.94	650 072 662.20	577 478 326.13
二、投资活动产生的现金流量				
收回投资收到的现金	—			—
取得投资收益收到的现金	—			—
处置固定资产、无形资产和其他长期资产收回的现金净额	—			—
处置子公司及其他营业单位收到的现金净额	—			—
收到其他与投资活动有关的现金	—			—
投资活动现金流入小计	—			—

项目	第一季度	第二季度	第三季度	第四季度
购建固定资产、无形资产和其他长期资产支付的现金	—	765 386 400.00	—	—
投资支付的现金	—	—	—	—
取得子公司及其他营业单位支付的现金净额	—	—	—	—
支付其他与投资活动有关的现金	—	—	—	—
投资活动现金流出小计	—	765 386 400.00	—	—
投资活动产生的现金流量净额	—	(765 386 400.00)	—	—
三、筹资活动产生的现金流量				
吸收投资收到的现金	—	—	—	—
取得借款收到的现金	—	—	—	—
收到其他与筹资活动有关的现金	—	—	—	—
筹资活动现金流入小计	—	—	—	—
偿还债务支付的现金	—	—	—	—
分配股利、利润或偿付利息支付的现金	—	—	—	—
支付其他与筹资活动有关的现金	—	—	—	—
筹资活动现金流出小计	—	—	—	—
筹资活动产生的现金流量净额	—	—	—	—
四、汇率变动对现金及现金等价物的影响	—	—	—	—
五、现金及现金等价物净增加额	543 580 202.98	(434 722 544.06)	650 072 662.20	577 478 326.13
加：期初现金及现金等价物余额	65 000 000.00	608 580 202.98	173 857 658.92	823 930 321.12
六、期末现金及现金等价物余额	608 580 202.98	173 857 658.92	823 930 321.12	1 401 408 647.25

注：利息收入记入"收到其他与经营活动有关的现金"项目。

表2-36 预计资产负债表

2023年

资产	第一季度	第二季度	第三季度	第四季度
流动资产:				
货币资金	608 580 202.98	173 857 658.92	823 930 321.12	1 401 408 647.25
交易性金融资产	—	—	—	—
衍生金融资产	—	—	—	—
应收票据	—	—	—	—
应收账款	195 976 858.01	195 976 858.01	293 965 287.02	293 965 287.02
应收款项融资	0.00	0.00	0.00	0.00
预付款项	0.00	0.00	0.00	0.00
其他应收款	0.00	0.00	0.00	0.00
存货	115 997 133.07	117 152 990.80	175 433 171.81	173 999 720.55
合同资产	0.00	0.00	0.00	0.00
持有待售资产	0.00	0.00	0.00	0.00
一年内到期的非流动资产	0.00	0.00	0.00	0.00
其他流动资产	0.00	0.00	0.00	0.00
流动资产合计	920 554 194.06	486 987 507.73	1 293 328 779.95	1 869 373 654.82

负债和所有者权益（或股东权益）	第一季度	第二季度	第三季度	第四季度
流动负债:				
短期借款	—	—	—	—
交易性金融负债	—	—	—	—
衍生金融负债	—	—	—	—
应付票据	—	—	—	—
应付账款	180 607 302.34	225 111 811.64	349 926 526.86	336 888 702.69
预收款项	—	—	—	—
合同负债	—	—	—	—
应付职工薪酬	80 794 879.08	81 191 404.08	91 860 575.10	91 383 839.10
应交税费	166 250 636.23	139 640 486.71	228 931 241.72	237 026 036.06
其他应付款	—	—	—	—
持有待售负债	—	—	—	—
一年内到期的非流动负债	—	—	—	—
其他流动负债	—	—	—	—
流动负债合计	427 652 817.65	445 943 702.43	670 718 343.68	665 298 577.85

资产	第一季度	第二季度	第三季度	第四季度
非流动资产：				
债券投资	0.00	0.00	0.00	0.00
其他债权投资	0.00	0.00	0.00	0.00
长期应收款	0.00	0.00	0.00	0.00
长期股权投资	0.00	0.00	0.00	0.00
其他权益工具投资	0.00	0.00	0.00	0.00
其他非流动金融资产	0.00	0.00	0.00	0.00
投资性房地产	0.00	0.00	0.00	0.00
固定资产	2 324 369 450.00	2 240 888 100.00	2 157 406 750.00	2 073 925 400.00
在建工程	—	765 386 400.00	765 386 400.00	765 386 400.00
生产性生物资产	—	—	—	—
油气资产	—	—	—	—
使用权资产	—	—	—	—
无形资产	66 150 000.00	65 700 000.00	65 250 000.00	64 800 000.00
商誉	—	—	—	—
长期待摊费用	—	—	—	—

负债和所有者权益（或股东权益）	第一季度	第二季度	第三季度	第四季度
非流动负债：				
长期借款	—	—	—	—
应付债券	—	—	—	—
其中：优先股	—	—	—	—
永续债	—	—	—	—
租赁负债	—	—	—	—
长期应付款	—	—	—	—
预计负债	91 111 363.86	136 987 291.72	205 801 183.52	274 615 075.32
递延收益	—	—	—	—
递延所得税负债	—	—	—	—
其他非流动负债	—	—	—	—
非流动负债合计	91 111 363.86	136 987 291.72	205 801 183.52	274 615 075.32
负债合计	518 764 181.51	582 930 994.15	876 519 527.20	939 913 653.17
所有者权益（或股东权益）：				
实收资本（或股本）	884 301 400.00	884 301 400.00	884 301 400.00	884 301 400.00
其他权益工具	—	—	—	—

资产	第一季度	第二季度	第三季度	第四季度
递延所得税资产	—	—	—	—
其他非流动资产	—	—	—	—
非流动资产合计	2 390 519 450.00	3 071 974 500.00	2 988 043 150.00	2 904 111 800.00
资产总计	3 311 073 644.06	3 558 962 007.73	4 281 371 929.95	4 773 485 454.82

负债和所有者权益（或股东权益）	第一季度	第二季度	第三季度	第四季度
其中：优先股	—	—	—	—
永续债	—	—	—	—
资本公积	647 316 000.00	647 316 000.00	647 316 000.00	647 316 000.00
减：库存股				
其他综合收益				
专项储备				
盈余公积	42 464 000.00	42 464 000.00	42 464 000.00	163 658 150.77
未分配利润	1 218 228 062.55	1 401 949 613.58	1 830 771 002.75	2 138 296 250.88
所有者权益（或股东权益）合计	2 792 309 462.55	2 976 031 013.58	3 404 852 402.75	3 833 571 801.65
负债和所有者权益（或股东权益）合计	3 311 073 644.06	3 558 962 007.73	4 281 371 929.95	4 773 485 454.82

预计资产负债表编制

交互式自测请扫描书侧二维码练习。

任务三　预算执行

任务资料

一、预算分解

承接任务二，联创新能源公司 2023 年度全面预算编制完成以后，首先需要进行预算分解，将预算指标落实到各个部门。

2023 年管理费用预算是包含了行政部、采购部、财务部、人力资源部和仓储部多个部门的日常费用指标，年度目标制订完成后，需要细分到各个部门。

2022 年管理费用明细表如表 2-37 所示。根据各部门提交的 2023 年费用计划中，2023 年各部门将招收新员工，具体如下：行政部将新增 5 名员工，年均薪酬 20 万元；采购部新增 10 名员工，年均薪酬 25 万元；财务部新增 5 名员工，年均薪酬 20 万元；人力资源部新增 2 名员工，年均薪酬 20 万元；仓储部新增 5 名员工，年均薪酬 15 万元。财务部在与各部门沟通的基础上，决定在分配 2023 年薪酬时，首先扣掉这部分，再按 2022 年比例分配至各部门。折旧不变，其他项目按 2022 年比例进行分配。

表2-37 2022年管理费用明细表

单位：元

项目	2022年金额	2022年各项目内明细占项目比
职工薪酬	275 865 000.00	
其中：行政部	137 932 500.00	50.00%
采购部	82 759 500.00	30.00%
财务部	27 586 500.00	10.00%
人力资源部	13 793 250.00	5.00%
仓储部	13 793 250.00	5.00%
后勤及办公费	12 976 630.00	
其中：行政部	2 595 326.00	20.00%
采购部	2 595 326.00	20.00%
财务部	2 595 326.00	20.00%
人力资源部	2 595 326.00	20.00%
仓储部	2 595 326.00	20.00%
折旧	3 064 700.00	
其中：行政部	100 000.00	3.26%
采购部	40 000.00	1.31%
财务部	80 000.00	2.61%
人力资源部	86 470.00	2.82%
仓储部	2 758 230.00	90.00%
差旅及招待费	8 110 390.00	
其中：行政部	4 055 195.00	50.00%
采购部	1 622 078.00	20.00%
财务部	811 039.00	10.00%
人力资源部	811 039.00	10.00%
仓储部	811 039.00	10.00%
其他杂费	8 178 248.00	
其中：行政部	1 635 649.60	20.00%
采购部	1 635 649.60	20.00%
财务部	1 635 649.60	20.00%
人力资源部	1 635 649.60	20.00%
仓储部	1 635 649.60	20.00%
管理费用合计	308 194 968.00	

二、预算控制

为了保证管理费用按预算合理支付，不超支，该公司决定采用总额控制与单项控制、绝对数控制与相对数控制的方法对管理费用进行预算控制。对于总额控制和单项控制，任何一项超过预算，本次费用申请均不通过。此外，当累计使用金额小于等于90%时，不预警，正常支付；否则，显示预警。如果累计使用金额加上本次申请金额之和不超过预算总金额，可以支付。

2023年3月20日，行政部张立明申请办公用品支出20 000元。

三、预算分析

2023年第一季度三元锂电芯523型直接人工成本预算执行情况表如表2-38所示，请利用因素分析法进行预算差异分析。

表2-38　2023年第一季度三元锂电芯523型直接人工成本预算执行情况表

产品	项目	第一季度预算	第一季度实际
三元锂电芯523型 （250 W·h）	预计产量／件	1 185 281	1 180 000
	单位产品耗用直接人工工时／小时	0.18	0.18
	工时小计／小时	213 350.58	212 400
	每小时工资率／元	50	52
	人工成本合计／元	10 667 529.00	11 044 800.00

任务布置

1. 将管理费用预算分解到各个部门。

2. 请填写管理费用控制表，并作出本次费用申请是否通过的判断。

3. 根据第一季度三元锂电芯523型人工预算执行情况，请利用因素分析法进行预算差异分析。

知识准备

全面预算的有效实施，必须充分调动各级责任人的积极性与创造性，强化责任意识，形成预算执行与控制的责任体系，保证预算执行的进度和效果。全面预算执行与控制的具体内容包括全面预算的分解、预算控制、预算分析和预算调整等。

一、全面预算的分解

（一）全面预算分解的原则

（1）以利润的形式，按价值量分解，保证指标的可衡量性；

（2）应分尽分，不留死角，保证指标分解的彻底性；

（3）谁可控谁承担，责任到人，保证做到责、权、利的有效统一；

（4）指标分解与保证措施相结合，保证预算指标的落实。

（二）全面预算分解的步骤

（1）预算一经批复下达，预算执行单位应当将预算作为预算期内组织协调各项经营活动的基本依据，将年度预算细分为月份和季度预算，以分期预算控制确保年度财务预算目标的实现；

（2）将全面预算分解为部门预算，明确各预算执行单位的工作目标；

（3）各预算执行单位将预算指标层层分解，从横向和纵向落实到内部各部门、各单位、各环节和各岗位，形成全方位的预算执行责任体系，保证预算目标的实现。

二、预算控制

（一）预算控制概述

1. 预算控制的内涵

企业的预算经批准下达后，各责任中心即开始组织实施。为了更好地执行预算，提高资源使用的效率与效果，为企业预算目标提供合理的保证，企业需要加强预算控制。

广义的预算控制是将整个预算系统作为一个控制系统，通过预算编制，预算执行与监控，预算考核和评价形成的包括事前、事中和事后的一个全过程控制系统。

狭义的预算控制不包括预算编制，是指企业以预算为标准，通过预算分解、过程监督、差异分析等促使日常经营不偏离预算标准的管理活动。

2. 预算控制的分类

按事件发生的时间来看，预算控制分为事前控制、事中控制和事后控制。

（1）事前控制又称前馈控制、超前控制、预先控制、防护性控制，是指控制者事先通过深入实际、调查研究，预测出发生偏差的事项和发生概率，在关键的控制点设计保护性措施，"防患于未然"。

（2）事中控制又称同时控制，是指控制者在交易或事项发生的同时，实时地取得实际绩效的相关信息，通过将实际绩效与目标或标准进行比较，及时发现问题并采取措施，纠正偏差。

（3）事后控制又称反馈控制，是指控制者在交易或事项发生之后，再分析实际绩效与控制目标或标准之间的差异，从而采取相应的措施纠正偏差。

3. 预算控制的方式

预算控制的方式多种多样，企业可以根据业务特点和管理需要，将这些方式相互结合，设计并采用个性化的预算控制方式，以达到最好的预算控制效果。

（1）当期预算控制和累进预算控制。当期预算控制指用当期的预算总额控制当期的预算执行数。累进预算控制是指以从预算期间的始点到当期时点的累计预算数控制累计预算执行数。

（2）总额控制和单项控制。如管理费用是一个综合的预算项，可以细分为差旅费、招待费、办公费等。总额控制就是只要"管理费用"这个预算总项的额度不超出预算，此业务就可以进行；超出预算领度，业务是否可以进行，需要经过追加的程序进行审批。单项控制是指对每个预算项（如招待费等）都分别加以控制。

（3）绝对数控制和相对数控制。绝对数控制是指用预算项的预算数控制预算执行数。相对数控制是指用预算值的百分比来控制预算执行数。

（4）刚性控制与柔性控制。刚性控制以预算值为约束指标，任何超出预算值的支出都需要通过特定的审批流程审批后才能使用。柔性控制指超出预算的执行申请可以在企业的预算管理系统中提交，各级审批者根据授权，进行成本和收益权衡后决策是否可以批准执行。

（5）预算内审批控制、超预算审批控制和预算外审批控制。预算内审批执行正常的、简化的流程进行控制。超预算审批控制执行额外审批流程，根据事先的额度分级审核。预算外审批控制执行较为严格的特殊审批流程，报经上级预算机构进行审核和审批。

（6）系统在线控制和手工控制。系统在线控制的优点是控制严格、数据准确，缺点是缺乏灵活性，会因某些例外情况出现而导致业务停滞。手工控制的准确性、严格性虽然不如系统在线控制，但比较灵活，易于接受与实施。

4. 预算控制的原则

（1）加强过程控制。企业应当以预算作为预算期内组织协调各项经营活动的基本依据，严格执行销售预算、生产预算、费用预算和其他预算，并将年度预算细分为月度和季度预算，通过分期预算控制，确保年度预算目标的实现。

（2）突出管理重点。不同行业、不同经营策略、处于不同发展阶段的企业，预算管理的重点不尽相同。企业的预算控制必须抓住重点，对重点预算项目进行严格管理；对于非重点项目应尽量简化审批流程。

（3）刚性控制与柔性控制相结合。对于一些不易区分的项目，可以通过总额控制（柔性控制）；对于一些重大项目的支出，则需要仔细审核其支出的合理性，实行刚性控制。对于预算内的资金拨付，按照授权审批程序执行；对于预算外的项目支出，应当按照预算管理制度的规定，按程序审批的支付；对于无合同、无凭证、未经程序审批的项目支出，不予支付。在企业实际的预算控制中，刚性控制和柔性控制是相互结合的。通过刚性控制保障某些项目（如投资项目等重要的资本预算项目）不超预算，而一些与日常经营相关的业务，如管理费用中的招待费、办公费等，可以通过质疑、警示等柔性控制方式来提醒相关人员，促使相关人员查找预算差异的原因，提高资源使用的效率与效果，实现预算控制的目标。

（4）业务控制与财务控制相结合。企业的总预算包括经营预算和财务预算，业务活动与财务活动往往是不可分的。企业的销售与收款流程，既是业务活动，也是财务活动。企业的经营活动主要是业务活动，因此，预算控制应通过对各项业务活动及相关财务活动的审批或确认，实现业务、财务一体化的控制模式。企业业务的审批一般是通过对预算执行单据实现的。预算执行单据反映了工作内容、工作路线、工作阶段、批准记录等，记载了全部的预算信息、业务信息，反映了企业资源的投入、流动和结果。预算控制正是通过对各种单据的审核及其他相关信息的比较来作出经营决策，并实施相关的业务与财务控制。

（二）经营预算的控制

预算控制的范围与企业预算编制的范围相同。有些企业实施了全面预算管理，预算控制的范围就比较广，包括销售预算控制、生产预算控制、费用预算控制、资本预算控制、现金预算控制等。有些企业未实行严格的全面预算管理，只是对一些主要的业务流程进行了比较详细的预算，如销售与收款流程、采购与付款流程等；还有一些企业，并未采用预算管理方式，这些企业同样存在着内部控制，只不过是控制形式不同而已。如前所述，企业的经营预算包括销售预算、生产预算、材料采购预算、直接材料预算、直接人工预算、制造费用预算、产品成本预算、管理费用预算等。以下主要讨论销售预算控制、生产预算控制、产品销售成本预算控制，以及费用预算控制。

1. 销售预算控制

企业在编制销售预算之前，首先要分析和优化企业的销售业务流程，分析不同产品线、不同区域、不同渠道、不同销售团体甚至个人的销售情况，按不同的维度确定企业的年度（季度、月度）的销售目标，制订出科学的、先进合理的销售目标，这是一种事前控制。

当上一个时期（季度、月度）过去后，企业可以对未达到销售目标的产品、渠道、区域、团队等进行深入分析，找出原因，修正营销策略或改进销售办法，以确保下一个时期（季度、月度）销售预算目标的完成。

某一销售合同已经签订，确保按时收回销售款项是预算事中控制的目标。企业可以通过相关内部控制制度和流程的设计、优化和有效执行来实施销售预算的事中控制。

销售预算的事后控制，是指定期对销售预算执行情况的考核评价，按销售预算指标完成情况来进行业绩评价，发现销售预算执行差异后，分析原因、改进销售业务流程甚至销售期望策略，以更好地实行预算期内的销售目标。

2. 生产预算控制

企业的生产预算包括直接材料预算、直接人工预算、制造费用预算，这几个预算会形成销货成本预算。

（1）生产量的控制。预计生产量是生产预算的主要内容，是采购部门、生产部门、物流部门制订资源需求计划、安排生产进度以及确立装运政策的基础。生产部门要及时与销售部门沟通，了解实际的销售情况。当实际销售量明显低于预计销量时，要相应地调整生产进度，降低产品库存；当实际销售且明显高于预计销售量时，应加快生产进度，相应扩大存货的生产量，并及时与采购部门、物流部门沟通，以利于采购部门提前计划，从供应商处获得存货采购的大宗订单的优惠价格，降低材料采购成本。

（2）直接材料预算控制。生产计划下达后，车间根据生产计划和在产品库存制订相关的领料计划。对直接材料的控制主要从领料环节开始，仓储部门根据领料计划申请开领料单，在领料单备注中标明申请单号、人员等信息，以便于预算控制环节人员的审批。

（3）直接人工预算控制。直接人工成本由单位产品工时和单位人工工资标准决定。对直接人工的控制主要是控制单位产品的人工工时，单位人工工资标准在年度预算中已经确定，一般不会有变动。

（4）制造费用预算控制。制造费用有两类：一类是与产品产量相关的制造费用，即变动性制造费用，如机物料消耗、维修费等，对这一类费用主要依靠定额进行控制；另一类制造费用与产品产量不直接相关，即固定性制造费用，如车间照明等，主要从额度上进行控制。

3. 产品销售成本预算控制

要做好销售成本的预算控制，就必须做好生产预算、直接材料预算、直接人工预算以及制造费用预算的控制。企业在进行销售成本预算控制时，做好以下几点：

（1）提高预测能力，制订科学合理的成本目标；

（2）制订合理的消耗定额，包括材料定额、工时定额等，并定期更新和完善定额，对于新产品消耗定额，在生产前要及时完善；

（3）深入分析产品的成本结构，抓住控制重点；

（4）及时、准确地掌握在产品库存信息，制订合理的领料计划；

（5）严格把控领料环节，严格执行领料计划，加强对仓储部门发料的管理和考核；

（6）对固定性制造费用严格按照预算额度进行控制。

4. 费用预算控制

即使是预算内的费用，也需要经过相关的审批流程。相关部门对重大的销售费用、管理费用支出要进行事前签报。在审批过程中，审批人可以根据预算执行情况

（包括本月预算、本月已执行预算以及本年预算、本年已执行预算等）及借款单中注明的业务信息，判断借款金额是否合理，支出理由是否充分。

费用预算控制的要点包括：

（1）完善各种费用标准，如车补、办公费用、劳保用品、通信费等标准或定额，作为费用控制的依据。

（2）一些企业将销售费用划分为固定费用和变动费用两类，固定性的销售费用，只需要按照项目反映全年的预计费用水平；而对于随着销售业务量成正比例变动的销售费用，需要反映各项目单位业务量的费用分配额，并根据费用发生额与业务量的内在比例关系分别测算不同业务量的销售费用预算。

（3）严格控制投入产出比。对于活动费用、市场广告费、调研费、区域管理等在审批时，不能单纯看其费用的多少，也不能完全根据业务量的多少，而是要将其和费用投入在过去和未来所产生的效益结合起来考察，企业可以根据以往经验或相关规定，在预算系统中设定控制公式，对费用和收入等相关的项目进行关联控制。

（三）财务预算的控制

财务预算包括现金预算、预计资产负债表、预计的现金流量表。财务预算的控制重点在于现金预算控制。企业在财务预算控制中常见的问题有：① 强调现金安全风险的控制，而对现金短缺风险、效率风险的控制不够。② 不能根据内外部环境的变化及时地调整企业的信用政策。③ 对于现金收支控制的关联性控制不够。

（1）现金预算控制的目标：

① 控制现金的安全风险，保证货币资金的安全，不被挪用、贪污。

② 控制好现金的短缺风险，保证资金及时供应，避免企业在资金流动性方面出现问题。

③ 提高资金的使用效率与效果。

（2）现金预算控制中的注意点：

① 建立健全授权审批制度，按照规定的权限和制度办理资金收付业务。

② 贯彻内部牵制原则，确保不兼容岗位相互分离、制约和监督，加强员工职业道德和安全意识教育。

③ 加强内部审计。

（3）货币资金的短缺风险应对措施：

① 优化资本结构，使资产和负债在期限上匹配（"长钱长用，短钱短用"），避免因资金占用与资金供应期限上的搭配不当而造成资金短缺的风险。

② 加强经营性营运资本的管理。

③ 拓展融资集道，灵活运用各种融资工具。

④ 保持财务弹性。

（四）资本预算控制

资本预算控制中常见的问题是资本预算的事前控制、事中控制不够。

1. 事前控制

企业要特别重视事前控制，包括：规范投资项目的立项和审批流程，结合企业的战略规划和长期预测，做好项目的可行性研究和投资分析工作。

2. 事中控制

事中控制包括：根据预算和合同规定，严格审核投资资金的支出；管理好项目实施过程中发生的各种成本和费用，避免项目资金支出严重超预算等。

3. 事后控制

由于投资项目周期较长，在市场环境瞬息多变的情况下，资本预算的事后控制也需要引起管理者的高度重视。

三、预算分析

预算分析是将企业的预算执行情况与预算目标或标准进行对比，找出差异，分析差异形成的原因，并根据差异的大小和性质，提出相应的改进性措施的过程。预算分析是预算控制的重要前提或基础。

预算分析与调整

（一）预算分析程序

（1）各预算执行部门记录本部门全面预算执行情况，找出问题，分析本部门差异产生的原因，提出改进建议，出具全面预算差异分析报告，并上报预算日常管理工作机构。

（2）全面预算日常管理工作机构汇总各部门提供的全面预算差异分析报告，并进行综合分析，出具公司总的全面预算差异分析报告，并上报预算管理委员会。

（3）预算管理委员会对全面预算日常管理工作机构提交的全面预算差异分析报

告进行讨论，审议预算执行差异原因和责任部门，并提出处理意见。

（4）全面预算日常管理工作机构根据审批后的公司全面预算差异分析报告，组织相关责任部门落实各项不利差异的改进措施，以及针对有利差异进行巩固、推广的措施。

（二）全面预算差异分析报告的内容

1. 全面预算差异内容的分析

编制全面预算执行差异分析表，确认目前公司或部门各项工作实际完成情况与预算的差异。全面预算执行差异分析表的格式如表2-39所示。

表2-39　全面预算执行差异分析表

项目	本季预算	本季实际发生	本季差异百分比	累计预算	累计实际发生	累计差异百分比

2. 全面预算差异产生的原因分析

各预算执行部门应该找出差异，分析差异产生的原因。全面预算日常管理机构应该分析全面预算执行情况，汇总各部门提供的差异分析报告，并加以综合分析，得出总的差异产生原因。

3. 提出改进建议

各预算执行部门在全面预算差异分析报告中提出改进措施。全面预算日常管理机构根据自己的记录与各部门提出的分析报告进行核对，纠正偏差，提出改进建议，必要时可以进行全面预算的调整。

（三）预算分析的方法

1. 差异分析

差异分析就是计算各预算报表的数据与实际绩效之间的差异，分析引起差异的内外部原因，及时发现和解决预算执行过程中出现的问题和存在的风险，为预算控制提供目标、方向和重点。差异分析包括：销售差异分析、生产预算差异分析、采购差异分析、管理费用差异分析、财务费用差异分析、产品成本差异分析、利润差异分析等。

2. 对比分析

对比分析是将某项指标与性质相同的指标项进行对比来揭示差异，分析报表中的项目与总体项目之间的关系及其变动情况，探讨产生差异的原因，判断企业预算的执行情况。对比分析包括：实际数与预算数的对比分析；同比分析，即将本期实际数与上年同期实际数进行对比分析；环比分析，即将本期实际数与上期实际数对比分析等。

3. 对标分析

对标管理是通过选取国内外同行业优秀企业的最佳实践，并以此为基准与本企业进行比较、分析、判断，从而使本企业的业绩不断改进的一个过程。预算管理中的对标分析就是选取行业内标杆企业作为比较标准，通过对标分析，可以了解企业在行业竞争中的地位，明确差距，提出相应的改进措施。

4. 结构分析

结构是指某一子项占其总项的百分比，如期间费用中管理费用、财务费用、销售费用所占的比例，或办公费用、研发费用等占管理费用的比例。结构分析就是分析实际数结构与预算数结构之间的差异，分析结构变化对预算完成情况的不同影响。

5. 趋势分析

趋势分析根据企业连续几个时期的分析资料，确定分析期各有关项目的变动情况和趋势，包括月度趋势分析、季度趋势分析、年度趋势分析等。

6. 因素分析

在对比分析中，为细分差异，需要将指标构成分解为几项因素，并对几项因素进行逐一替换分析。例如，通过对 2022 年销售实际总收入与预算数的差异计算，可以分别对总销量、各种销量比例、各品种售价等因素进行深入分析，找出企业实际销售收入与预算销售收入差异的主要原因。

7. 排名分析

排名分析是指针对企业内部功能相同或相似的责任单位，选择一些能够反映责任单位运营情况的核心指标（如人均销售收入、人均管理费用等）进行排名，再进一步分析差距产生的原因，促进排名落后的责任单位加强管理，改善业绩。

8. 多维分析

多维分析是指对多维形式组织起来的数据进行上卷、下钻、切片、切块、旋转等各种分析操作，使分析者能从多个角度、多个侧面观察数据库中的数据，从而更深入地了解包含在数据中的信息和内涵。例如，在分析2022年销售收入实际数与预算数的差异时，就需要从多个维度（产品、区域、渠道、客户等）进行深入分析，结合企业战略的实施情况，才能找出形成差异的根本原因。

四、预算调整

（一）预算调整的内涵

全面预算方案是企业年度经营的重要依据，应保持一定的稳定性。一般不得轻易调整，但当企业的内外部环境或者企业的经营策略发生重大变化，致使预算的编制基础不成立，或者将导致企业的预算执行结果产生重要偏差，原有预算已不再适宜时，才能进行预算修改。

全面预算调整分为一般性调整和重大调整两类。

（1）一般性调整是指以原预算为基础，结合预算执行进度和外部环境的变化，在不影响年度预算目标的前提下，对预算执行进度或个别项目进行调整。

（2）重大调整是指在预算执行过程中，因无法预见的重大外部环境改变或发生重大业务调整，必须按照实际情况的变化对年度预算目标进行修改。

（二）预算调整的原则

（1）预算调整必须基于"客观"因素发生"重大"变化。

（2）预算调整必须有利于企业战略的实现。

（3）按规定程序进行调整。

（4）调整频率、调整范围要（局部或整体）适当。

（三）预算调整的程序

对预算进行调整，必须按照一定的程序进行。预算调整的程序主要包括：

（1）申请。预算执行单位逐级向预算管理委员会提出书面申请，说明预算调整理由、调整建议方案、调整前后预算指标的比较、调整后预算指标可能对企业预算总目标的影响等内容。

（2）审核分析。预算管理日常工作机构对预算执行单位提交的预算调整报告进行审核分析，集中编制年度预算整体调整方案，并提交预算管理委员会。

（3）审议和批准。预算管理委员会对年度预算调整方案进行审议、批准，然后下达执行。

【知识拓展与价值提升】

预算控制中的刚柔并济

预算控制是一项复杂的工作，不能一刀切，需要根据实际情况，做到"刚柔并济"。

预算控制中的"刚性"是指预算一经批准，便要在企业内部具有刚性约束力，各部门的业务活动必须严格按照预算要求执行，保证预算的执行力。比如，一般情况下，超预算的支出不得支付。但同时，在外部环境发生变化或存在大量不确定因素时，预算控制要发挥其"柔性"一面，要根据未来环境的变化及时调整预算指标，要为应对未来的不确定环境和突发因素留有余地，最大限度地避免风险事项发生后对企业产生的严重不利影响。

作为预算管理人员，我们要始终保持严谨认真的工作态度，审时度势，及时关注行业变化，为企业管理层提供预算控制意见和建议。

任务实施

一、预算分解

根据任务资料，2023年各部门折旧额与2022年相同。计算2023年各部门职工薪酬时，应首先从职工薪酬总额中扣掉2023年新员工薪酬，之后再按照2022年比例在各部门之间分配；其次，再将新员工薪酬加总到相应部门，即可计算出各部门的薪酬总额。其他费用项目金额仍然按照2022年比例进行分配。2023年管理费用预算分解表如表 2-40 所示。

表 2-40　2023 年管理费用预算分解表

単位：元

项目	2022 年金额	2022 年各项目内明细占项目比	2023 新增	2023 年可供分配金额	2023 年实际分配金额
职工薪酬	275 865 000.00		5 650 000.00	395 127 877.32	400 777 877.32
其中：行政部	137 932 500.00	50.00%	1 000 000.00	197 563 938.66	198 563 938.66
采购部	82 759 500.00	30.00%	2 500 000.00	118 538 363.20	121 038 363.20
财务部	27 586 500.00	10.00%	1 000 000.00	39 512 787.73	40 512 787.73
人力资源部	13 793 250.00	5.00%	400 000.00	19 756 393.87	20 156 393.87
仓储部	13 793 250.00	5.00%	750 000.00	19 756 393.86	20 506 393.86
后勤及办公费	12 976 630.00			19 615 028.87	19 615 028.87
其中：行政部	2 595 326.00	20.00%	—	3 923 005.77	3 923 005.77
采购部	2 595 326.00	20.00%	—	3 923 005.77	3 923 005.77
财务部	2 595 326.00	20.00%	—	3 923 005.77	3 923 005.77
人力资源部	2 595 326.00	20.00%	—	3 923 005.77	3 923 005.77
仓储部	2 595 326.00	20.00%	—	3 923 005.79	3 923 005.79
折旧	3 064 700.00		—	3 064 700.00	3 064 700.00
其中：行政部	100 000.00	3.26%	—	100 000.00	100 000.00
采购部	40 000.00	1.31%	—	40 000.00	40 000.00
财务部	80 000.00	2.61%	—	80 000.00	80 000.00
人力资源部	86 470.00	2.82%	—	86 470.00	86 470.00
仓储部	2 758 230.00	90.00%	—	2 758 230.00	2 758 230.00
差旅及招待费	8 110 390.00		—	13 437 422.08	13 437 422.08
其中：行政部	4 055 195.00	50.00%	—	6 718 711.04	6 718 711.04
采购部	1 622 078.00	20.00%	—	2 687 484.42	2 687 484.42
财务部	811 039.00	10.00%	—	1 343 742.21	1 343 742.21
人力资源部	811 039.00	10.00%	—	1 343 742.21	1 343 742.21
仓储部	811 039.00	10.00%	—	1 343 742.20	1 343 742.20
其他杂费	8 178 248.00		—	14 025 175.73	14 025 175.73

项目	2022 年金额	2022 年各项目内明细占项目比	2023 新增	2023 年可供分配金额	2023 年实际分配金额
其中：行政部	1 635 649.60	20.00%	—	2 805 035.15	2 805 035.15
采购部	1 635 649.60	20.00%	—	2 805 035.15	2 805 035.15
财务部	1 635 649.60	20.00%	—	2 805 035.15	2 805 035.15
人力资源部	1 635 649.60	20.00%	—	2 805 035.15	2 805 035.15
仓储部	1 635 649.60	20.00%	—	2 805 035.13	2 805 035.13
管理费用合计	308 194 968.00			450 920 204.00	450 920 204.00

进一步可以按部门整理成各部门费用预算表，分别如表2-41～表2-45所示。

表2-41　2023年行政部费用预算表

单位：元

项目	第一季度	第二季度	第三季度	第四季度	全年合计
职工薪酬	49 640 984.67	49 640 984.67	49 640 984.67	49 640 984.65	198 563 938.66
后勤及办公费	980 751.44	980 751.44	980 751.44	980 751.45	3 923 005.77
折旧	25 000.00	25 000.00	25 000.00	25 000.00	100 000.00
差旅及招待费	1 679 677.76	1 679 677.76	1 679 677.76	1 679 677.76	6 718 711.04
其他杂费	701 258.79	701 258.79	701 258.79	701 258.78	2 805 035.15
管理费用合计	53 027 672.66	53 027 672.66	53 027 672.66	53 027 672.64	212 110 690.62

表2-42　2023年采购部费用预算表

单位：元

项目	第一季度	第二季度	第三季度	第四季度	全年合计
职工薪酬	30 259 590.80	30 259 590.80	30 259 590.80	30 259 590.80	121 038 363.20
后勤及办公费	980 751.44	980 751.44	980 751.44	980 751.45	3 923 005.77
折旧	10 000.00	10 000.00	10 000.00	10 000.00	40 000.00
差旅及招待费	671 871.11	671 871.11	671 871.11	671 871.09	2 687 484.42
其他杂费	701 258.79	701 258.79	701 258.79	701 258.78	2 805 035.15
管理费用合计	32 623 472.14	32 623 472.14	32 623 472.14	32 623 472.12	130 493 888.54

表2-43 2023年财务部费用预算

単位：元

项目	第一季度	第二季度	第三季度	第四季度	全年合计
职工薪酬	10 128 196.93	10 128 196.93	10 128 196.93	10 128 196.94	40 512 787.73
后勤及办公费	980 751.44	980 751.44	980 751.44	980 751.45	3 923 005.77
折旧	20 000.00	20 000.00	20 000.00	20 000.00	80 000.00
差旅及招待费	335 935.55	335 935.55	335 935.55	335 935.56	1 343 742.21
其他杂费	701 258.79	701 258.79	701 258.79	701 258.78	2 805 035.15
管理费用合计	12 166 142.71	12 166 142.71	12 166 142.71	12 166 142.73	48 664 570.86

表2-44 2023年人力资源部费用预算

単位：元

项目	第一季度	第二季度	第三季度	第四季度	全年合计
职工薪酬	5 039 098.47	5 039 098.47	5 039 098.47	5 039 098.46	20 156 393.87
后勤及办公费	980 751.44	980 751.44	980 751.44	980 751.45	3 923 005.77
折旧	21 617.50	21 617.50	21 617.50	21 617.50	86 470.00
差旅及招待费	335 935.55	335 935.55	335 935.55	335 935.56	1 343 742.21
其他杂费	701 258.79	701 258.79	701 258.79	701 258.78	2 805 035.15
管理费用合计	7 078 661.75	7 078 661.75	7 078 661.75	7 078 661.75	28 314 647.00

表2-45 2023年仓储部费用预算

単位：元

项目	第一季度	第二季度	第三季度	第四季度	全年合计
职工薪酬	5 126 598.46	5 126 598.46	5 126 598.46	5 126 598.48	20 506 393.86
后勤及办公费	980 751.45	980 751.45	980 751.45	980 751.44	3 923 005.79
折旧	689 557.50	689 557.50	689 557.50	689 557.50	2 758 230.00
差旅及招待费	335 935.55	335 935.55	335 935.55	335 935.55	1 343 742.20
其他杂费	701 258.78	701 258.78	701 258.78	701 258.79	2 805 035.13
管理费用合计	7 834 101.74	7 834 101.74	7 834 101.74	7 834 101.76	31 336 406.98

二、预算控制

根据任务资料描述，可以设计本次申请金额、累计使用金额、累计占用金额、预算总金额、实际完成率、占用率、预警提示和本次申请结果几个指标。其中，累计使用金额是指本次申请之前已经使用的金额。累计占用金额是指本次申请金额加上累计使用金额的合计数。预算总金额是指预算金额。实际完成率是指累计使用金额除以预算总金额的比例。占用率是累计占用金额除以预算总金额的比例。预警提示是逻辑判断结果，如果实际完成率大于等于90%，预警提示显示"是"，反之显示"否"。本次申请结果是逻辑判断结果，如果占用率小于等于1，本次申请结果通过，反之不通过。具体如表2-46所示。

表2-46　2023年行政部费用预算控制表

金额单位：元

项目名称	日期	本次申请金额	累计使用金额	累计占用金额	预算总金额	实际完成率	占用率	预警提示	本次申请结果
职工薪酬	2023.1.28	3 589 000.00	28 700 000.00	32 289 000.00	49 640 984.67	58%	65%	否	通过
	2023.2.28	3 612 000.00	32 289 000.00	35 901 000.00	49 640 984.67	65%	72%	否	通过
后勤及办公费	2023.3.20	20 000	958 000.00	978 000.00	980 751.44	98%	100%	是	通过
差旅及招待费					1 679 677.76				
其他杂费					701 258.79				
费用总额					53 002 672.66				

三、预算分析

利用因素分析法，分析直接人工预算差异，直接人工预算差异分析表如表2-47所示。

表2-47　直接人工预算差异分析表

产品	项目	预算数	实际数	差异额	差异率
三元锂电芯523型（250 W·h）	预计产量/件	1 185 281	1 180 000	−5 281	−0.45%
	单位产品耗用直接人工工时	0.18	0.18	0	0.00%
	工时小计	213 350.58	212 400	−950.58	−0.45%
	每小时工资率/（元/时）	50	52	2	4.00%
	人工成本合计/元	10 667 529	11 044 800	377 271	3.54%
	直接人工成本差异总额	—	—	377 271	3.54%
	直接人工工资率差异	—	—	424 800	3.98%
	直接人工工时耗用量差异	—	—	−47 529	−0.45%

【即学即练】

交互式自测请扫描书侧二维码练习。

任务三
交互式自测

任务四　预算考核与评价

任务资料

2023年年底，联创新能源公司预算管理办公室组织公司各部门进行预算差异分析，进行预算考核与评价。其中，销售部门的2023年度销售预算执行情况分析表如表2-48所示。销售部门在规定时间内提交预算，后期内容修改一次；每月按公司要求进行预算分析，并对市场变化作出合理判断。期末，预算分析准确全面。

表2-48 2023年度销售预算执行情况分析表

项目		全年预算	全年实际	完成率
三元锂电芯523型	销售量/件	5 958 480.00	5 958 000.00	99.99%
	单价/元	258.00	258.00	100.00%
	销售额（不含税）/元	1 537 287 840.00	1 537 164 000.00	99.99%
	销售额（含税）/元	1 737 135 259.20	1 736 995 320.00	99.99%
三元锂电池523型	销售量/件	107 630.00	107 700.00	100.07%
	单价/元	66 285.00	66 280.00	99.99%
	销售额（不含税）/元	7 134 254 550.00	7 138 356 000.00	100.06%
	销售额（含税）/元	8 061 707 641.50	8 066 342 280.00	100.06%
合计（不含税）/元		8 671 542 390.00	8 675 520 000.00	100.05%
合计（含税）/元		9 798 842 900.70	9 803 337 600.00	100.05%
现金流量	当期收现/元	9 504 877 613.68	9 583 270 000.00	100.82%
	期末应收/元	293 965 287.02	220 067 600.00	74.86%
	收回上期/元	203 763 750.00	203 763 750.00	100.00%
	收现合计/元	9 708 641 363.68	9 787 033 750.00	100.81%

任务布置

1. 请你帮助预算管理办公室设计销售部门全面预算考核的指标体系，编制销售部门预算管理预算指标考核表。要求指标考核表中包括预算目标完成情况和预算组织工作情况两大方面的内容，并细化每个方面包含的指标。

2. 为销售部门打分，并计算总分。

3. 根据企业总体考核标准，得分值在10分以上时为优秀，得分值在9.5分（含9.5）~10分（不含）时为良好，得分值在9分（含）~9.5分（不含）为一般，得分值在8.5分（含）~9分（不含）时为及格，8.5分以下为不及格。评价销售部门预算完成情况。

知识准备

一、预算考核的作用

预算考核指通过对各预算执行单位的预算完成结果进行检查、考核与评估，为企业实施奖惩和激励提供依据，为改进预算管理提供建议和意见，是企业进行有效激励与约束，提高绩效的重要内容。预算考核是整个企业预算管理中的重要一环，具有承上启下的作用。预算考核是一种动态考核和综合考核，企业在特定预算期间的预算执行过程中和完成后都要适时进行考核，以便更好地实现企业战略和预算管理目标。具体来说，预算考核具有以下作用：

（一）明确战略导向

通过设计科学合理的预算考核指标体系，体现企业的战略方向和管理意图，强化企业的优势，弥补不足，进一步提升企业的核心竞争力。

（二）强化激励机制

通过量化的关键业绩指标，肯定员工的工作业绩，奖励先进员工，提高员工工作的积极性和主动性。

（三）改善业绩评价

将员工的实际工作绩效与其预算目标相比较，确定责任归属，与相应的奖惩方法挂钩，有利于完善企业的业绩评价系统。

（四）提升管理水平

通过对预算执行主体的预算完成情况的考核，可以检验现行的各项预算标准是否合理和可行，更好地实现企业的经营目标和长远目标。

二、预算考核的原则

（一）目标性原则

预算考核的目的是更好地实现企业战略和预算目标，避免各责任中心发生只顾局部利益，不顾全局利益甚至损害全局利益的行为。

（二）可控性原则

为避免强调可控而导致各预算执行单位相互推诿，出现无人负责的现象，在预算目标下达时，应尽可能明确各预算执行单位的"可控"范围或可控因素。

（三）动态性原则

可根据管理基础、内外部环境变化，以及经营需要来选择合适的考核时点，如季度考核、半年度考核、不定期考核等。

（四）例外性原则

在企业的预算管理中，可能会出现一些不可控的例外事件，如市场的变化、产业环境的变化、相关政策的改变、重大自然灾害和意外损失等，考核时应对这些特殊情况作特殊处理。

（五）公平公开原则

预算的考核必须公平，否则员工会感觉不公平，产生不满情绪，挫伤员工工作积极性，并引起相互间的不信任。

（六）总体优化原则

预算管理的目的是通过调动各责任预算主体的积极性、主动性来实现企业预算管理的总目标。预算考核要有利于企业总体目标的实现和价值的最大化。

三、预算考核主体

预算考核主体是预算考核的组织者和实施者。预算的考核主体是一个多层次的考核主体，一般分为两个层次：第一个层次的考核主体是预算管理委员会组织的预算考核小组，成员主要由财务、审计、计划和人力资源等相关部门的专业人员构成。对于企业预算的执行情况，预算管理委员会所属预算考核小组作为最高级别的考核主体行使其考核职责。第二层次的考核主体是企业内部的各级部门，这是按照逐级负责制原则，由上级对下级的预算执行情况进行逐级考核与评价，其考评对象是下级各责任部门和相关责任人员。在预算考核体系中，处于中间层面的各个部门既是上级考核主体的考核对象，又是下级部门的考核主体。

四、预算考核对象和内容

（一）预算考核对象

预算考核的具体对象是各预算执行单位（责任中心）以及各责任中心的管理团队和员工。

（二）预算考核内容

预算考核内容有两个方面：

（1）预算目标完成情况的考核。预算目标完成情况的考核，是对企业各预算执行单位（投资中心、利润中心、收入中心、成本费用中心等）主要预算指标完成情况的考核。通过对超额完成的责任主体进行奖励，对未达标者进行惩罚，鼓励各预算执行单位超额完成预算目标，促进企业价值的最大化。

（2）预算组织工作的考核。预算工作考核，是对预算管理各环节工作质量的评价，其目的是提高企业的预算管理水平。主要考核的内容有：通过对预算编制是否准确、及时、规范；预算分析工作是否及时，是否发现了经营中存在的问题和风险，是否提出了相应的改进建议；预算控制是否到位；预算调整是否按程序进行；等等。对这些定性指标的考核，主要采用打分法，根据预算各责任主体的执行情况，由考核主体进行打分考核。

五、预算考核周期

预算考核周期是指企业在考核管理办法中事先规定考核的频率或时间跨度，如季度考核、半年度考核或年度考核。在实务中，企业往往采用定期考核与不定期考核相结合的方式。

六、预算考核的程序

预算考核程序如下：

（一）制订预算考核管理办法

要做好预算考核工作，充分发挥预算管理对企业发展的积极作用，企业最高管理层就必须充分重视预算考核工作，通过考核制度的建设与完善来确保预算考核工作的顺利进行。

企业可以单独制订预算考核管理办法，也可以将预算考核的相关制度和流程纳入总的预算管理制度之中。

（二）确认各责任中心的预算执行结果

在一个预算期间结束后，各预算考核主体首先要收集考核相关的各种资料。预算考核所需资料包括内部资料和外部资料两个方面。内部资料主要是有关预算目标及其执行情况的资料，用以确定预算差异；外部资料包括影响预算执行结果的有关外部因素的变动信息，用以对预算执行单位进行预算考核和评价。

各预算执行单位的实际绩效与预算数之间的差异可以分为两类：有利差异和不利差异。有利差异是指实际情况要好于预算的情况，如实际销售收入超额完成预算，费用的实际数小于预算数等；不利差异则与有利差异相反。预算考核主体要对预算执行单位的主要预算指标与实际绩效逐项进行比较，列出各种差异，确定差异额，并分清是有利差异还是不利差异。

（三）编制预算执行情况的分析报告

通过实际绩效与预算数对比计算出差异后，企业需要编制预算执行情况的分析报告，分析差异产生的原因，识别和评估企业经营管理中存在的问题和风险，并结合战略分析、行业分析、市场分析等，提出针对性的改进建议。

（四）组织考核，撰写考核报告，发布考核结果

经过预算考核，预算管理委员会所属预算考核小组需就考核情况和结果撰写考核报告，报告应肯定成绩，指出问题，找出原因，并为企业实行奖惩提供依据。报告内容主要包括以下方面：① 预算执行、调整、监控、分析考核指标与考核情况说明；② 预算考核评语，内容包括预算执行业绩、实际表现、优缺点、努力方向等。同时，预算考核完毕后，预算管理委员会应及时对预算考核结果进行整理、归档和发布。

【知识拓展与价值提升】

预算评价中的铁面无私

预算评价结果往往与企业员工绩效紧密联系在一起，所以预算考核与评价就面临一个"人情"的问题。如何解决这个问题呢？

首先，考核者要保持独立公正，正确理解考核标准，加强对被考核者信息的收集、整理、分析与判断。

其次，企业要设计一个合理的预算考核与评价方案，保证考核与评价的公平性，分清责任主体，分清客观原因与主观原因。选用客观、明确的考核指标和标准。

最后，就是在整个企业内树立良好的考核观念。通过教育、宣传与适当的手段，营造

公平竞争和自我发展的氛围。

任务实施

1. 根据销售部门预算考核内容的要求，重点对销售额、货款回收率进行定量考核，对预算组织工作情况进行打分考核，并设计预算指标考核表，如表2-49所示。

表2-49 销售部门预算指标考核表

项目	指标	权重	评价标准	考核得分（每项满分10分）	指标说明
预算目标完成情况	三元锂电芯523型销售额完成率	25%	销售额完成率=1，得10分；销售额完成率每下降1%，减1分；销售额完成率每增加1%，加1分		销售额完成率=实际销售额/预计销售额
	三元锂电池523型销售额完成率	25%	销售额完成率=1，得10分；销售额完成率每下降1%，减1分；销售额完成率每增加1%，加1分		销售额完成率=实际销售额/预计销售额
	应收账款回收率完成率	20%	应收账款回收率完成率=1，得10分；应收账款回收率完成率每下降1%，减1分；销售额完成率每增加1%，加1分		应收账款回收率=应收账款收现额/应收账款额；应收账款回收率完成率=应收账款回收率/0.7
预算组织工作情况	预算编制是否准确、及时	10%	在规定时间内完成，且内容准确，得10分；迟交一天，扣1分；内容修改一次，扣0.5分		
	预算控制是否到位	10%	每月是否进行预算分析，是否对市场变化作出判断并主动推广市场；二者都进行且见效好的，得10分，较好得8分，一般得6分，较差得0~5分		
	预算分析是否全面	10%	分析准确全面，得10分；否则，由预算管理办公室酌情扣分		
合计	—	100%	—		—

2. 经过对销售部门定量和定性两方面评价，2023 年销售部门预算执行情况考核表如表 2-50 所示。

表 2-50 2023 年销售部门预算执行情况考核表

项目	指标	权重	评价标准	考核得分（每项满分 10 分）	指标说明
预算目标完成情况	三元锂电芯 523 型销售额完成率	25%	销售额完成率＝1，得 10 分；销售额完成率每下降 1%，减 1 分；销售额完成率每增加 1%，加 1 分	10	销售额完成率＝实际销售额／预计销售额
	三元锂电池 523 型销售额完成率	25%	销售额完成率＝1，得 10 分；销售额完成率每下降 1%，减 1 分；销售额完成率每增加 1%，加 1 分	10	销售额完成率＝实际销售额／预计销售额
	应收账款回收率完成率	20%	应收账款回收率完成率＝1，得 10 分；应收账款回收率完成率每下降 1%，减 1 分；销售额完成率每增加 1%，加 1 分	10	应收账款回收率＝应收账款收现额／应收账款额；应收账款回收率完成率＝应收账款回收率/0.7
预算组织工作情况	预算编制是否准确、及时	10%	在规定时间内完成，且内容准确，得 10 分；迟交一天，扣 1 分；内容修改一次，扣 0.5 分	9.5	
	预算控制是否到位	10%	每月是否进行预算分析，是否对市场变化作出判断并主动推广市场；二者都进行且见效好的，得 10 分，较好得 8 分，一般得 6 分，较差得 0~5 分	10	
	预算分析是否全面	10%	分析准确全面，得 10 分；否则，由预算管理办公室酌情扣分	9.5	
合计	—	100%	—	9.9	—

3. 评价销售部门预算完成情况

销售部门从预算目标完成情况来看，预算目标基本完成。从预算组织工作情况来看，对预算分析全面性上有待提高，综合以上情况，销售部门总得分为 9.9 分，年度考核等级良好。

【即学即练】

交互式自测请扫描书侧二维码练习。

任务四
交互式自测

成本管理

知识目标

◆ 掌握成本按性态分类的内容；

◆ 熟悉成本计划、成本控制和成本分析的概念；

◆ 熟悉成本按决策用途分类的内容；

◆ 掌握完全成本法与变动成本法的区别与联系；

◆ 掌握目标成本法的制订方法和应用；

◆ 掌握制订标准成本的方法；

◆ 掌握成本分析的方法。

技能目标

◆ 能够运用目标成本约束产品设计；

◆ 能够区分固定成本和变动成本；

◆ 能够分析两种成本计算法下税前利润产生差异的原因；

◆ 能够制订各项目的标准成本；

◆ 能够以标准成本方法控制创业成本；

◆ 能够分析各项目的成本差异。

素养目标

◆ 培养承担社会责任意识；

◆ 培养保护资源、节约资源的品质；

◆ 培养重视成本效益的意识。

知识导图

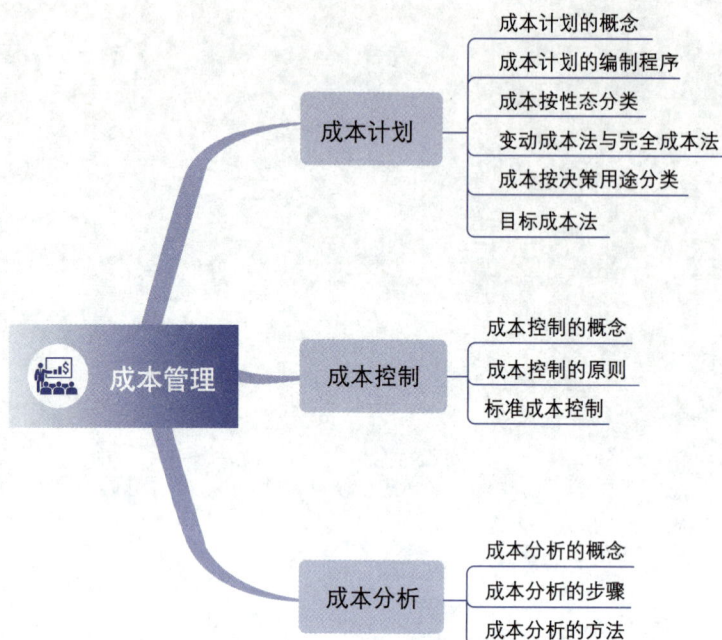

情境引例

随着新能源汽车销售量的增长，动力电池需求量呈快速上升趋势，2020—2022年动力电池装机量表如表3-1所示。

表3-1　2020—2022年动力电池装机量表

指标	2020年	2021年	2022年
国内装机量/（GW·h）	62.2	63.6	154.5
联创新能源公司装机量/（GW·h）	3.6	4.61	6.101
市场占有率/%	5.79	7.25	3.95

目前，联创新能源公司最大产能为8 GW·h。由于产能受限，2022年动力电池市场占有率明显下降。企业管理层已经意识到这个问题，决定在2023年投资一个新

的动力电池生产项目。

目前，市场上主流电池为三元锂电池和磷酸铁锂电池。这两类电池各有所长。

高温条件下，三元锂电池的三元材料会在 200 ℃时发生分解，产生剧烈的化学反应，释放出氧原子，并在高温作用下极易发生燃烧或爆炸，因此基于安全的考虑，我国工信部在 2016 年 1 月，通过特殊发文规定将三元锂电池的使用暂时限制在纯电动客车之外。而磷酸铁锂电池的分解温度在 800 ℃，更不容易着火，安全性相对较高。

低温条件下（气温低于 −10 ℃以下），磷酸铁锂电池衰减得非常快，经过不到 100 次充放电循环，电池容量将下降到初始容量的 20%，不适合在寒冷地区使用；而三元锂电池的低温性能优异，在 −30 ℃条件下仍可保持正常电池容量，更适应北方低温地区的使用条件。

从制造成本上来看，三元锂电池所必需的钴元素在我国储量较少，大部分靠海外进口，受市场波动影响非常大，所以三元锂电池的成本必然居高不下，而磷酸铁锂电池所需原材料无须进口，供应充足，价格稳定，成本相对较低。

随着锂电池正极材料价格上涨，与需要钴、镍等稀有金属的三元锂电池相比，磷酸铁锂电池成本更低。其市场占有率也逐渐反超三元锂电池。高工产研锂电研究所（GGII）此前发布的数据显示，中国锂离子电池正极材料出货量为 109.4 万吨，其中，磷酸铁锂正极材料出货量 45.5 万吨，三元锂正极出货量 42.2 万吨。磷酸铁锂材料在连续 5 年落后三元锂材料的情况下实现反超，成为正极材料细分领域出货量最多，且增长速度最快的子行业。

中国汽车动力电池产业创新联盟消息，2021 年 12 月，我国动力电池装车量 26.2 GW·h，同比增长 102.4%，环比增长 25.9%。其中三元锂电池共计装车 11.1 GW·h，同比增长 84.7%，环比增长 19.7%；磷酸铁锂电池共计装车 15.1 GW·h，同比增长 118.5%，环比增长 30.1%。2021 年 1—12 月，我国动力电池装车量累计 154.5 GW·h，同比累计增长 142.8%。其中三元电池装车量累计 74.3 GW·h，占总装车量 48.1%，同比累计增长 91.3%；磷酸铁锂电池装车量累计 79.8 GW·h，占总装车量 51.7%，同比累计增长 227.4%。

企业预计，今后磷酸铁锂电池的出货量将继续维持高位。

任务一 成本计划

任务情境

根据情境引例，联创新能源公司现拟开发新产品磷酸铁锂 LFP55 型电池包（60 kW·h），本项目将建成 10 条生产线，共计年产能 10 GW·h 动力电池产品，目前市场上同类型磷酸铁锂电池报价表如表 3-2 所示。

表 3-2　同类型磷酸铁锂电池报价表

公司名称	立飞	科夫	普达	振发	靡丽	平均价格
价格/[元/(kW·h)]	839	836	828	831	826	832

目前联创新能源公司产品的平均毛利率为 30.74%，该新产品目标利润率也定为 30.74%。

磷酸铁锂 LFP55 型电池成本估算单如表 3-3 所示。

表 3-3　磷酸铁锂 LFP55 型电池成本估算单

成本项目	名称	单位用量/(kW·h)	单位	单位价格/元	单位成本/元
电芯材料（每 kW·h）	正极材料（磷酸铁锂）	2.2	kg	35	77
	正极导电剂（AB）	0.044	kg	60	2.64
	正极粘贴剂（PVDF）	0.043	kg	150	6.45
	分散剂（NMP）	0.34	kg	20	6.8
	正极集流体（铝箔）	6.25	m²	1.05	6.56
	正极端子	4	个	1.63	6.52
	负极活性物质（石墨）	1.045	kg	50	52.25
	负极黏结剂1（SBR）	0.041	kg	200	8.2

成本项目	名称	单位用量 /（kW·h）	单位	单位价格 /元	单位成本 /元
电芯材料 （每kW·h）	负极黏结剂2（CMC）	0.035	kg	50	1.75
	负极集流体（铜箔）	7.048	m²	6.5	45.81
	负极端子	4	个	4.8	19.2
	电解液（磷酸铁锂）	0.74	L	31	22.94
	隔膜（湿法涂覆）	13.58	m²	2.5	33.95
	外壳	4	套	1.9	7.6
	导热片	4	套	0.95	3.8
	电芯材料成本合计				301.47
模组材料 （每kW·h）	电压控制器	0.333 333 333	套	250	83.33
	模组端子	0.333 333 333	套	19	6.33
	模组外壳	0.333 333 333	套	14	4.67
	模组连接器	0.333 333 333	套	7.5	2.5
	模组材料成本合计				96.83
电池包材料 （每kW·h）	PACK端子	0.016 666 667	套	119.88	2
	汇流条	0.016 666 667	套	120	2
	PACK外壳	0.016 666 667	套	2 880	48
	BMS	0.016 666 667	套	4 200	70
	热管理外界组件	0.016 666 667	套	240	4
	电池包成本合计				126
直接人工 （每kW·h）	人工成本	0.052	工时	30	1.56
变动制造费用 （每kW·h）	电费	24.85	度①	0.52	12.92
	水费、维修费用	1	单位	5	5
固定制造费用 /（元／年）	设备折旧费	290 000 000			
	房屋建筑折旧费	55 565 000			
	土地使用权摊销	2 250 000			
	车间管理人员薪酬	23 040 000			
	其他杂项	1 000 000			

① 度为非国际标准单位，1度等于1千瓦时，后同。

任务布置

1. 根据目标利率和市场平均价格水平，确定磷酸铁锂 LFP55 型电池单位目标成本。

2. 按目前生产条件下的成本估算单，计算现有成本与目标成本的差异值。

3. 利用功能成本分析、改进生产技术等方法优化成本，使正极材料（磷酸铁锂）用量降低 4.545%，隔膜（湿法涂覆）单位材料用量降低 0.5 m²/(kW·h)，其他条件不变，估计能达到目标成本的要求，重新填写磷酸铁锂电池目标成本单。磷酸铁锂电池目标成本单如表 3-4 所示。

表3-4　磷酸铁锂电池目标成本单

成本项目	名称	单位用量/(kW·h)	单位	单位价格/元	单位成本/元
电芯材料（每kW·h）	正极材料（磷酸铁锂）		kg		
	正极导电剂（AB）		kg		
	正极粘贴剂（PVDF）		kg		
	分散剂（NMP）		kg		
	正极集流体（铝箔）		m²		
	正极端子		个		
	负极活性物质（石墨）		kg		
	负极黏结剂1（SBR）		kg		
	负极黏结剂2（CMC）		kg		
	负极集流体（铜箔）		m²		
	负极端子		个		
	电解液（磷酸铁锂）		L		
	隔膜（湿法涂覆）		m²		
	外壳		套		
	导热片		套		
	电芯材料成本合计				

成本项目	名称	单位用量 /（kW·h）	单位	单位价格 / 元	单位成本 / 元
模组材料（每kW·h）	电压控制器		套		
	模组端子		套		
	模组外壳		套		
	模组连接器		套		
	模组材料成本合计				
电池包材料（每kW·h）	PACK端子		套		
	汇流条		套		
	PACK外壳		套		
	BMS		套		
	热管理外界组件		套		
	电池包成本合计				
直接人工（每kW·h）	人工成本		工时		
变动制造费用（每kW·h）	电费		度		
	水费、维修费用		单位		
固定制造费用 /（元／年）	设备折旧费				
	房屋建筑折旧费				
	土地使用权摊销				
	车间管理人员薪酬				
	其他杂项				

知识准备

一、成本计划的概念

成本计划既是企业计划管理的有机组成部分，又是企业成本管理会计的一个重要组成内容。为了实现长期决策目标，企业必须预测目标利润和目标成本，制订切实可行的成本计划，以保证决策目标的实现。

成本计划的内容，在不同时期、不同部门是有所差别的。它应该既能适应宏观调控的要求，又能满足企业成本管理的需要。一般应包括以下几个部分：

（一）产品单位成本计划

产品单位成本计划是按照成本项目反映计划期内某种产品应达到的成本水平，并且规定单位产品耗用工时和主要用料的定额。产品单位成本计划是编制商品产品成本计划的基础，是考核和分析产品单位成本升降的主要依据。

（二）商品产品总成本计划

商品产品总成本计划是用来确定计划期内全部商品产品的制造成本，包括按产品品种编制的商品产品成本计划和按成本项目编制的商品产品成本计划。这两种形式的计划制造成本是一致的，它们对于计划期内的产品又都按可比产品和不可比产品分别计划，其中可比产品成本按上年平均成本水平和本年计划成本水平列示，以确定计划期可比产品成本的降低额和降低率。

（三）制造费用预算

制造费用预算是反映各车间（分厂）为了组织和管理生产所发生的各种费用，以及其他有关费用的预算。该项费用要按一定标准分配到产品单位成本中去，为了便于费用预算和控制，有些企业对各项费用还区分为固定费用和变动费用，按固定预算和弹性预算分别列示。

（四）期间费用预算

期间费用预算包括销售费用、管理费用和财务费用的预算。这些费用还可按其明细项目区分为可控费用和不可控费用分别计划，期间费用不计入产品成本，而是从每个期间的销售收入中扣除。

（五）降低成本的主要措施方案

降低成本的主要措施方案是在各部门提出的措施基础上，通过综合平衡加以汇总。该方案应详细说明各项目的可行性、计划支出额和资金来源、预计经济效果以及年计划实现的节约额。

二、成本计划的编制程序

（一）收集和整理资料

财务部门应从各方面广泛收集和整理编制成本计划所需要的各项基础资料，并加以分析研究，这些基础资料，大致可归纳为以下几个方面：

（1）企业计划期的经营决策和经营目标；

（2）有关成本计划编制的各项规定；

（3）计划期企业的销售、生产、物资供应、劳动工资和技术组织措施等计划；

（4）新产品的设计资料和目标成本；

（5）计划期原材料、辅助材料、燃料、动力、工具等的消耗定额和劳动定额及费用定额；

（6）计划期内厂内计划价格目录、各部门费用预算和劳务价格；

（7）上年实际成本的核算资料和本企业历史上先进成本水平资料；

（8）同类型企业或同类型产品的实际成本资料。

此外，为了编好成本计划，还必须深入细致地进行一些调查研究工作，掌握生产中的具体情况，作为编制成本计划的参考。

（二）预计和分析上期成本计划的执行情况

在编制成本计划之前，必须正确预计上年成本计划完成情况，并分析成本升降的原因，总结执行计划的经验，弄清存在的问题，找出成本升降的规律。在此基础上，要把已经取得的经验巩固下来，对存在的问题要采取各种具体措施加以解决，以充分挖掘和利用降低成本的潜力，这样才能保证成本计划建立在先进而又切实可靠的基础上。

（三）进行成本降低指标的测算

财务部门对上年成本计划完成情况进行预计和分析后，要结合预定的目标利润、目标成本和成本降低指标，根据上下结合、反复算细账所提出的各项降低成本的措施，测算计划期产品成本可能降低的幅度，使企业对于计划年度能否完成目标成本和预定的降低成本任务，事先做到心中有数。如达不到预定目标，则要继续挖掘企业内部潜力，寻找降低成本的新途径。所以，成本降低指标测算是编制成本计划的重要步骤，它对于组织动员群众挖掘企业内部潜力，促进企业成本计划与降低成本措施紧密结合，保证成本计划的先进性和合理性，都具有重要的意义。

（四）正式编制企业成本计划

企业在成本降低指标测算的基础上，就可以在企业计划委员会或总经理直接领导下，以财务部门为主，上下结合，根据有关资料编制成本计划，并制订保证计划实现的措施。

三、成本按性态分类

成本性态也称成本习性，是指成本总额与业务量之间的依存关系，这里的业务量可以是产品的产量或销量，也可以是直接人工小时数或机器工时数。从成本性态来认识和分析成本，目的是揭示成本与业务量之间的规律性联系。

成本按其性态可分为变动成本、固定成本和混合成本三大类。

（一）变动成本

1. 变动成本的定义

变动成本是指在一定时期和一定业务量范围内，成本总额随业务量的变动成正比例变动的成本，如直接材料、直接人工都是和单位产品的生产直接相联系，其总额会随着产量的增减成正比例增减。假设产量增加 3%，则变动成本总额也将增加 3%。而在总成本随着产量成正比例变动的同时，单位变动成本随产量的变动保持不变。

变动成本的基本特性是有条件的，表现为变动成本总额与产量之间成正比例变动关系，即当产量增长到一定范围时，变动成本总额和业务量总数之间呈现出严格的、完全的线性关系，这个范围就称为变动成本的相关范围。

2. 变动成本的分类

变动成本可以根据其发生的原因分为技术性变动成本和酌量性变动成本。

（1）技术性变动成本是指与产量有明确的技术或实物关系的变动成本。如一台计算机要用一块主板、一个硬盘、一个显示器等。这类成本的实质是利用生产能力进行生产所必然发生的成本。若企业不生产产品，则从理论上讲，其技术性变动成本为零。

（2）酌量性变动成本是指可以通过管理决策行动而改变的变动成本。如按销售收入的一定百分比支出的销售佣金、技术转让费等。这类成本的显著特点是其单位变动成本的发生额可由企业最高管理层决定，如销售佣金计提的百分比即可由经理所定。

（二）固定成本

1. 固定成本的概念

固定成本是指在一定时期和一定业务量范围内，成本总额不受业务量增减变动的影响而保持固定不变的成本。例如，固定资产折旧、财产保险费、广告费、职工培训费等。固定成本总额不受业务量的影响，但随着业务量的增减变化，单位产品分摊的固定成本的份额会成反比例变动。

固定成本总额只有在一定时期和一定业务量范围内才是固定的，它的固定性是有条件的，是在一定相关范围内具有固定不变性。如果业务量的变动超过了这个范围，固定成本的特征也会发生改变。原因在于，当企业所要完成的业务量超过了现有生产能力，就需要扩大再生产、添置机器设备、增租厂房等，因而需要增加机器设备的折旧费、厂房租金等。这样，随着业务量的增加超过了一定的相关范围后，固定成本总额的不变性就会发生变化。因此，讨论固定成本总额与业务量之间的变动关系，必须在一定相关范围内进行。

2. 固定成本的分类

固定成本按是否受管理当局短期决策行为的影响，可以进一步分为约束性固定成本和酌量性固定成本两类。

（1）约束性固定成本。约束性固定成本是指在日常经营活动中，企业管理当局短期决策行为很难控制并改变其数额的固定成本。这类成本与企业生产能力的形成和正常维持直接相关，如厂房和机器设备的折旧费、管理人员的薪资、保险费等。企业经营能力一旦形成，这类成本的数额一经确定，在短期内是不能随意加以改变的，因而具有很强的约束性。

因此，在企业经营方向不变的前提下，要控制约束性固定成本，就必须从合理地利用企业生产能力、提高产品产量、降低单位产品负担的固定成本入手。

（2）酌量性固定成本。酌量性固定成本是指在日常经营活动中，企业管理当局短期决策行为可以控制并改变其数额的固定成本。如新产品的开发费、广告费、职工培训费等。这类成本的发生可以因领导的决策而做适当的调整，发生额的多少与增强企业的竞争力、扩大企业规模直接相关，但同企业的业务量并无直接联系。

因此，要控制酌量性固定成本，必须从企业的实际需要出发，精打细算，厉行节约，在不影响企业既定的经营方针的前提下，降低其绝对支出额。

（三）混合成本

1. 混合成本的概念

介于固定成本和变动成本之间，既随业务量变动又不成正比例变动的成本称为混合成本。如设备维修费、仓储费、机械动力费、水电费和检验人员的薪酬等。

2. 混合成本的分类

混合成本根据具体的变动特征，可分为半变动混合成本、半固定混合成本、延期变动混合成本和曲线式混合成本四种类型。

（1）半变动混合成本。在半变动混合成本中，通常有一个基数，这个基数是固定不变的，相当于固定成本；而在这个基数之上，成本就会随着业务量的增加而成正比例变动，相当于变动成本。这种一部分由固定成本和另一部分由变动成本所组成的总成本称为半变动混合成本，半变动混合成本图如图 3-1 所示。

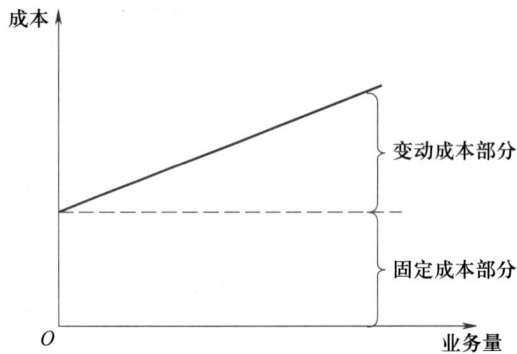

图 3-1　半变动混合成本图

（2）半固定混合成本。半固定混合成本又称为阶梯式混合成本，这类成本的特点是在一定业务量范围内，其成本总额不会随着业务量的变动而变动；当业务量超过了这个范围，其发生额就会突然跳跃上升到一个新的水平，然后在新的业务量增长到一定范围内，成本总额又会保持不变，直到出现另一个新的跳跃为止，半固定混合成本图如图 3-2 所示。

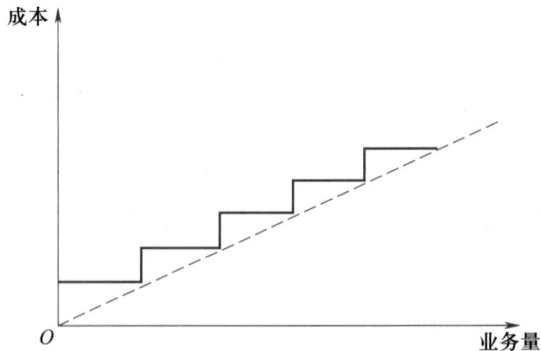

图 3-2　半固定混合成本图

（3）延期变动混合成本。延期变动混合成本又称为低坡式混合成本，这类成本在一定业务量范围内，其成本总额保持不变，但超过该业务量，其成本随业务量成正比例变动。例如，在超定额计件的工资制度下，职工工资＝基础工资＋超额工资（超产部分）。延期变动混合成本图如图3-3所示。

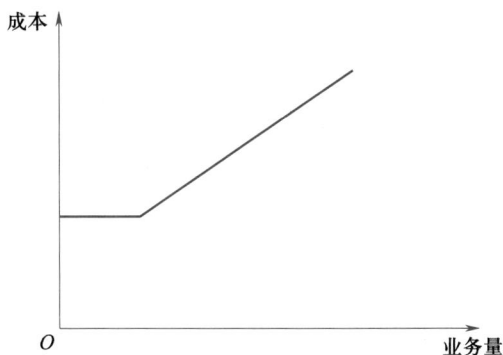

图3-3　延期变动成本图

（4）曲线式混合成本。曲线式混合成本通常有一个初始量，一般保持不变，相当于固定成本。在这个初始量的基础上，成本总额会随着业务量的增加成非线性的增加，坐标图上表现为一条抛物线。按照曲线斜率的不同变动趋势，曲线式混合成本又可分为递减型混合成本和递增型混合成本。曲线式混合成本图如图3-4所示。

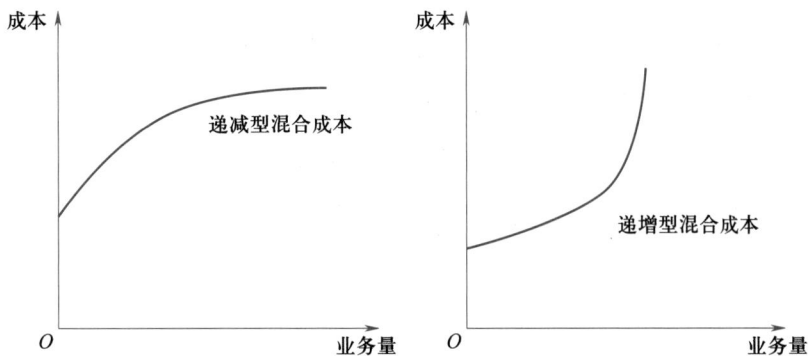

图3-4　曲线式混合成本图

四、变动成本法与完全成本法

（一）变动成本法

1. 概念

变动成本法是指企业以成本性态分析为前提条件，仅将生产过程中消耗的变动生产成本作为产品成本的构成内容，而将固定生产成本和非生产成本作为期间成本，直接由当期收益予以补偿的一种成本管理方法。在变动成本法下，为加强短期经营决策，按照成本性态，企业的生产成本分为变动生产成本和固定生产成本，非生产成本分为变动非生产成本和固定非生产成本。其中，只有变动生产成本才构成产品成本，其随产品实体的流动而流动，随产量变动而变动。

2. 理论依据

固定生产成本（固定制造费用）是为企业提供一定的生产经营条件，以便保持生产能力而发生的成本。它同产品的实际产量没有直接关系，不会随产量的提高而增加，也不会因产量的下降而减少。因而其实质是定期地创造可供企业利用的生产能力，因而与期间的联系更为密切。在这一点上，它与管理费用、销售费用、财务费用等非生产成本一样，只是定期地创造了维持企业经营的必要条件，具有时效性，其效益随着时间的消逝而逐渐丧失，不应递延到下一个会计期间，而应在其发生的当期全额列入损益表，作为该期销售收入的一个扣减项目。

变动成本法下的产品成本随着产品的出售转入销货成本，计入当期损益，产品未出售时，则作为期末存货成本递延到下一个会计期间。而固定制造费用不作为产品的成本，当然也不随产品实体的流动而流动。

3. 变动成本法下的成本构成

（1）产品成本。变动成本法下的产品成本是指当期产品生产过程中发生的全部变动生产成本，包括直接材料、直接人工、变动制造费用。

（2）期间成本。变动成本法下的期间成本是指一定会计期间内的全部非生产成本及该期间的全部固定制造费用，包括销售费用、管理费用、财务费用和固定制造费用。

（3）销货成本。销货成本是指已销产品的成本。变动成本法下的销货成本包括已销产品中的直接材料费用、直接人工费用和已销产品应负担的变动制造费用。

（4）存货成本。存货成本是指存货中包含的产品成本。变动成本法下的存货成本包括存货中的直接材料费用、直接人工费用和存货应负担的变动制造费用。

（二）完全成本法

1. 概念

完全成本法，也称吸收成本法，是指以成本按经济职能划分为基础，在计算产品成本时，将生产过程中发生的全部生产成本（直接材料、直接人工和制造费用等）计入产品成本，而只将非生产成本作为期间成本在当期损益中扣减的一种成本计算方法。完全成本法是一种传统的财务会计计算产品成本的方法。

2. 理论依据

传统的完全成本法强调成本补偿的一致性，其理论依据是：固定制造费用发生在生产领域，与产品生产直接相关，其与直接材料、直接人工和变动制造费用的支出并无区别，应当将其作为产品成本的一部分，从产品销售收入中得到补偿。

产品成本随着产品的出售转入销货成本，随产品实体的流动而流动，只有当产品实现销售时才能与相关收入实现配比并得以补偿。产品未出售时，将其作为存货成本递延到下一个会计期间。因此，固定制造费用随产品实体的流动而流动，一部分随当期出售的产品直接体现在当期损益内，另一部分则转入期末存货成本，递延至以后期间的损益内。

3. 完全成本法下的成本构成

（1）产品成本。完全成本法下的产品成本是指当期产品生产过程中发生的全部生产成本，包括直接材料、直接人工、变动制造费用和固定制造费用。

（2）期间成本。完全成本法下的期间成本是指一定会计期间内的全部非生产成本，包括销售费用、管理费用、财务费用。期间成本不随产品的实体流转，而是以一定的会计期间来划分。

（3）销货成本。销货成本是指已销产品的成本。完全成本法下的销货成本包括已销产品中的直接材料费用、直接人工费用和已销产品应负担的全部制造费用。

（4）存货成本。存货成本是指存货中包含的产品成本。完全成本法下的存货成本包括存货中的直接材料费用、直接人工费用和存货应负担的全部制造费用。

（三）变动成本法与完全成本法下利润比较

1. 变动成本法下利润的计算

变动成本法下，利润的计算通常采用贡献式损益表。利润表中一般包括营业收入、变动成本、边际贡献、固定成本、利润等项目。其中，变动成本包括变动生产成本和变动非生产成本两部分，固定成本包括固定制造费用和固定非生产成本两部分。边际贡献也称贡献毛益，是指销售收入减去变动成本后的余额。贡献毛益有两个口径，一个是制造贡献毛益，是指产品销售收入减去产品变动成本后的余额，另一个是营业贡献毛益，是指企业全部收入减去全部变动成本（包括产品变动成本和变动期间费用）后的余额。

根据企业营运数据，变动成本法下编制贡献式损益表中包括以下两个步骤。

第一步，计算边际贡献总额。

$$边际贡献总额 = 营业收入总额 - 变动成本总额$$

其中，变动成本包括变动生产成本和变动非生产成本两部分。

$$变动成本 = 变动生产成本 + 变动非生产成本$$

$$变动生产成本 = 按变动成本法计算的本期销货成本$$

第二步，计算当期利润。

$$税前利润 = 边际贡献总额 - 固定成本总额$$

其中，固定成本 = 固定制造费用 + 固定非生产成本

$$= 固定制造费用 + 固定销售费用 + 固定管理费用 + 固定财务费用$$

2. 完全成本法下利润的计算

完全成本法下，利润的计算通常采用职能式损益表。利润表中包括营业收入、营业成本、管理费用、销售费用、财务费用等项目。根据企业营运数据，完全成本法下编制职能式损益表包括以下步骤。

第一步，计算销售毛利。

$$销售毛利 = 营业收入 - 营业成本$$

其中，这里的营业成本，也叫销货成本，是指本期销售产品的生产成本，包括变动生产成本和固定生产成本。只要是本期销售的，无论是上期生产的产品还是本期生产的产品，均应计入销货成本。

$$营业成本 = 期初存货成本 + 本期生产成本 - 期末存货成本$$

第二步，计算税前利润。

$$税前利润 = 销售毛利 - 期间成本$$

其中，期间成本只包括本期发生的非生产成本。

$$期间成本 = 销售费用 + 管理费用 + 财务费用$$

3. 变动成本法与完全成本法计算利润的比较分析

变动成本法下，产品成本只包括变动生产成本，所以无论是在产品、库存产品还是已售商品的成本也都是只包括变动生产成本，期末存货成本也是只包括变动生产

成本。固定制造费用在当期损益中一次扣除，不影响存货成本。

完全成本法下，全部的生产成本需要在已售商品和期末存货之间分配，全部的生产成本包括固定制造费用。因此，固定制造费用也需要在已售商品和期末存货之间分配，固定制造费用的一部分作为已售商品的成本组成部分，影响当期损益，另一部分则被期末存货吸收，影响以后的损益。

通过利润的计算步骤可以看出，同一时期两种不同成本计算方法下，因固定制造费用不能在同一时期结转，影响当期和以后期间损益，税前利润结果是不同的。当企业生产量高于销售量时，完全成本法的税前利润高于变动成本法的税前利润；而当企业销售量高于生产量时，变动成本法的税前利润高于完全成本法的税前利润，通过比较，完全成本法下当期的税前利润和企业实际经营情况不符，而变动成本法更能准确地反映销售量和利润的关系，有利于企业准确地决策。

合理选择成本的核算方法，有利于提升工作效率，提高成本核算的准确性，同时还能推进企业深化改革，实现新突破。从成本管理的角度，企业应结合实际，合理选择成本核算和管理工具，进一步打造员工精益求精的工匠精神，提高工作效率，提升企业经营绩效。

五、成本按决策用途分类

按照决策用途分类的成本，是指将成本与特定决策方案有关的、能对决策产生重大影响的、在短期经营决策中必须给予充分考虑的成本，也称为有关成本。如某项成本只会因某个经营决策方案而产生，也就是说，只要采用这个决策方案，就会产生这项成本，如果这项方案不存在，则不会产生这项成本，那么可以认为这项成本是相关成本。通常情况下，成本按决策用途分类可分为差量成本、边际成本、机会成本、重置成本、付现成本、专属成本、加工成本、可延缓成本和可避免成本等。

（一）差量成本

广义的差量成本（differential cost），是指决策的两个备选方案的预期成本之间的差异数。狭义的差量成本又称增量成本（increment cost），是指不同产量水平所形成的成本差别，这种差别是由于生产能力利用程度的不同而造成的。

在短期经营决策中，增量成本是最为常见的一种相关成本。差量成本是一个备选方案的预期成本与另一个备选方案的预期成本的差额。

两个备选方案的收入之差为差量收入，成本之差为差量成本，差量收入与差量成本之差为差量损益。如果差量损益为正数，则前一个方案是较优的；反之，差量损益为负数，则后一个方案是较优的。

（二）边际成本

在经济学中，边际成本（marginal cost）是指当业务量发生微小变动时引起的成本的变动额。在日常生活中，业务量发生的微小变动也只能是小到一个经济单位，即一件产品或者一台产品等。在管理会计中，业务量发生的微小变动就是指增加或者减少一个单位的变动，这种变动所引起的成本变动额就是边际成本。因此，在一定范围内，边际成本的实质是单位变动成本。边际成本是增量成本的一种特殊形式。

（三）机会成本

机会成本（opportunity cost）是经济学中的术语，在管理会计短期经营决策中，当从多个备选方案中选取一个最优方案后，放弃次优方案所失去的潜在收益称为选中最优方案的机会成本。值得注意的是，机会成本并不构成实际的支出，因此在财务会计实务中不能将其入账处理。但因为资源是有限的，为了充分利用资源，企业应当在决策过程中将其作为相关成本考虑。

（四）重置成本

重置成本（replacement cost）又称现行成本，是指按照当前市场条件，重新从市场上取得同样一项资产所需要支付的现金或现金等价物金额。

采用重置成本计量时，资产按照现在购买相同或者相似资产所需支付的现金或者现金等价物的金额计量。负债按照现在偿付该项债务所需支付的现金或者现金等价物的金额计量。

（五）付现成本

付现成本（out-of-pocket cost）又称现金支出成本，是指由于未来某项决策所引起的需要在将来动用现金支付的成本。

在短期经营决策中，因为选择或者实施某项决策时，需要立刻或在较短时间内使用现金支付的成本，即付现成本。在现金短缺、筹资困难的情况下，企业通常以付现成本而不是总成本作为方案取舍的标准。

（六）专属成本

专属成本（specific cost）又称特定成本，是指可以将其明确归属于特定方案的固定成本或混合成本。

专属成本是与特定的产品或部门相联系的特定成本。例如，专门生产某种产品的专用设备折旧费、保险费等。专属成本的确认与取得有关设备、装置等的方式有关。若采用购买方式，专属成本就是取得这些设备、装置的成本。若采用租入的方式，则租入有关设备产生的租金就是专属成本。

（七）加工成本

加工成本往往是在半成品是否进行深加工的决策中产生的，是指在对半成品进行深加工时所追加产生的变动成本。加工成本的计算需要根据深加工的业务量以及单位加工成本确定。深加工所产生的固定成本，通常应列作专属成本。

（八）可延缓成本

可延缓成本（deferrable cost）也称可递延成本，是指就算暂缓其开支，也不会对企业未来的生产经营产生重大不利影响的成本。由于这类成本具有一定弹性，就算推迟其发生也不会影响企业大局。可延缓成本是决策中必须考虑的相关成本。

（九）可避免成本

可避免成本（avoidable cost）是指通过某项决策行动可改变其数额的成本。也就是说，如果某一特定方案采用了，与其相联系的某项支出就必然发生；反之，如果某项方案没有采用，则某项支出就不会发生。

它与可延缓成本的区别是，可延缓成本尽管在时间上可以推迟发生，但在将来是一定会发生的，而可避免成本的发生则完全取决于决策者，如广告费、员工的培训费等。

六、目标成本法

（一）目标成本法的概述

产品目标成本是企业在生产经营活动中某一时期要求实现的产品成本水平。它既是一个目标概念，又是一个成本概念。目标成本预测是指企业对未来一定时期应以何种成本水平为适宜目标所作的预测。目标成本法是指企业以市场为导向，以目标售价和目标利润为基础确定产品的目标成本，从产品设计阶段开始，通过各部门、各环节乃至与供应商的通力合作，共同实现目标成本管理的方法。

（二）目标成本管理的作用

（1）目标成本管理是企业目标管理的重要组成部分，推行目标成本管理可以促使企业加强成本核算，更好地贯彻经济责任制，对于激励全体职工工作的积极性，促进成本进一步下降有重要意义。

（2）目标成本也是进行有效成本比较分析的一种尺度，查明产生成本差异的原因，并有利于实行例外管理原则，将成本管理的重点放在脱离目标成本的重大事项上。

（3）目标成本管理的实施也能促使企业上下各级部门和领导与职工之间协调一致，相互配合，围绕一个共同的目标而努力。

（三）目标成本的预测方法

目标成本预测的方法通常有以下几种：倒扣测算法、比率测算法、选择测算法、直接测算法等。

1. 倒扣测算法

倒扣测算法是指在事先确定目标利润的基础上，首先预计产品的售价和销售收入，然后扣除价内税和目标利润，余额即为目标成本的一种预测方法。此法既可以预测单一产品生产条件下的产品目标成本，还可以预测多产品生产条件下的全部产品的目标成本；当企业生产新产品时，也可以采用这种方法预测，此时新产品目标成本的预测与单一产品目标成本的预测相同。

计算公式如下：

单一产品生产条件下产品目标成本 = 预计销售收入 − 应缴税金 − 目标利润

多产品生产条件下全部产品目标成本 = ∑预计销售收入 − ∑应缴税金 −
总体目标利润

公式中的销售收入必须结合市场销售预测及客户的订单等予以确定；应缴税金指应缴流转税金，它必须按照国家的有关规定予以缴纳，由于增值税是价外税，因此这里的应缴税金不包括增值税；目标利润通常可采用先进（指同行业或企业历史较好水平）的销售利润率乘以预计的销售收入、先进的资产利润率乘以预计的资产平均占用额、先进的成本利润率乘以预计的成本总额确定。

这种方法以确保目标利润的实现为前提条件，坚持以销定产原则，目标成本的确定与销售收入的预计紧密结合。需要注意的是，以上计算公式是建立在产销平衡假定的基础上，实际中，多数企业产销不平衡，在这种情况下，企业应结合期初、期末产成品存货的预计成本倒推产品生产目标成本。

如果企业生产的产品属于新产品，在利用"倒扣测算法"测算出新产品的目标成本的基础上，还需根据设计工艺所确定的技术定额，确定各成本项目及其所占成本总额的比重，并以此来分解目标成本。即首先按设计方案规定的产品所耗用各种原材料的消耗定额和计划单价，确定产品的直接材料成本；按设计方案规定的产品工时定额和计划小时工资率，确定产品的直接工资成本；按产品工时定额和各项费用的计划小时费用率，确定制造费用成本；然后就可以根据各成本项目占总成本的比重分解目标成本。

2. 比率测算法

比率测算法是倒扣测算法的延伸，它是依据成本利润率来测算单位产品目标成本的一种预测方法。这种方法要求事先确定先进的成本利润率，并以此推算目标成本，这种方法常常用于新产品目标成本的预测。

比率测算法的计算公式如下：

$$单位产品目标成本 = \frac{产品预计价格 \times （1 - 税率）}{1 + 成本利润率}$$

税率指应缴流转税的税率，它必须按照国家的有关规定予以缴纳，由于增值税是价外税，因此这里不包括增值税。

3. 选择测算法

选择测算法是以某一先进单位产品成本作为目标成本的一种预测方法。如标准成本、国内外同类型产品的先进成本水平、企业历史最好的成本水平等都可以作为目标成本。

这种方法要求企业熟悉市场行情，及时掌握国内外同行业同类型产品的最先进的成本水平动态。虽然此法比较简单，但实际应用中应注意可比性，如果彼此现状相差较大，就不能采用；如果要采用，必须作必要的调整和修正。

4. 直接测算法

直接测算法是根据上年预计成本总额和企业规划确定的成本降低目标来直接推算目标成本的一种预测方法。

通常成本计划是在上年第四季度进行编制，因此目标成本的测算只能建立在上年预计平均单位成本的基础上，计划期预计成本降低率可以根据企业的近期规划事先确定，另外还需通过市场调查预计计划期产品的生产量。

这种方法建立在上年预计成本水平的基础之上，从实际出发，实事求是，充分考虑降低产品成本的内部潜力，仅适用于可比产品目标成本的预测。

直接测算法的计算公式如下：

目标成本 = 按上年预计平均单位成本计算的计划年度可比产品成本总额 ×

（1 - 计划期预计成本降低率）

直接测算法的优点是简单易行，但不足之处是由于统计上的偏差和实际情况的变化，可能导致计划期预计成本降低率与实际有较大差异。

（四）确定目标成本的程序

目标成本是基于产品的竞争性市场价格，在满足企业从该产品中获得必要利润情况下确定的产品或服务的最高期望成本。确定目标成本的程序是：收集信息、竞争性价格的确定、必要利润的确定和确定目标成本。

1. 收集信息

通过市场调查，收集确定目标成本的信息。市场调查的核心是真实了解顾客对产品特性、功能、销售价格等方面的需求。其中，借助市场调查展开"产品特性"分析是关键。产品特性分析要求企业重点关注顾客对产品性能、质量等各方面的多元化需求偏好，明确不同顾客群体对产品性能意愿及其乐意承担或支付的"产品价格"，以平衡产品"功能—价格—成本"之间的联动关系。通常，市场调查的方法有三种：① 对经济、政治、人口、产业等宏观或总体性资料的收集与预测；② 对现实和潜在顾客的需求问卷调查；③ 选取特定顾客群体对他们的需求偏好做深入研究。

2. 竞争性价格的确定

竞争性价格是指在买方市场结构下由顾客、竞争对手等所决定的产品价格。一些产品的功能并不为顾客所接受，对顾客是没有价值的，在这些功能上所付出的成本并不为顾客所承认。

确定竞争性价格的具体方法主要有两种：① 市价比较法，即以已上市产品的市场价格为基础，加减新产品增加或减少的功能或特性的市场价值；② 目标份额法，即预测在既定预期市场占有率目标下的市场售价。

3. 必要利润的确定

在目标成本确定模型中，除竞争性市场价格外，另一重要参数即产品的"必要利润"。必要利润是指企业在特定竞争战略下所要求的目标利润。从成本管理角度看，企业在确定产品必要利润并借此确定新产品目标成本时，除考虑投资者必要报酬率之外，还应当考虑以下两种不同行为动机对目标成本测定的影响：① 采用相对激进的方法确定成本目标，增强目标成本对产品设计过程的约束力，以最终实现目标利润；② 采用相对宽松的方法确定目标成本，从而为产品设计提供相对较多的备选项，以提高产品设计的灵活性。

4. 确定目标成本

目标成本的计算公式如下：

$$产品目标成本 = 产品竞争性市场价格 - 产品的必要利润$$

（五）目标成本的分解

目标成本的分解是目标成本预测的最终结果及其目的，分解目标成本时应结合企业的实际状况进行。通常可以首先将总体目标成本分解到各种产品，然后再将各产品的目标成本分解到各车间或工序。

目标成本分解的方式主要包括按功能类别分解、按产品结构分解、按成本要素分解。

1. 按功能类别分解

在产品开发设计过程中，对有必要进行功能分析的产品，或者处于导入期及成长期的产品，往往采用按功能类别分解的方法。按功能类别分解是指将产品目标成本分解为该产品各功能的目标成本。其步骤为：首先分解为大的功能分域成本，再向中功能分域分解，最后再向小功能分域分解。必须注意，功能分域评价时必须用产品用户的观点来进行评估。

2. 按产品结构分解

倘若产品的基本构造及其运作方式大体已定型，该产品的技术发展速度又不快，或者由于为抢占市场开发时间又急促而难以拿出新构想的产品，往往采用按产品结构分解的方法。

按产品结构分解实施的方法通常为：首先将产品的目标成本分解到零件、部件和产成品上去，从而形成零件的目标成本、部件的目标成本和产成品的目标成本，然后将零件、部件和产成品的目标成本按责任中心再分解。

3. 按成本要素分解

一般在按功能类别或产品结构分解之后，再进一步按直接材料如加工费等成本要素进行分解，分解之前必须预先确定成本要素的项目，至于要素应划分到何种详细程度才算合理，则因例而异。如果能够就成本要素分解目标成本，则制造过程的工序、工法的采用就有了明确的依据，这有助于在设计阶段的成本控制，进而对制造阶段标准成本的设定也有指导作用。

以上几种分解方式如若能结合使用则是一种比较理想的方式。首先，可以按功能类别分解目标成本，使得目标成本在开发阶段逐渐落实；当构造的轮廓大体趋于明确时，再进行结构分解，然后将各构造的设计人员的责任落实，分配各人员应承担的目标成本，设计人员以此目标为努力方向，着手设计产品。

（六）目标成本法的优缺点

目标成本法的主要优点：一是突出从原材料到产品或服务全过程成本管理，有助于提高成本管理的效率和效果；二是强调产品寿命周期成本的全过程和全员管理，有助于提高客户价值和产品市场竞争力；三是谋求成本规划与利润规划活动的有机统一，有助于提升产品的综合竞争力。

目标成本法的主要缺点：其应用不仅要求企业具有各类所需要的人才，更需要各有关部门和人员的通力合作，对管理水平要求较高。

【知识拓展与价值提升】

目标成本管理中的素质培养

1. 具备全局统筹思维

目标成本法的应用需要结合应用对象、跨部门团队协作、收集各领域有用信息、目标成本设定、可实现目标成本分解、目标成本责任落实、考核成本管理业绩以及持续改善等程序进行，需要统筹企业各个部门、全局并考虑成本管理的各个环节。

2. 具备新技术素养

在获取目前市场上同规格产品的报价时，可利用 Python 等技术完成数据收集、建模与可视化，培养学生运用新技术获取数据的职业素养。

任务实施

根据任务布置要求，分别完成各个任务：

1. 计算新产品的单位目标成本

（1）计算市场平均价格 = （839 + 836 + 828 + 831 + 826）÷ 5 = 832 [元/（kW·h）]

（2）计算单位目标成本 = 832 ×（1 − 30.74%）= 576.24 [元/（kW·h）]

2. 按目前生产条件下成本估算单计算现有成本与目标成本的差异值

单位现有成本 = （301.47 + 96.83 + 126 + 1.56 + 12.92 + 5）+（290 000 000 + 55 565 000 + 2 250 000 + 23 040 000 + 1 000 000）÷ 10 000 000 = 580.97 [元/（kW·h）]

单位成本差异值 = 单位现有成本 − 单位目标成本 = 580.97 − 576.24 = 4.73 [元/（kW·h）]

3. 正极材料（磷酸铁锂）降低 4.545%，2.2 × 4.545% = 0.10 [kg/（kW·h）]

改进后正极材料（磷酸铁锂）单位用量 = 2.2 − 0.1 = 2.1 [kg/（kW·h）]

隔膜（湿法涂覆）单位材料用量降低 0.5 m^2/（kW·h）

改进后隔膜（湿法涂覆）单位材料用量 = 13.58 − 0.5 = 13.08 [m^2/（kW·h）]

优化后的磷酸铁锂电池目标成本单如表 3-5 所示。

表3-5 优化后的磷酸铁锂电池目标成本单

成本项目	名称	单位用量/（kW·h）	单位	单位价格/元	单位成本/元
电芯材料（每kW·h）	正极材料（磷酸铁锂）	2.1	kg	35	73.5
	正极导电剂（AB）	0.044	kg	60	2.64
	正极粘贴剂（PVDF）	0.043	kg	150	6.45
	分散剂（NMP）	0.34	kg	20	6.8
	正极集流体（铝箔）	6.25	m^2	1.05	6.56
	正极端子	4	个	1.63	6.52
	负极活性物质（石墨）	1.045	kg	50	52.25
	负极黏结剂1（SBR）	0.041	kg	200	8.2
	负极黏结剂2（CMC）	0.035	kg	50	1.75

成本项目	名称	单位用量 /（kW·h）	单位	单位价格 /元	单位成本 /元
电芯材料 （每kW·h）	负极集流体（铜箔）	7.048	m²	6.5	45.81
	负极端子	4	个	4.8	19.2
	电解液（磷酸铁锂）	0.74	L	31	22.94
	隔膜（湿法涂覆）	13.08	m²	2.5	32.7
	外壳	4	套	1.9	7.6
	导热片	4	套	0.95	3.8
	电芯材料成本合计				296.72
模组材料 （每kW·h）	电压控制器	0.333 333 333	套	250	83.33
	模组端子	0.333 333 333	套	19	6.33
	模组外壳	0.333 333 333	套	14	4.67
	模组连接器	0.333 333 333	套	7.5	2.5
	模组材料成本合计				96.83
电池包材料 （每kW·h）	PACK端子	0.016 666 667	套	119.88	2
	汇流条	0.016 666 667	套	120	2
	PACK外壳	0.016 666 667	套	2 880	48
	BMS	0.016 666 667	套	4 200	70
	热管理外界组件	0.016 666 667	套	240	4
	电池包成本合计				126
直接人工 （每kW·h）	人工成本	0.052	工时	30	1.56
变动制造费用 （每kW·h）	电费	24.85	度	0.52	12.92
	水费、维修费用	1	单位	5	5
固定制造费用 /（元/年）	设备折旧费	290 000 000			
	房屋建筑折旧费	55 565 000			
	土地使用权摊销	2 250 000			
	车间管理人员薪酬	23 040 000			
	其他杂项	1 000 000			

交互式自测请扫描书侧二维码练习。

任务一
交互式自测

任务二　成本控制

任务情境

在满足现有最大产能 8 GW·h 的条件下，发现企业生产的三元锂电芯 523 型（250 W·h）产品废品率升高，达到 5%，导致实际变动成本大于标准变动成本。通过技术分析发现，是自动生产环节出现了问题，经生产部门与财务部门讨论解决方案如下：

方案 1：在原有的自动生产环节增加人工操作，可以将废品率降为 0，但需要增加人工成本，人工成本增加至 22 元/(kW·h)，其他成本不变。

方案 2：改变生产工艺，需要添加新的专属设备，每年增加专属固定成本 50 000 元，人工成本降至 17 元/(kW·h)。同时，改进工艺后，产品废品率由 5% 降低到 2%。

三元锂电池 523 型（250 W·h）成本表如表 3-6 所示。

表 3-6　三元锂电池 523 型（250 W·h）成本表

产品名称	材料名称	计量单位	实际成本
电芯材料／[元／(kW·h)]	正极材料（三元）	kg	117
	正极辅材	套	21
	负极活性物质（石墨）	kg	50

产品名称	材料名称	计量单位	实际成本
电芯材料／[元／(kW·h)]	负极辅材	套	72
	电解液（三元）	L	33
	隔膜（湿法涂覆）	m²	2.5
	其他辅材	套	45
直接人工／[元／(kW·h)]	人工成本		18
变动制造费用／[元／(kW·h)]	电费	度	13.5
	水费、维修费用	单位	5.2
变动成本合计／元			377.2
固定制造费用／(元／年)	设备折旧费		240 750 000.00
	房屋建筑折旧费		36 000 000.00
	土地使用权摊销费		1 800 000.00
	车间管理人员薪酬		2 400 000.00
	其他杂项（付现）		1 200 000.00
	固定制造费用总额		282 150 000.00

任务布置

1. 判断任务情境中涉及的各种成本，指出决策相关成本和决策无关成本。

2. 假定三元锂电芯 523 型（250 W·h）的销售单价为 480 元／(kW·h)，应选择哪种解决方案？

知识准备

一、成本控制的概念

成本控制是企业根据一定时期预先建立的成本管理目标，由成本控制主体在其职权范围内，在生产耗费发生以前和成本控制过程中，对各种影响成本的因素和条件采取的一系列预防和调节措施，以保证成本管理目标实现的管理行为。

二、成本控制的原则

（一）全面原则

全面原则是指成本控制的全部、全员和全过程。全部控制是对产品生产的全部成本费用要加以控制，不仅对变动费用要控制，对固定费用也要进行控制。全员控制是要发动企业全体员工树立成本意识，参与成本的控制，认识到成本控制的重要意义，才能付诸行动。全过程控制，是对产品的设计、制造、销售过程进行控制。

（二）例外原则

成本控制要将注意力集中在超乎常情的情况。如果实际发生费用与预算有出入但差异不大，一般没有必要一一查明原因，只要把注意力集中在非正常的例外事项上，并及时进行信息反馈即可。

（三）经济效益原则

提高经济效益，不能只考虑降低成本的绝对数，要实现相对节约，取得收入成本差最大经济效益，以较少的消耗，取得更多的成果。

三、标准成本控制

标准成本是企业通过调查分析、运用科学方法制订的，在有效经营条件下所能达到的目标成本。标准成本主要用于控制成本开支，衡量实际工作效率。标准成本控制包括标准成本的制订、标准成本的事中控制和标准成本的事后控制。以下主要介绍标准成本的制订和标准成本的事中控制。

标准成本法

（一）标准成本的制订

标准成本分为用量标准和价格标准两个范畴，之所以分为两部分，是因为其性质不同并由不同管理人员负责。

用量标准是结合历史数据、工艺标准及生产操作人员意见所得出的。但需要注意生产操作人员在制订标准的过程中担任的角色，这是由于技术总是不停地更新换代，历史数据可能无法准确反映现时的投入产出关系，而工艺标准往往过于严格，操作生产人员可能无法达到，只能作为参考。

价格标准主要由生产、采购、人力资源及财务部门共同制订。生产部门确定投入原材料的质量；采购部门负责以最低的价格购进符合质量要求的投入原材料；人力资源部门主要考虑员工薪酬及聘用人员的资格等因素；财务部门负责对形成标准价格的各因素进行系统整理、记录和编制报告，计算实际成本与标准成本的差异，并对差异进行分析。

产品成本包括三个项目，即直接材料、直接人工、制造费用。每一个项目标准成本的确定都需要先分别确定其用量标准和价格标准，用量标准和价格标准的乘积就是每个项目的标准成本，再将各项目标准成本汇总就得到单位产品的标准成本。其计算公式为：

$$单位产品的标准成本$$
$$=直接材料标准成本+直接人工标准成本+制造费用标准成本$$
$$=\sum（用量标准 \times 价格标准）$$

1. 直接材料标准成本的制订

直接材料标准成本分为材料的用量标准和材料的价格标准两部分。

（1）材料的用量标准是指在现有生产技术条件下，生产单位产品所需的材料数量，包括构成产品实体的材料及生产过程中必要和不可避免损耗的材料等。材料的用量标准通常根据科学的调查，以技术分析为基础计算确定。

（2）材料的价格标准一般以合同价格为基础，考虑未来通货膨胀等经济因素的影响后计算得出。

直接材料标准成本的计算公式为：

$$直接材料标准成本=\sum（单位产品材料用量标准 \times 材料价格标准）$$

2. 直接人工标准成本的制订

直接人工标准成本分为直接人工用量标准和直接人工价格标准两部分。

（1）直接人工用量标准也称为工时用量标准，是指在现有生产技术条件下，生产单位产品耗用的必要工时，包括产品直接加工工时、生产过程中必要的停工时间和不可避免的废次品耗用的工时。直接人工用量标准通常运用特定技术测定方法对统计资料进行分析后得出。

（2）直接人工价格标准也指工资率标准，一般由统筹工资部门根据用工情况制定。当采用计时工资时，工资率标准的计算公式如下：

$$工资率标准 = 标准工资总额 ÷ 标准总工时$$

直接人工价格标准成本计算公式如下：

$$直接人工标准成本 = 工时用量标准 × 工资率标准$$

3. 制造费用标准成本的制订

制造费用的标准成本由制造费用用量标准和制造费用价格标准两部分组成。

（1）制造费用用量标准，即工时用量标准，其含义与直接人工用量标准相同。

（2）制造费用价格标准，即制造费用分配率标准，其计算公式为：

$$制造费用分配率标准 = 标准制造费用总额 ÷ 标准总工时$$

制造费用标准成本计算公式如下：

$$制造费用标准成本 = 工时用量标准 × 制造费用分配率标准$$

值得注意的是，在制定制造费用标准成本时，应分别制订变动制造费用和固定制造费用的标准成本。

（二）标准成本的事中控制

标准成本控制是成本控制中应用最为广泛和有效的一种成本控制方法。它以制订的标准成本为基础，将实际发生的成本与标准成本进行对比，揭示成本差异形成的原因和责任，采取相应措施改进成本，实现对成本的有效控制。

在执行标准成本过程中，必须严格按照成本标准、计划值控制各项消耗，年度成本预算下达后，应根据具体情况制订降低消耗的年计划，并以文件形式把指标分解下发到班组、岗位，每月终了，财务部门把作业区的成本标准配上生产计划得出下月的成本计划，作业区据此制订月度降低消耗的计划。在成本的事中控制方面，必须开展有效的降低成本活动，将降低成本的指标层层分解到各作业区、班组及操作中，做到人人身上有指标，将主要成本项目实行挂牌到岗。作业区还应找出消耗大、单价高或浪费严重的项目作为重点控制项目，抓住关键问题，确保降低成本目标得以实现。对重点控制项目应指定专人负责，抓科技攻关、合理化建议和自主管理，按月跟踪项目进度及取得的效益。

成本控制中的素质培养

1. 具备成本控制意识

成本直接影响着收益，成本越高，收益越低，成本越低，收益越高。因此，要提高收益就需要降低成本。特别是随着市场竞争日益激烈，企业的利润空间不断缩小，精确计算产品的成本和加强成本控制尤为重要，因此，需要培养学生的成本控制意识。

2. 具备进行理性决策的素质

在规模经济中，边际成本趋向于零的大多都是不错的投资决策项目，所以在使用机会成本做出决策时，要充分考虑其他决策方案的优劣，做出最适合企业发展的决策，在此决策过程中培养学生具备进行理性的决策素质。

任务实施

1. 根据任务情境，分析出直接人工成本、固定制造费用中的设备折旧费为决策相关成本，电芯材料成本、变动制造费用以及固定制造费用中除设备折旧以外的成本均为决策无关成本。

2. 改变方案后材料成本情况如表3-7所示。

表3-7　材料成本情况

产品名称	材料名称	计量单位	实际成本	方案1成本	方案2成本
电芯材料 /[元/(kW·h)]	正极材料（三元）	kg	117	117	117
	正极辅材	套	21	21	21
	负极活性物质（石墨）	kg	50	50	50
	负极辅材	套	72	72	72

产品名称	材料名称	计量单位	实际成本	方案1成本	方案2成本
电芯材料 /[元/(kW·h)]	电解液（三元）	L	33	33	33
	隔膜（湿法涂覆）	m²	2.5	2.5	2.5
	其他辅材	套	45	45	45
直接人工 /[元/(kW·h)]	人工成本		18	22	17
变动制造费用 /[元/(kW·h)]	电费	度	13.5	13.5	13.5
	水费、维修费用	单位	5.2	5.2	5.2
变动成本合计/[元/(kW·h)]			377.2	381.2	376.2
专属成本/元			0	0	50 000
相关总成本（产能4.5 GW·h）/元			1 697 400 000	1 715 400 000	1 692 950 000
废品率			5%	0	2%
总产能/(kW·h)			4 500 000	4 500 000	4 500 000
合格产能/(kW·h)			4 275 000	4 500 000	4 410 000
销售收入/元			2 052 000 000	2 160 000 000	2 116 800 000
剩余贡献毛益/元			354 600 000	444 600 000	423 850 000

由分析可得，三元锂电芯523型（250 W·h）在满足企业最大产能为4.5 GW·h时，方案1的剩余贡献毛益最大，所以本案例选择追加人工的方式调整生产。

【即学即练】

交互式自测请扫描书侧二维码练习。

任务二
交互式自测

任务三　成本分析

任务情境

三元锂电芯 523 型（250 W·h）和三元锂电池 523 型（60 kW·h）的直接材料相关成本表、工时相关成本表、变动制造费用相关成本表和固定制造费用相关成本表如表 3-8～表 3-11 所示。

表3-8　直接材料相关成本表

产品名称	材料名称	计量单位	用量标准/(kW·h)	标准价格/元	实际用量/(kW·h)	实际价格/元
三元锂电芯523型（250 W·h）	正极材料（三元）	kg	1.74	115	1.8	112
	正极辅材	套	1	21.35	1.1	21
	负极活性物质（石墨）	kg	0.97	48	0.95	50
	负极辅材	套	1	72.5	1	72
	电解液（三元）	L	0.58	32	0.55	33
	隔膜（湿法涂覆）	m²	16	2.4	15	2.5
	其他辅材	套	1	46	1.01	45
三元锂电池523型（60 kW·h）	正极材料（三元）	kg	1.74	115	1.8	112
	正极辅材	套	1	21.35	1.1	21
	负极活性物质（石墨）	kg	0.97	48	0.95	50
	负极辅材	套	1	72.5	1	72
	电解液（三元）	L	0.58	32	0.55	33
	隔膜（湿法涂覆）	m²	16	2.4	15	2.5
	其他辅材	套	1	46	1.01	45
	模组辅材	套	1	100.67	1	104.55
	PACK材料包	个	1	126.61	1	124.13

表3-9 工时相关成本表

项目	实际消耗量/[小时/(kW·h)]	实际工资率/(元/小时)	标准消耗量/[小时/(kW·h)]	标准工资率/(元/小时)
成本	0.68	55	0.72	50

表3-10 变动制造费用相关成本表

名称	标准				实际			
	单位用量/(kW·h)	单位	单位价格	单位成本/[元/(kW·h)]	单位用量/(kW·h)	单位	单位价格	单位成本/[元/(kW·h)]
电费	24.85	度	0.52	12.92	25.65	度	0.52	13.34
水费、维修费用	1	单位	5	5	1	单位	5.20	5.20

表3-11 固定制造费用相关成本表

名称	项目	标准/元	实际/元
固定制造费用	设备折旧费	240 000 000	248 000 000
	房屋建筑折旧费	36 000 000	38 000 000
	土地使用权摊销费	1 800 000	1 900 000
	车间管理人员薪酬	2 400 000	2 600 000
	其他杂项（付现）	1 200 000	1 900 000
	联合固定制造费用合计	281 400 000	292 400 000
	模组电池包人员薪酬（专属成本）	800 000	920 000
	固定制造费用总额	282 200 000	293 320 000

预算产能为 9 000 000 kW·h，三元锂电芯 523 型（250 W·h）产品标准产量为 5 981 857 件，实际产量为 6 013 266 件，三元锂电池 523 型（60 kW·h）产品标准产量为 107 644 件，实际产量为 105 256 件，机器工时实际消耗量为 0.68 小时/（kW·h），标准消耗量为 0.72 小时/（kW·h）。

任务布置

请根据资料，计算直接材料成本及差异分析、直接人工成本及差异分析、制造费用成本及差异分析。

知识准备

一、成本分析的概念

成本分析是按照一定的原则，采用一定的方法，利用成本计划、成本核算和其他有关资料，控制实际成本的支出，揭示成本计划完成情况，查明成本升降的原因，寻求降低成本的途径和方法，以达到用最少的劳动消耗取得最大的经济效益的目的。

二、成本分析的步骤

成本分析的步骤是：

（1）根据成本资料，计算成本计划的执行结果，计算成本差异。

（2）分析产生成本差异的原因，查明影响成本高低的各种因素及其原因。

（3）对成本计划的执行情况进行评价。

（4）寻求进一步降低成本的途径和方法，或者结合企业生产经营条件的变化，正确选定适应新情况的最合适的成本水平。

三、成本分析的方法

企业应根据分析的目的、分析对象的特点、掌握的资料等情况确定应采用哪种方法进行成本分析。在实际工作中，通常采用的技术分析方法有对比分析法、因素分析法、差额分析法和比率分析法四种。

（一）对比分析法

对比分析法是根据实际成本指标与不同时期的指标进行对比，揭示差异和分析差异产生原因的一种方法。在对比分析中，可采取实际指标与计划指标对比，本期实际指标与上期（或上年同期，历史最好水平）实际指标对比，本期实际指标与国内外同类型企业的先进指标对比等形式。

对比分析时，应注意指标间的可比性。若不具有可比性，则可能使分析的结果不准确，甚至可能得出与实际情况完全不同的结论。在采用对比分析法时，可采取绝对数对比，增减差额对比或相对数对比等多种形式。

（二）因素分析法

因素分析法就是将构成成本的各种因素进行分解，测定各个因素变动对成本计划的影响程度，据此对企业的成本计划执行情况进行评价，并提出进一步的改进措施。

标准成本法下的成本差异分析，往往采用因素分析法。具体如下：

1. 直接材料成本差异的计算和分析

直接材料成本差异是实际产量下直接材料的实际成本与实际产量下标准成本之间的差异。由直接材料用量差异和直接材料价格差异两部分构成，有关计算公式如下：

直接材料成本差异 ＝ 实际产量下实际成本 － 实际产量下标准成本

＝ 实际用量 × 实际价格 － 实际产量下标准用量 × 标准价格

＝ 直接材料用量差异 ＋ 直接材料价格差异

直接材料用量差异 ＝（实际用量 － 实际产量下标准用量）× 标准价格

直接材料价格差异 ＝ 实际用量 ×（实际价格 － 标准价格）

直接材料用量差异的形成原因来自生产部门、非生产部门等多方面。生产部门往往需要承担材料用量的差异，产品设计结构、原料质量、工人的技术熟练程度、废品率的高低等都会导致材料用量的差异；采购部门往往需要承担材料价格的差异，如市场价格、供应商、运输方式、采购批量的变动等主客观因素均会导致价格差异。

2. 直接人工成本差异的计算和分析

直接人工成本差异是指直接人工的实际总成本与实际产量下标准总成本之间的差异，由直接人工工资率差异和直接人工效率差异两部分构成，有关计算公式如下：

直接人工成本差异 ＝ 实际产量下直接人工实际成本 － 实际产量下直接人工标准成本

＝ 实际工时 × 实际工资率 － 实际产量下标准工时 × 标准工资率

＝ 直接人工工资率差异 ＋ 直接人工效率差异

$$直接人工工资率差异 =（实际工资率 - 标准工资率）× 实际耗用工时$$

$$直接人工效率差异 =（实际工时 - 实际产量下标准工时）× 标准分配率$$

直接人工工资率差异是价格差异，往往产生于非生产部门，工资制度的变动、工人的升降级、加班或临时工的增减等原因都将导致工资率差异，一般劳动人事部门应对其承担责任。直接人工效率差异是用量差异，主要在生产部门形成，工人技术状况、工作环境和设备条件的好坏等多方面原因都会影响效率的高低。

3. 变动制造费用成本差异的计算和分析

变动制造费用成本差异是指实际发生的变动制造费用总额与实际产量下标准变动制造费用总额之间的差异，由变动制造费用效率差异和变动制造费用耗费差异两部分构成，其计算公式如下：

$$变动制造费用成本差异 = 实际产量下变动制造费用 - 实际产量下标准变动制造费用$$
$$= 实际工时 × 实际分配率 - 实际产量下标准工时 × 标准分配率$$
$$= 变动制造费用效率差异 + 变动制造费用耗费差异$$

$$变动制造费用效率差异 =（实际工时 - 实际产量下标准工时）× 标准分配率$$

$$变动制造费用耗费差异 =（实际分配率 - 标准分配率）× 实际工时$$

其中，效率差异属于用量差异，耗费差异属于价格差异。变动制造费用效率差异的形成原因与直接人工效率差异的形成原因基本相同。

4. 固定制造费用成本差异的计算和分析

固定制造费用成本差异是指实际发生的固定制造费用与实际产量下标准固定制造费用的差异，其计算公式为：

$$固定制造费用成本差异$$
$$= 实际产量下实际固定制造费用 - 实际产量下标准固定制造费用$$
$$= 实际工时 × 实际分配率 - 实际产量下标准工时 × 标准分配率$$

其中：

$$标准分配率 = 固定制造费用预算总额 ÷ 预算产量下标准总工时$$

由于固定制造费用相对固定，实际产量与预算产量的差异会影响单位产品所应承担的固定制造费用，所以固定制造费用成本差异的分析有其特殊性，一般采用两差异分析法和三差异分析法。

（1）两差异分析法。两差异分析法将固定制造费用成本差异分为固定制造费用耗费差异和固定制造费用能量差异两部分。其中，固定制造费用耗费差异是指固定制造费用的实际金额与固定制造费用预算金额之间的差额；固定制造费用能量差异是指固定制造费用预算金额与固定制造费用标准成本的差额，计算公式如下：

固定制造费用耗费差异 = 实际固定制造费用 − 预算产量下标准固定制造费用

= 实际固定制造费用 − 预算产量下标准工时 × 标准分配率

固定制造费用能量差异 = 预算产量下标准固定制造费用 −

实际产量下标准固定制造费用

= 预算产量下标准工时 × 标准分配率 − 实际产量下标准工时 ×

标准分配率

= （预算产量下标准工时 − 实际产量下标准工时）×

标准分配率

（2）三差异分析法。三差异分析法将两差异分析法下的能量差异进一步分解为产量差异和效率差异，即将固定制造费用成本差异分为耗费差异、产量差异和效率差异三个部分。其中，固定制造费用耗费差异的概念和计算与两差异分析法相一致。三差异分析法的相关计算公式为：

固定制造费用耗费差异 = 实际固定制造费用 − 预算产量下标准固定制造费用

= 实际固定制造费用 − 预算产量下标准工时 × 标准分配率

固定制造费用产量差异 = （预算产量下标准工时 − 实际产量下实际工时）×

标准分配率

固定制造费用效率差异 = （实际产量下实际工时 − 实际产量下标准工时）×

标准分配率

（三）差额分析法

差额分析法是因素分析法的一种简化形式，它利用各个因素的计划与实际的差额来计算其对成本的影响程度。分析时，各因素的排列顺序是，数量指标在前，质量指标在后；基础指标在前，派生指标在后；实物指标在前，货币指标在后。

（四）比率分析法

比率分析法是指用两个以上指标的比例进行分析的方法。它的基本特点是：先把对比分析的数值变成相对数，再观察其相互之间的关系。常用的比率分析法有相关比率法、构成比率法和趋势比率法三种。

（1）相关比率法是将两个性质不同而又相关的指标加以对比，求出比率，并以此来考查经营成果的好坏，如资产负债率。

（2）构成比率法是将成本各项目与成本总量加以对比，求出比率，并以此来考查经营成果的好坏。

（3）趋势比率法是指将同类指标不同时期的数值进行对比，求出比率，以分析该项指标的发展方向和发展速度。

【知识拓展与价值提升】

成本分析中的素质培养

1. 具备责任成本意识

标准成本是企业通过调查分析、运用科学方法制订的，在有效经营条件下所能达到的目标成本。在分析标准成本时，提高企业责任成本意识，控制成本开支，衡量实际工作效率，培养学生具有责任成本意识。

2. 具备精细管理素质

在生产型企业内，生产经营过程中的生产成本是资金占用的重点，让学生了解精细化管理在生产成本管理中的重要作用，理解生产成本精细化管理是企业生产经营的基础，培养学生具备精细管理的职业素质。

任务实施

根据任务布置要求，分别完成各个任务：

直接材料成本及差异计算分析表、直接人工成本及差异分析表、变动制造费用固定制造费用成本及差异计算分析表如表 3-12～表 3-15 所示。

表3-12 直接材料成本及差异计算分析表

金额单位：元

产品名称	材料名称	计量单位	用量标准/(kW·h)	价格标准	实际用量/(kW·h)	实际价格	实际耗材	直接材料实际成本	直接材料标准成本	直接材料用量差异	直接材料价格差异	直接材料成本差异
三元锂电芯523型(250 W·h)	正极材料（三元）	kg	1.74	115	1.8	112	2 705 970	303 068 606.4	300 813 631.7	10 372 883.85	-8 117 909.1	2 254 974.75
	正极辅材	套	1	21.35	1.1	21	1 653 648	34 726 611.15	32 095 807.28	3 209 580.728	-578 776.85	2 630 803.875
	负极活性物质（石墨）	kg	0.97	48	0.95	50	1 428 151	71 407 533.75	69 994 416.24	-1 443 183.84	2 856 301.35	1 413 117.51
	负极辅材	套	1	72.5	1	72	1 503 317	108 238 788	108 990 446.3	0	-751 658.25	-751 658.25
	电解液（三元）	L	0.58	32	0.55	33	826 824.1	27 285 194.48	27 901 554.24	-1 443 183.84	826 824.075	-616 359.765
	隔膜（湿法涂覆）	m²	16	2.4	15	2.5	22 549 748	56 374 368.75	57 727 353.6	-3 607 959.6	2 254 974.75	-1 352 984.85
	其他辅材	套	1	46	1.01	45	1 518 350	68 325 734.93	69 152 559	691 525.59	-1 518 349.665	-826 824.075
三元锂电池523型(60 kW·h)	正极材料（三元）	kg	1.74	115	1.8	112	11 367 648	1 273 176 576	1 263 703 536	43 575 984	-34 102 944	9 473 040
	正极辅材	套	1	21.35	1.1	21	6 946 896	145 884 816	134 832 936	13 483 293.6	-2 431 413.6	11 051 880
	负极活性物质（石墨）	kg	0.97	48	0.95	50	5 999 592	299 979 600	294 043 161.6	-6 062 745.6	11 999 184	5 936 438.4
	负极辅材	套	1	72.5	1	72	6 315 360	454 705 920	457 863 600	0	-3 157 680	-3 157 680
	电解液（三元）	L	0.58	32	0.55	33	3 473 448	114 623 784	117 213 081.6	-6 062 745.6	3 473 448	-2 589 297.6
	隔膜（湿法涂覆）	m²	16	2.4	15	2.5	94 730 400	236 826 000	242 509 824	-15 156 864	9 473 040	-5 683 824
	其他辅材	套	1	46	1.01	45	6 378 514	287 033 112	290 506 578.22	2 905 065.6	-6 378 513.6	-3 473 448
	模组辅材	套	1	100.67	1	104.55	6 315 360	660 270 888	635 767 291.2	0	24 503 596.8	24 503 596.8
	PACK材料包	个	1	126.61	1	124.13	6 315 360	783 925 636.8	799 587 729.6	0	-15 662 092.8	-15 662 092.8

表3-13 直接人工成本及差异分析表

金额单位：元

产品	实际产量	单位产品工时实际消耗量	实际工资率/（元/小时）	单位产品工时标准消耗量	标准工资率/（元/小时）	直接人工实际成本	直接人工标准成本	直接人工工资率差异	直接人工工时消耗量差异（或直接人工效率差异）	直接人工成本差异
三元锂电芯523型（250 W·h）	6 013 266	0.17	55	0.18	50	56 224 037.1	54 119 394	5 111 276.1	−3 006 633	2 104 643.1
三元锂电池523型（60 kW·h）	105 256	40.8	55	43.2	50	236 194 464	227 352 960	21 472 224	−12 630 720	8 841 504

表3-14 变动制造费用成本及差异计算分析表

金额单位：元

产品名称	费用项目	单位产品工时实际消耗量	实际工时	实际分配率	单位产品工时标准消耗量	标准工时/小时	标准分配率	实际变动制造费用	标准变动制造费用	变动制造费用耗费率差异	变动制造费用效率差异	变动制造费用成本差异
三元锂电芯523型（250 W·h）	电费	0.68	1 022 255.22	19.61 764 706	0.72	1 082 388	17.94	20 054 242.11	19 422 849.18	1 710 440.11	−1 079 047.18	631 392.93
	水费、维修费用	0.68	1 022 255.22	7.647 058 824	0.72	1 082 388	6.94	7 817 245.8	7 516 582.5	718 251.22	−417 587.92	300 663.3
三元锂电池523型（60 kW·h）	电费	0.68	4 294 444.8	19.61 470 588	0.72	4 547 059	17.94	84 234 271.68	81 594 451.2	7 172 845.55	−4 533 025.07	2 639 820.48
	水费、维修费用	0.68	4 294 444.8	7.647 058 824	0.72	4 547 059	6.94	32 839 872	31 576 800	3 017 338.67	−1 754 266.67	1 263 072

表3-15 固定制造费用成本及差异计算分析表

费用项目	实际产量 /（kW·h）	预算产量 /（kW·h）	单位产品工时实际消耗量	实际工时 /小时	实际分配率	单位产品工时标准消耗量	标准工时 /小时	预算产量下标准工时 /小时	标准分配率	实际固定制造费用	固定制造费用耗费差异	固定制造费用效率差异	固定制造费用生产能力利用差异	固定制造费用成本差异
联合固定制造费用	7 818 676.5	9 000 000	0.68	5 316 700	54.99 652	0.72	5 726 955	6 480 000	49.136 058 7	292 400 000	−26 001 660.38	57 159 976	−15 367 157.9	15 791 157.83
模组电池人员薪酬（专属成本）	7 818 676.5	9 000 000	0.68	5 316 700	0.17 304	0.72	5 726 955	6 480 000	0.139 690 288	920 000	14 806.94	162 501.7	−43 687.73	133 620.91

交互式自测请扫描书侧二维码练习。

任务三
交互式自测

营运管理

知识目标

◆ 熟悉本量利分析模型；

◆ 掌握保利点分析法、经济订货批量、边际贡献分析法和成本平衡点分析法；

◆ 熟悉企业盈利能力分析和营运能力分析的目的；

◆ 掌握企业盈利能力分析和营运能力分析的指标。

技能目标

◆ 能够根据本量利分析模型，进行保本点分析和安全边际分析；

◆ 能够根据营运管理工具方法，进行销售策略分析和供应商选择；

◆ 能够根据信用标准、信用条件和收账政策，进行信用政策分析；

◆ 能够根据经济订货批量等模型，进行存货规划；

◆ 能够根据边际贡献分析法，进行临时订单生产决策；

◆ 能够根据成本平衡点分析法，进行产品人工成本决策；

◆ 能够根据盈利能力分析指标，进行盈利能力分析；

◆ 能够根据营运能力分析指标，进行营运能力分析；

◆ 能够根据变动成本法和完全成本法对利润的影响进行比较分析。

素养目标

◆ 培养学生抓大放小的管理理念；

◆ 培养学生信用管理中防范风险意识；

◆ 培养认真严谨、精益求精的工匠精神。

知识导图

营运管理
- 营运计划制订
  - 销售计划制订
  - 生产计划制订
  - 采购计划制订
  - 资金计划制订
  - 信用政策制订
  - 营运计划制订的工具与方法
- 营运计划执行
  - 存货管理
  - 临时订单生产决策
  - 人工成本决策
  - 新产品决策
- 营运效果分析
  - 企业盈利能力分析
  - 企业营运能力分析
  - 企业偿债能力分析

情境引例

随着联创新能源公司不断发展壮大，营运管理工作急需改进提升，公司成立了由总经理担任主任，各部门负责人担任委员的营运管理委员会，以财务部财务经理为主进行营运管理的推进工作。营运管理组织架构图如图4-1所示。经过一段时间的调研，财务部向公司建议短期经营决策中可以采用营运管理工具方法，如销售策略分析采用本量利分析和敏感性分析，临时订单生产和产品进一步加工决策采用边际分析等方法，以提升公司内部管理会计管理工作水平。公司高层管理人员经过讨论决定采用上述营运管理工具，并成立营运管理工作小组推进改革。企业营运管理的应用环境包括组织架构、管理制度和流程、信息系统以及相关外部环境等。为确保营运管理的有序开展，企业应建立健全营运管理组织架构，明确各管理层级或管理部门在营运管理中的职责，有效组织开展营运计划的制订审批、分解下达、执行监控、分析报告、绩效管理等日常营运管理工作。企业应建立健全营运管理的制度体系，完善公司营运管理制度如资金管理制度、应收账款管理制度、供应商考核制度、销售管理制度等，明确营运管理各环节的工作目标、职责分工、工作程序、工具方法、信息报告等内容。企业应建立完整的业务信息系统，规范信息的收集、整理、传递和使用等，有效支持管理者决策。

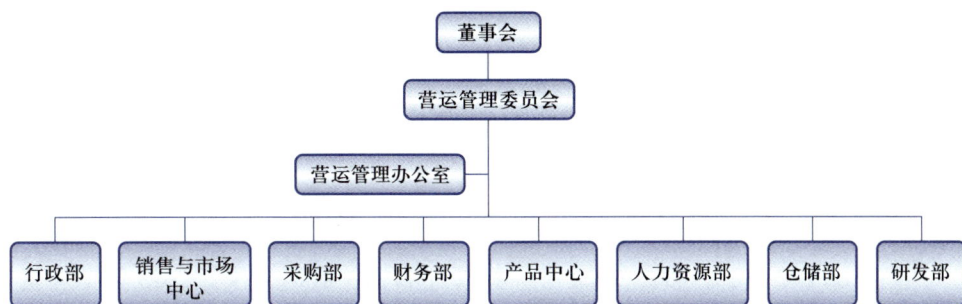

图 4-1　营运管理组织架构图

任务一 营运计划制订

任务资料

联创新能源公司生产的主要产品为三元锂电芯523型（250 W·h）和三元锂电池523型（60 kW·h），根据2022年经营管理的相关数据，预计2023年销售费用总额为337 322 999元（其中广告费130 000 000元），管理费用总额为450 920 204元，研发费用总额为702 394 934元。如果采用原有广告方案，预计电芯（三元锂电芯523型）销售单价258元/件，单位变动成本123.85元/件，固定制造费用总额52 971 684.10元，预计销售量为5 958 480件；电池包（三元锂电池523型）销售单价66 285元/件，单位变动成本43 338.60元/件，固定制造费用总额229 228 315.90元，预计销售量为107 630件。

联创新能源公司2023年计划采用新销售方案，预计在原销售方案的基础上，增加广告费80 000 000元，产品销售量会大幅提升，预计三元锂电芯523型（250 W·h）销售量增加40 000件，预计三元锂电池523型（60 kW·h）销售量增加8 000件。

联创新能源公司目前采用30天按发票金额（即无现金折扣）付款的信用政策，因三元锂电池523型（60 kW·h）产品售价较高，为促进销售回款额度，拟将信用期放宽至60天，仍按发票金额付款。假设该企业在放宽信用期的同时，为了吸引顾客尽早付款，提出了0.8/30, n/60的现金折扣条件，估计有一半顾客（按60天信用期所能实现的销售量计算）将享受现金折扣优惠。假设等风险投资的最低报酬率为15%，信用政策分析决策数据如表4-1所示。

表4-1 信用政策分析决策数据

项目	信用期（30天）	信用期（60天）
全年销售量/件	107 630	115 630
销售收入/（66 285元/件）	7 134 254 550.00	7 664 534 550.00
变动成本总额/（43 338.60元/件）	4 664 533 518.00	5 011 242 318.00
固定成本总额/元	729 228 315.90	729 228 315.90
可能发生的收账费用/元	3 000 000.00	4 000 000.00
可能发生的坏账损失/元	5 000 000.00	9 000 000.00

任务布置

1. 预测 2023 年联创新能源公司电芯和电池包的保本销售量和保本销售额。

2. 预测联创新能源公司电芯和电池包的安全边际量。

3. 判断联创新能源公司 2023 年计划采用的新销售方案是否可行？

4. 判断联创新能源公司 2023 年放宽信用期的决策方案是否可行？

5. 判断联创新能源公司 2023 年采用现金折扣的决策方案是否可行？

知识准备

营运计划是指企业根据战略决策和营运目标的要求，从时间和空间上对营运过程中各种资源所做出的统筹安排，主要作用是分解营运目标，分配企业资源安排营运过程中的各项活动。

营运计划按计划的时间可分为长期营运计划、中期营运计划和短期营运计划。按计划的内容可分为销售、生产、供应、财务、人力资源、产品开发、技术改造和设备投资等营运计划。企业应采取自上而下、自下而上或上下结合的方式制订营运计划，充分调动全员积极性，通过沟通和讨论达成共识。

一、销售计划制订

销售计划是企业制订的计划期内产品销售的品种、数量、单价、销售渠道和销售期限等内容。销售计划是营运计划的重要内容，也是编制生产计划和采购计划的依据。

（一）销售计划的分类

（1）从时间长短来分，销售计划可以分为周销售计划、月度销售计划、季度销售计划、年度销售计划等。

（2）从范围大小来分，销售计划可以分为企业总体销售计划、分公司（部门）销售计划、个人销售计划等。

（3）从市场区域来分，销售计划可以分为整体销售计划、区域销售计划。区域一般按大区或省区、地市、县市、乡镇等行政区域来划分，也可以根据公司的实际销售范围和统计区域来划分。

（二）销售计划制订的步骤

（1）调查产品市场需求情况，掌握市场需求的变化趋势。

（2）收集整理企业近几年销售情况，分析企业自身优势和劣势，找出薄弱环节，以挖掘潜力。

（3）分析企业内外环境后，编制销售计划。一般以销售部门为主，组织企业的有关部门，试算计划期内的销售计划指标。如与物资供应部门讨论，以求获得足够的物资保障；与生产部门讨论，确定交货期；与财务部门讨论，以保证获得必要的经费；最后，直接与销售主管领导共同研究，客观地评价计划中的指标、策略和办法。

（4）将计划草案报主管领导审批后，下达给销售部门，成为正式的销售计划。

二、生产计划制订

生产计划是企业经营计划的重要组成部分，是对企业生产产品品种、数量、质量和产值等生产活动作出的统筹安排。

（一）生产计划分类

从时间上看，生产计划包括长期生产计划、中期生产计划和短期生产计划。长期生产计划主要任务是进行产品决策、生产能力决策和确立何种竞争优势的决策。中期生产计划的主要任务是在充分预测市场需求的前提下，充分利用企业现有资源和生产能力，均衡组织企业生产，合理控制库存水平，获得最大利润。短期生产计划的主要任务是根据客户订单，合理安排生产活动，监督生产过程，确保产品保质保量按时交付客户。

（二）生产计划制订步骤

（1）收集编制生产计划所需的资料。

（2）根据预计销售量和库存计划，初步确定各项生产计划指标，包括品种指标、产量指标、质量指标和生产进度安排。

（3）编制计划草案。依据初步确定的生产计划指标，测算企业现有生产条件对生产任务的保证程度；分析生产任务与设备生产能力、人工生产能力、原材料供应、生产技术能力和辅助资源之间的平衡；分析生产指标与资金、成本和利润等指标的平衡。

（4）经讨论修正后编制正式的生产计划，报总经理或上级主管部门批准后在企业正式实施。

三、采购计划制订

采购计划是根据生产部门和其他部门的物资使用计划制订的包括采购物料的种类、型号、规格、数量和日期等内容的计划。采购计划是在生产计划确定之后，根据生产计划和库存计划等编制的。

（一）采购计划的分类

（1）按计划期长短，采购计划可分为年度物料采购计划、季度物料采购计划、月度物料采购计划等。

（2）按物料使用类别，采购计划可分为生产产品用物料采购计划、维修用物料采购计划、基本建设用物料采购计划、技术改造用物料采购计划、科研开发用物料采购计划和企业管理用物料采购计划。

（3）按自然属性，采购计划可分为金属物料采购计划、化工类物料采购计划、电子类物料采购计划等。

（二）采购计划制订步骤

（1）收集物料需求信息。

（2）分析所需物料类别、现有库存和安全库存等信息，预测物料采购数量。

（3）预测采购成本和费用，编制物料采购计划。

（4）物料采购计划上报总经理或者上级主管部门审批后，正式实施。

四、资金计划制订

资金计划是企业为了满足生产经营和项目资金需求以及维持企业的财务流动性和适当的资本结构，而采取的关于资金筹措和使用的一整套计划。

（一）资金计划分类

按计划期长短，资金计划可分为年度资金计划、季度资金计划和月度资金计划；按内容，资金计划可分为流动资金计划、固定资产折旧计划和专项资金计划。

（二）年度资金计划编制流程

（1）分析上年资金计划实际执行情况，确定计划年度资金计划的编制要求。

（2）各单位各部门编制年度资金计划。

（3）财务部汇总资金计划草案。

（4）综合平衡各单位各部门资金计划，形成最终年度资金计划。

（5）经总经理审批后，执行年度资金计划。

五、信用政策制订

信用政策是企业对应收账款投资进行规划和控制的基本原则和行为规范，制订合理的信用政策，是加强应收账款管理，提高应收账款投资效益的重要前提。应收账款的信用政策包括信用标准、信用条件和收账政策三个方面。

（一）信用标准分析

信用标准是指信用申请者获得企业提供信用所必须达到的最低信用水平，通常以预期的坏账损失率为判别标准。如果企业执行的信用标准过于严格，一方面可能会降低对符合可接受信用风险标准客户的赊销额，减少坏账损失，减少应收账款的机会成本；另一方面，则不利于扩大企业销售量甚至会因此限制企业的销售机会。如果企业执行的信用标准过于宽松，则可能会对不符合可接受信用风险标准的客户提供赊销，因此，会增加后期还款的风险并增加应收账款的管理成本与坏账成本。

1. 信用信息收集

企业进行信用分析时，必须考虑信息的类型、数量和成本。信息既可以从企业内部收集，也可以从企业外部收集。信用信息必须将成本与预期的收益进行对比。企业内部产生的最重要的信用信息来源是信用申请人执行信用申请（协议）的情况和企业自己保存的有关信用申请人的还款历史记录。企业可以使用各种外部信息来源来帮助其确定申请人的信誉。首先，申请人的财务报表是该种信息主要来源之一。由于可以将这些财务报表及其相关比率与行业平均数进行对比，因此，这提供了有关信用申请人的重要信息。获得申请人付款状况的第二个信息来源是某些商业参考资料或申请人过去获得赊购的供货商。其次，银行或其他贷款机构可以提供申请人财务状况和可使用信用额度方面的标准化信息。最后，一些地方性和全国性的信用评级机构收集、评价和报告有关申请人信用状况的历史信息。这些信用报告包括以下内容：还款历史、财务信息、最高信用额度、可获得的最长信用期限和所有未了解的债务诉讼等。

2. 信用的定性分析

常用的信用定性分析法是5C信用评价系统，即评估申请人信用品质的五个方面：品质、能力、资本、抵押和条件。

（1）品质（Character）。品质是指个人申请人或企业申请人的诚实和正直表现。品质反映了个人或企业在过去的还款中所体现的还款意图和愿望，这是5C信用评价系统中最主要的因素。通常要根据过去的记录并结合现状调查来分析，包括企业经营者的年龄、文化、技术结构、遵纪守法情况，开拓进取及领导能力，有无获得荣誉奖励或纪律处分，团结协作精神及组织管理能力。

（2）能力（Capacity）。能力是指经营能力，通常通过分析申请者的生产经营能力及获利情况、管理制度是否健全、管理手段是否先进、产品生产销售是否正常、在市场上有无竞争力、经营规模和经营实力是否逐年增长等来评估。

（3）资本（Capital）。资本是指企业或个人当前的现金流不足以还债时，在短期和长期内可供使用的财务资源。企业资本雄厚，说明企业具有强大的物质基础和抗风险能力。因此，信用分析必须调查、了解企业资本规模和负债比率，因为这能反映企业资产或资本对于负债的保障程度。

（4）抵押（Collateral）。抵押是指当企业或个人不能满足还款条款时，可以用作债务担保的资产或其他担保物。信用分析必须分析担保抵押手续是否齐备，抵押品的估值和出售有无问题，担保人的信誉是否可靠等。

（5）条件（Condition）。条件是指影响申请者还款能力和还款意愿的经济环境。经济环境对企业发展前途具有一定影响，也是影响企业信用的一项重要的外部因素。信用分析必须对企业的经济环境，包括企业发展前景、行业发展趋势、市场需求变化等进行分析，预测其对企业经营效益的影响。

3. 信用的定量分析

通常使用比率分析法来评价顾客的财务状况，常用的指标有流动性和营运资本比率（如流动比率、速动比率以及现金对负债总额比率）、债务管理和支付比率（如已获利息倍数、长期债务对资本比率、带息债务对资产总额比率，以及负债总额对资产总额比率）和盈利能力指标（如销售回报率、总资产回报率和净资产收益率）。将这些指标和信用评级机构及其他协会发布的行业标准进行比较，可评价申请人的信用状况。

（二）信用条件分析

信用条件是销货企业要求赊购客户支付货款的时间，由信用期限、折扣期限和现金折扣三个要素组成。

1. 信用期限分析

信用期限是企业允许的顾客从购货到付款之间的时间，或者说是企业给予顾客的最长付款时间，一般简称为信用期。信用期的确定，主要是分析、改变现行信用期对收入和成本的影响。延长信用期，会使销售额增加，产生有利影响；与此同时，应收账款的机会成本、收账费用和坏账损失增加，会产生不利影响。当前者大于后者时，可以延长信用期，否则不宜延长。如果缩短信用期，则情况与此相反。

2. 折扣条件分析

折扣条件包括折扣期限和现金折扣两个方面。折扣期限是为顾客规定的可享受现金折扣的付款时间。现金折扣是在顾客提前付款时给予的优惠。如果企业给顾客提供现金折扣，那么顾客在折扣期付款时少付的金额所产生的"成本"将影响企业收益。当顾客利用了企业提供的现金折扣，而现金折扣又没有促使销售额增长时，企业的净收益就会下降。上述收入的损失可能会全部或部分地由应收账款持有成本的下降进行补偿。向顾客提供现金折扣的主要目的在于吸引顾客为享受优惠而提前付款，缩短平均收款期。现金折扣的表示常用"5/10、3/20、n/30"来表示，5/10 表示 10 天内付款，可享受 5% 的价格优惠，即只需支付原价的 95%，如原价为 10 000 元，只需支付 9 500 元；3/20 表示 20 天内付款，可享受 3% 的价格优惠，即只需支付原价的 97%，若原价为 10 000 元，则只需支付 9 700 元；n/30 表示付款的最后期限为 30 天，此时付款无优惠。企业采用什么程度的现金折扣，要与信用期限结合起来考虑。无论是信用期限还是现金折扣，都可能给企业带来收益，同时也会增加成本。当企业给予顾客某种现金折扣时，应当考虑折扣所能带来的收益与成本孰高孰低，权衡利弊。因为现金折扣是与信用期限结合使用的，所以确定折扣程度的方法与程序实际上与前述确定信用期间的方法与程序一致，只不过要把所提供的延期付款时间和折扣综合起来，先计算各方案的延期与折扣能取得多大的收益增量，再计算各方案带来的成本变化，最终确定最佳方案。

（三）收账政策分析

收账政策是指信用条件被违反时，企业采取的收账策略。企业如果采取较积极的收账政策，则可能会减少应收账款投资，减少坏账损失，但要增加收账成本。如果采用较消极的收账政策，则可能会增加应收账款投资，增加坏账损失，但会减少收账费用。企业需要做出适当的权衡。一般来说，可以参照评价信用标准分析和信用条件分析的方法来评价收账政策。

六、营运计划制订的工具与方法

（一）本量利分析

1. 本量利分析的概念

本量利分析亦称 CVP 分析，全称为成本—业务量—利润分析，是在变动成本法的基础上，研究固定成本、变动成本、销售量、单价、销售额、利润等变量之间的联系，为企业进行生产决策提供信息的定量分析方法。具体用来研究产品价格、业务量（销售量、服务量或产量）、单位变动成本、固定成本总额、销售产品的品种结构等因素的相互关系，据以作出关于产品结构、产品定价、促销策略以及生产设备利用等决策的一种方法。

2. 本量利分析的基本假设

（1）相关范围和线性关系假设。本量利分析是在成本性态分析基础上发展起来的，所以成本性态分析的基本假设也就成为本量利分析的基本假设，即在相关范围内，固定成本总额保持不变，变动成本总额随业务量变化成正比例变化。

（2）品种结构稳定假设。该假设是指在一个生产和销售多种产品的企业里，每种产品的销售收入占总销售收入的比重不会发生变化。如果销售产品的品种结构发生较大变动，必然导致利润与原来品种结构不变假设下预计的利润有很大差别。

（3）产销平衡假设。所谓产销平衡就是企业生产出来的产品总是可以销售出去，能够实现生产量等于销售量。

3. 本量利分析基本模型

本量利分析是成本性态分析的延伸，建立本量利分析基本模型基于以下五个基本因素：销售量（x）、销售价格（p）、单位变动成本（b）、固定成本总额（a）、目标利润（Y）。

（1）本量利分析基本模型。其公式如下：

$$目标利润 = 销售收入 - 变动成本 - 固定成本总额$$

$$目标利润 = 单价 \times 销售量 - 单位变动成本 \times 销售量 - 固定成本总额$$

$$Y = px - bx - a = (p - b)x - a$$

根据本量利分析基本模型，便于预测销售量、销售价格、单位变动成本、固定成本总额和目标利润。

（2）多品种生产条件下的本量利模型。设 i 为产品品种，n 为产品品种总数，则多品种生产条件下的本量利模型公式如下：

$$Y = \sum_{i=1}^{n} p_i x_i - \sum_{i=1}^{n} b_i x_i - a$$

4. 保本点分析

保本是指企业在一定时期内的收支相等、损益平衡的一种状态，此时企业利润为零。当企业处于当期销售收入与当期成本费用刚好相等时，可称之为达到了保本状态。保本分析，又称盈亏临界分析，是研究当企业恰好处于保本状态时本量利关系的一种定量分析方法，是本量利分析的核心内容。

（1）单一产品保本点分析。保本点，又称盈亏临界点，是指企业达到保本状态的业务量或金额，即企业一定时期的总收入等于总成本、利润为零时的业务量或金额。单一产品的保本点有两类表现形式：一类是以实物量来表现，称为保本点销售量；

另一类是以货币单位表示，称为保本点销售额。

根据本量利分析基本关系式：

$$利润 = 单价 \times 销售量 - 单位变动成本 \times 销售量 - 固定成本总额$$

当利润为零时，求出的销售量就是保本点销售量，即 $Y = px - bx - a = 0$

$$保本点销售量 = 固定成本总额 \div （单价 - 单位变动成本）$$

$$= 固定成本总额 \div 单位边际贡献$$

$$保本点销售额 = 单价 \times 保本点销售量$$

（2）多品种保本点分析。在市场经济环境下，大多数企业都同时进行着多种产品的生产和经营。由于各种产品的销售单价、单位变动成本、固定成本不一样，从而造成各种产品的边际贡献或边际贡献率不一致。因此，对多种产品进行保本分析，在遵循单一产品的保本分析的基础上，应根据不同情况采用相应的具体方法来确定。目前，进行多种产品保本分析的方法主要包括加权平均边际贡献率法、综合边际贡献率法、联合单位法、分别计算法、顺序法、主要产品法等。

① 加权平均边际贡献率法。加权平均边际贡献率法是指在各种产品边际贡献的基础上，以各种产品的预计销售收入占总收入的比重为权数，确定企业加权平均的综合边际贡献率，进而分析多品种条件下本量利关系的一种方法。

采用加权平均边际贡献率法计算多种产品保本点销售额的关键，是根据各种产品的销售单价、单位变动成本和销售量计算出一个加权平均边际贡献率，然后根据固定成本总额和加权平均边际贡献率计算出综合保本点销售额。其计算公式为：

$$加权平均边际贡献率 = \sum 某产品的边际贡献率 \times 该产品的销售比重$$

$$综合保本点销售额 = \frac{固定成本总额}{加权平均边际贡献率}$$

$$某产品的保本点销售额 = 该产品的销售比重 \times 综合保本点销售额$$

$$某产品的保本点销售量 = \frac{某产品的保本点销售额}{该产品单价}$$

🖥 例4-1

某企业计划生产 A、B、C 三种产品，计划年度预计固定成本总额为 270 000 元，产品相关资料表如表 4-2 所示。请根据加权平均边际贡献率法，计算该企业三种产品各自的保本点销售量和保本点销售额。

表4-2　产品相关资料表

序号	项目	A 产品	B 产品	C 产品	合计
①	单价 /（元 / 件）	200	300	500	
②	单位变动成本 /（元 / 件）	120	150	300	
③	单位边际贡献 /（元 / 件）	80	150	200	
④	边际贡献率（③÷①）	40%	50%	40%	
⑤	销售量 / 件	1 200	2 000	720	
⑥	销售额 / 元（①×⑤）	240 000	600 000	360 000	1 200 000
⑦	销售比重（⑥÷Σ⑥）	20%	50%	30%	100%
⑧	边际贡献额 / 元（③×⑤）	96 000	300 000	144 000	540 000

解析：

该企业的保本点计算如下。

加权平均边际贡献率 = 40%×20% + 50%×50% + 40%×30% = 45%

综合保本点销售额 = 270 000 ÷ 45% = 600 000（元）

A 产品的保本点销售额 = 600 000 × 20% = 120 000（元）

A 产品的保本点销售量 = 120 000 ÷ 200 = 600（件）

B 产品的保本点销售额 = 600 000 × 50% = 300 000（元）

B 产品的保本点销售量 = 300 000 ÷ 300 = 1 000（件）

C 产品的保本点销售额 = 600 000 × 30% = 180 000（元）

C 产品的保本点销售量 = 180 000 ÷ 500 = 360（件）

② 综合边际贡献率法。综合边际贡献率法是指以各种产品边际贡献之和占各种产品销售收入之和的比重，确定企业综合边际贡献率，然后根据固定成本总额和综合边际贡献率计算综合保本点销售额，进而分析多品种条件下本量利关系的一种方法。其计算公式为：

$$综合边际贡献率 = \frac{\sum(p-b) \times x}{\sum px} = \frac{各种产品边际贡献之和}{各种产品销售收入之和}$$

$$综合保本点销售额 = \frac{固定成本总额}{综合边际贡献率}$$

③ 联合单位法。联合单位法是指在事先确定各种产品间产销实物量比例的基础上，将各种产品产销实物量的最小比例作为一个联合单位，确定每一联合单位的单价、单位变动成本，进行本量利分析的一种分析方法。

该方法将多种产品保本点的计算问题转换为单一产品保本点问题的计算。根据存在稳定比例关系的产销量比，可以计算出每一联合单位的联合单位边际贡献和联合单位变动成本，并以此计算整个企业的联合保本点销售量以及各产品的保本点销售量。

🖥 例4-2

某公司生产销售 A、B、C 三种产品，销售单价分别为 200 元、300 元、400 元；预计销售量分别为 30 000 件、20 000 件、10 000 件；预计各产品的单位变动成本分别为 120 元、240 元、280 元；预计固定成本总额为 1 800 000 元。要求：按联合单位法进行多种产品的本量利分析。

解析：

产品销量比 = A∶B∶C = 3∶2∶1

联合单价 = 200 × 3 + 300 × 2 + 400 × 1 = 1 600（元）

联合单位变动成本 = 120 × 3 + 240 × 2 + 280 × 1 = 1 120（元）

联合保本量 = 1 800 000/（1 600 - 1 120）= 3 750（件）

各种产品保本销售量计算如下：

A 产品保本销售量 = 3 750 × 3 = 11 250（件）

B 产品保本销售量 = 3 750 × 2 = 7 500（件）

C 产品保本销售量 = 3 750 × 1 = 3 750（件）

④ 分别计算法。分别计算法是指在一定的条件下，将全部固定成本按一定标准在各种产品之间进行合理分配，确定每种产品应补偿的固定成本数额，然后再对每一种产品按单一品种条件下的情况分别进行本量利分析的方法。

⑤ 顺序法。顺序法是指按照事先规定的品种顺序，依次用各种产品的边际贡献补偿整个企业的全部固定成本，直至全部由产品的边际贡献补偿完为止，从而完成本量利分析的一种方法。顺序法又分为乐观排序和悲观排序。

乐观排序是指按照各种产品的边际贡献率由高到低排列，边际贡献率高的产品先销售、先补偿，边际贡献率低的后出售、后补偿。而悲观排序则假定各产品品种销售顺序与乐观排列相反。

例 4-3

延续例 4-2，要求：按顺序法进行多种产品的本量利分析。

解析：

（1）乐观排序。A、B、C 三种产品乐观排序表如表 4-3 所示。

表4-3　A、B、C三种产品乐观排序表

金额单位：元

序号	品种	边际贡献率	销售收入	累计销售收入	边际贡献	累计边际贡献	固定成本补偿额	累计固定成本补偿额	累计损益
1	A	40%	600 000	600 000	240 000	240 000	180 000	180 000	60 000
2	C	30%	400 000	1 000 000	120 000	360 000	0	180 000	180 000
3	B	20%	600 000	1 600 000	120 000	480 000	0	180 000	300 000

要想达到保本状态，A 产品的销售额（量）需达到：

销售额 = 180 000 ÷ 40% = 450 000（元）

销售量 = 450 000 ÷ 200 = 2 250（件）

当 A 产品销售额达到 450 000 元，即销售 2 250 件时，企业保本。企业的保本状态与 B、C 产品无关。

（2）悲观排序。A、B、C三种产品悲观排序如表4-4所示。

表4-4　A、B、C三种产品悲观排序表

金额单位：元

序号	品种	边际贡献率	销售收入	累计销售收入	边际贡献	累计边际贡献	固定成本补偿额	累计固定成本补偿额	累计损益
1	B	20%	600 000	600 000	120 000	120 000	120 000	120 000	−60 000
2	C	30%	400 000	1 000 000	120 000	240 000	60 000	180 000	60 000
3	A	40%	600 000	1 600 000	240 000	480 000	0	180 000	300 000

企业要想达到保本状态，B产品的销售量需达到2 000件，此时销售额为600 000元。

C产品的销售额（量）需达到：

销售额＝60 000÷30%＝200 000（元）

销售量＝200 000÷400＝500（件）

当B产品销售额达到600 000元，即销售2 000件，同时，C产品销售额达到200 000元，即销售500件时，企业保本。企业的保本状态与A产品无关。

⑥主要产品法。在企业产品品种较多的情况下，如果存在一种产品是主要产品，它提供的边际贡献占企业边际贡献总额的比重较大，代表了企业产品的主导方向，则可以按该主要品种的有关资料进行本量利分析，视同于单一品种。

5. 安全边际分析

安全边际指现有销售量（额）超过保本点销售量（额）的差额，表明从现有销售水平到盈亏临界点有多大的差距，或者说，现有的销售量（额）再降低多少，才会发生亏损。安全边际越大，发生亏损的风险就越小。安全边际图如图4-2所示。

表示安全边际的方法有以下三种。

一是用实物数量来表示，即安全边际量；二是用货币金额来表示，即安全边际额；三是用相对数来表示，即安全边际率。

（1）安全边际量。安全边际量从业务量的角度来反映安全边际，计算公式如下：

安全边际量＝现有销售量－保本点销售量

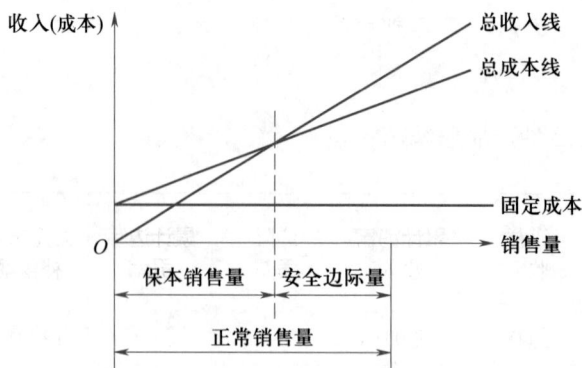

图 4-2　安全边际图

（2）安全边际额。安全边际额从销售额的角度来反映安全边际，计算公式如下：

$$安全边际额 = 现有销售额 - 保本点销售额$$

（3）安全边际率。安全边际率是安全边际量（额）占现有销售量（额）的百分比，计算公式如下：

$$安全边际率 = 安全边际量 \div 现有销售量 \times 100\%$$

$$= 安全边际额 \div 现有销售收入 \times 100\%$$

一般来讲，安全边际体现了企业在生产经营中的风险程度大小。由于保本点是下限，因此，目标销售量（额）和实际销售量（额）二者与保本点销售量（额）差距越大，安全边际或安全边际率越大，反映出该企业经营风险越小；反之，则相反。

6. 保利点分析

（1）保利点分析模型。保利点分析，又称目标利润预测分析，是在保本点分析的基础之上，分析计算为确保目标利润能够实现而应达到的销售量或销售额。如果企业在经营活动开始前，根据有关收支状况预测确定了目标利润，那么，通过保利点分析模型计算就可以清楚地了解为实现目标利润而必须达到的销售数量和销售金额。计算公式如下：

$$目标利润 = (单价 - 单位变动成本) \times 销售量 - 固定成本总额$$

$$保利量 = (固定成本总额 + 目标利润) / (单价 - 单位变动成本)$$

$$= (固定成本总额 + 目标利润) / 单位边际贡献$$

$$保利额 = (固定成本总额 + 目标利润) / 边际贡献率$$

或：
$$保利额 = 保利量 \times 单价$$

（2）保净利点分析。保利点分析中的目标利润是税前利润。对企业而言，分析计算为确保目标税后利润能够实现而应达到的销售量或销售额更具有现实意义。保净利点又称实现目标净利润的业务量。相关计算公式如下：

$$税前利润 = \frac{税后利润}{1 - 所得税税率}$$

$$保净利量 = \frac{固定成本 + \dfrac{税后目标利润}{1 - 所得税税率}}{单位产品边际贡献}$$

$$保净利额 = \frac{固定成本 + \dfrac{税后目标利润}{1 - 所得税税率}}{边际贡献率} = 保净利量 \times 单价$$

💻 **例 4-4**

某企业生产乙产品，单价 35 元 / 件，单位变动成本 15 元 / 件，固定成本总额为 20 000 元，税后目标利润为 90 000 元，企业所得税税率为 25%，计算企业的保净利量和保净利额。

解析：

保净利量 =[20 000 + 90 000 ÷（1−25%）]÷（35 − 15）= 7 000（件）

保净利额 = 7 000 × 35 = 245 000（元）

（二）敏感性分析

敏感性分析是指从定量分析的角度研究有关因素发生某种变化对某一个或一组关键指标影响程度的一种不确定分析技术。其实质是通过逐一改变相关变量数值的方法来解释关键指标受这些因素变动影响大小的规律。

敏感性因素一般可选择主要参数（如销售收入、经营成本、生产能力、初始投资、寿命期、建设期、达产期等）进行分析。若某参数的小幅度变化能导致经济效果指标的较大变化，则称此参数为敏感性因素，反之则称其为非敏感性因素。

利润的敏感性分析是指专门研究制约利润的有关因素在特定条件下发生变化时对利润所产生影响的一种敏感性分析方法。进行利润敏感性分析的主要目的是计算有关因素的利润灵敏度指标，揭示利润与有关因素之间的相对关系，并利用灵敏度指标进行利润预测。

利润敏感分析通常假定在其他参数不变的情况下，分析某一个参数（如单价、销售量、单位变动成本、固定成本）发生特定变化时对利润的影响。基于本量利关系的敏感性分析主要研究相关参数变化多大会使企业由盈利转为亏损、各参数变化对利润变化的敏感程度，以及各参数变化时为保障目标利润实现应如何调整销售量。具体方法包括最大最小法和敏感程度法。

1. 最大最小法

敏感性分析的目的就是确定使企业由盈利转为亏损的各有关因素变化的极限值，就是在保本状态下价格和销售量的最小允许值，单位变动成本和固定成本的最大允许值。与目标利润同方向变化的参数，计算出的是最小临界值；与目标利润反方向变化的参数，计算出的是最大临界值。

由本量利的基本模型 $Y=(p-b)x-a$，当目标利润为零时，即 $Y=(p-b)x-a=0$，其余四个因素的最小、最大值。计算公式分别如下：

$$x=\frac{a}{p-b}$$

$$p=\frac{a}{x}+b$$

$$b=p-\frac{a}{x}$$

$$a=(p-b)x$$

2. 敏感程度法

影响目标利润的各因素变化程度对目标利润的影响程度各不相同，有些因素发生微小的变化就会导致利润较大的变化，即利润对这些因素的变化非常敏感。有些因素则相反。

（1）敏感系数。敏感系数反映的是因素值变化的百分比对目标值变化的百分比的影响程度，计算公式如下：

$$敏感系数=\frac{目标值变化的百分比}{因素值变化的百分比}$$

通常用敏感系数反映利润对各因素的敏感程度，计算公式如下：

$$敏感系数 = \frac{利润变化的百分比}{因素值变化的百分比}$$

（2）敏感系数的计算步骤。

① 根据给定参数的预期值计算息税前利润（假设没有利息和所得税）。

② 假设其他参数不变，计算某个参数变化后的息税前利润。

③ 计算该参数的敏感系数，即：

$$敏感系数 = \frac{息税前利润变化百分比}{选定参数变化百分比}$$

敏感系数的正负反映因素变动与利润变动的方向，敏感系数为正，表示影响因素与利润同方向变动；敏感系数为负，表明影响因素与利润反方向变动。各因素敏感性的强弱取决于敏感性的绝对值，与正负无关，正负仅代表变动方向，绝对值越大，因素敏感性越强，反之越弱。

（三）差量分析

差量分析就是分析备选方案之间的差额收入和差额成本，根据差额利润进行选择的方法。在差量分析中，差额利润等于差额收入减去差额成本。差额收入等于两个方案的相关收入之差，差额成本等于两个方案相关成本之差。如果差额大于零，则前一个方案优于后一个方案；反之，则后一个方案优于前一个方案。通常可以通过编制差量分析表来计算差额利润的高低。

这种方法在分析过程中，只考虑相关收入和相关成本，对不相关因素不予考虑，因此较为简单明了，但对于两个以上的备选方案，只能两两进行比较，逐次筛选，故比较繁琐。

📑 【知识拓展与价值提升】

安全边际与企业利润的关系

安全边际量或安全边际额的数值越大，企业发生亏损的可能性就越小，企业也就越安全。很显然安全边际属于绝对数指标，不便于不同企业和不同行业之间进行比较，通常采用安全边际率这一指标来评价企业经营是否安全。同样地，安全边际率数值越大，企业发生亏损的可能性就越小，说明企业的业务经营也就越安全。企业经营安全性检验标准如表4-5所示。

表4-5　企业经营安全性检验标准

安全边际率	40%以上	30%~40%	20%~30%	10%~20%	10%以下
经营安全程度	很安全	安全	比较安全	值得注意	危险

只有安全边际才能为企业提供利润，而保本销售额扣除变动成本后只为企业收回固定成本。安全边际销售额减去其自身变动成本后成为企业利润，即安全边际中的边际贡献等于企业利润，因此，为企业运营保驾护航，树立安全意识，提高安全边际是关系企业运营效率的带有战略性、根本性的大事。

任务实施

营运计划制订

1. 预测2023年联创新能源公司电芯和电池包的保本销售量和保本销售额。

（1）根据联创新能源公司的相关数据，计算营运管理相关数据如表4-6所示。

表4-6　公司营运管理相关数据

项目	三元锂电芯523型（250 W·h）	三元锂电池523型（60 kW·h）
单价/（元/件）	258	66 285
单位变动成本/（元/件）	123.85	43 338.60
销售量/件	5 958 480	107 630
销售收入/元	1 537 287 840	7 134 254 550
销售比重	18%	82%
单位边际贡献/（元/件）	134.15	22 946.40
边际贡献率	0.52	0.35

项目	三元锂电芯523型（250 W·h）	三元锂电池523型（60 kW·h）
固定制造费用/元	52 971 684.10	229 228 315.90
销售费用/元	337 322 999	
管理费用/元	450 920 204	
研发费用/元	702 394 934	
固定成本合计/元	1 772 838 137	

（2）计算综合保本点销售额。

加权平均边际贡献率 = 0.52×18% + 0.35×82% = 0.380 6

综合保本点销售额 = 1 772 838 137 ÷ 0.380 6 ≈ 4 658 008 768（元）

（3）计算电芯的保本量。

电芯的保本点销售额 = 4 658 008 768×18% ≈ 838 441 578（元）

电芯的保本点销售量 = 838 441 578 ÷ 258 ≈ 3 249 774（件）

（4）计算电池包的保本量。

电池包的保本点销售额 = 4 658 008 768×82% ≈ 3 819 567 190（元）

电池包的保本点销售量 = 3 819 567 190 ÷ 66 285 ≈ 57 624（件）

2. 预测联创新能源公司电芯和电池包的安全边际量。

（1）计算电芯的安全边际量。

电芯的安全边际量 = 5 958 480 - 3 249 774 = 2 708 706（件）

（2）计算电池包的安全边际量。

电池包的安全边际量 = 107 630 - 57 624 = 50 006（件）

3. 联创新能源公司2023年计划采用新销售方案可行性分析。

（1）根据总产品本量利模型，计算原方案和新方案的税前利润。

原方案税前利润 =（258×5 958 480 + 66 285×107 630）-（123.85×5 958 480 + 43 338.6×107 630）- 1 772 838 137 = 1 496 212 987（元）

新方案税前利润 = [258×（5 958 480 + 40 000）+ 66 285×（107 630 + 8 000）] - [123.85×（5 958 480 + 40 000）+ 43 338.60×（107 630 + 8 000）] -（1 772 838 137 + 80 000 000）= 1 605 150 187（元）

（2）比较两个方案的税前利润，进行增加广告费的销售方案决策。

因为新方案税前利润 1 605 150 187 元高于原方案税前利润 1 496 212 987 元，因此，公司可以采用增加广告费的新销售方案。

4. 放宽信用期的决策方案可行性分析。

在分析时，先计算放宽信用期带来的盈利增加，然后计算增加应收账款投资所产生的成本费用增加，最后计算放宽信用期增加的税前损益，并做出判断。

$$盈利增加 = 增加的边际贡献 - 增加的固定成本$$

（1）计算盈利增加。

盈利增加 = 增加的边际贡献 - 增加的固定成本

$$= (115\ 630 - 107\ 630) \times (66\ 285 - 43\ 338.60) - 0 = 183\ 571\ 200（元）$$

（2）计算增加应收账款投资所产生的成本费用增加。

① 计算应收账款机会成本的增加。

变动成本率 $= 43\ 338.60 \div 66\ 285 \times 100\% \approx 65.38\%$

改变信用期导致的机会成本增加 = 60 天信用期应计利息 - 30 天信用期应计利息

$= 8\ 459\ 954\ 550 \div 360 \times 60 \times 65.38\% \times 15\% - 7\ 134\ 254\ 550 \div 360 \times 30 \times 65.38\% \times 15\%$

$= 66\ 972\ 121.91（元）$

② 计算收账费用和坏账损失增加。

收账费用增加 $= 4\ 000\ 000 - 3\ 000\ 000 = 1\ 000\ 000（元）$

坏账损失增加 $= 9\ 000\ 000 - 5\ 000\ 000 = 4\ 000\ 000（元）$

（3）计算增加的税前损益。

放宽信用期增加的税前损益 = 盈利增加 - 成本费用增加

$$= 183\ 571\ 200 - 66\ 972\ 121.91 - 1\ 000\ 000 - 4\ 000\ 000$$

$$= 111\ 599\ 078.1（元）$$

（4）放宽信用期方案决策分析。

由于放宽信用期增加的税前损益大于 0，故应放宽信用期，即采用 60 天信用期。

5. 现金折扣方案的可行性分析。

（1）计算盈利增加。

盈利增加 $= (115\ 630 - 107\ 630) \times (66\ 285 - 43\ 338.60) = 183\ 571\ 200（元）$

（2）计算应收账款占用资金的应计利息增加。

30 天信用期应计利息 $= 7\ 134\ 254\ 550 \div 360 \times 30 \times 65.38\% \times 15\%$

$$= 58\ 304\ 695.31（元）$$

提供现金折扣的平均收现期 $= 30 \times 50\% + 60 \times 50\% = 45（天）$

提供现金折扣的应计利息 $= 8\ 459\ 954\ 550 \div 360 \times 45 \times 65.38\% \times 15\%$

$$= 103\ 708\ 467.8（元）$$

应收账款占用资金的应计利息增加 $= 103\ 708\ 467.8 - 58\ 304\ 695.31$

$$= 45\ 403\ 772.53（元）$$

（3）计算收账费用和坏账损失增加。

收账费用增加 $= 4\ 000\ 000 - 3\ 000\ 000 = 1\ 000\ 000（元）$

坏账损失增加 $= 9\ 000\ 000 - 5\ 000\ 000 = 4\ 000\ 000（元）$

（4）估计现金折扣成本的变化。

现金折扣成本增加 $=$ 新的销售收入 $\times$ 享受现金折扣的顾客比例 $\times$ 新的现金折扣率 $-$ 旧的销售收入 $\times$ 享受现金折扣的顾客比例 $\times$ 旧的现金折扣率

$$= 8\ 459\ 954\ 550 \times 50\% \times 0.8\% - 7\ 134\ 254\ 550 \times 0 \times 0$$

$$= 33\ 839\ 818.2（元）$$

（5）计算增加的税前利润。

增加的税前损益 $=$ 盈利增加 $-$ 成本费用增加

$= 183\ 571\ 200 - (45\ 403\ 772.53 + 1\ 000\ 000 + 4\ 000\ 000 + 33\ 839\ 818.2)$

$= 99\ 327\ 609.27（元）$

（6）现金折扣方案分析。

由于增加的税前利润大于 0，故应当放宽信用期并提供现金折扣。

【即学即练】

交互式自测请扫描书侧二维码练习。

任务一
交互式自测

任务二　营运计划执行

任务资料

联创新能源公司三元锂电芯 523 型（250 W·h）产品的原材料正极材料（三元）的供应商出现了质量问题，为提高三元锂电芯 523 型（250 W·h）产品的质量，准备更换供应商。按照企业存货管理政策，企业通过经济订货批量进行采购以降低存货管理成本。企业向多家供应商进行了询价，给出的报价及相关信息如表 4-7 所示。根据工作领域二材料采购预算，正极材料（三元）全年采购量是 13 452 215 千克。

表 4-7　供应商一览表

原材料编码	名称	供应商	企业纳税类型	报价不含税/（元/千克）	订货成本/（元/次）	储存成本/（元/千克）	到货时间/天	付款方式	商业折扣
C1	正极材料（三元）	万顺电子	一般纳税人	120	200	9	3	n/30	单次采购30 000千克以上，享1%的商业折扣
C1	正极材料（三元）	万兴达	一般纳税人	115	196	8	4	1/10，n/30	单次采购30 000千克以上，享1%的商业折扣
C1	正极材料（三元）	爱信	一般纳税人	118	195	8	3	款到发货	无商业折扣
C1	正极材料（三元）	英特	一般纳税人	116.5	208	9	3	款到发货	无商业折扣
C1	正极材料（三元）	金河	一般纳税人	118	210	8	3	款到发货	无商业折扣
C1	正极材料（三元）	金岭	一般纳税人	121	200	9	3	款到发货	单次采购30 000千克以上，享1%的商业折扣

原材料编码	名称	供应商	企业纳税类型	报价不含税/（元/千克）	订货成本/（元/次）	储存成本/（元/千克）	到货时间/天	付款方式	商业折扣
C1	正极材料（三元）	春晖	一般纳税人	115.5	200	9	4	1/10,n/30	无商业折扣
C1	正极材料（三元）	金达	一般纳税人	121	196	8	3	款到发货	无商业折扣
C1	正极材料（三元）	杉杉	一般纳税人	122	198	8	3	款到发货	无商业折扣
C1	正极材料（三元）	松上	一般纳税人	119	200	8	4	1/10,n/20	无商业折扣
C1	正极材料（三元）	天齐	一般纳税人	116	200	8	4	款到发货	单次采购30 000千克以上，享1%的商业折扣
C1	正极材料（三元）	万峰	一般纳税人	116	197	9	3	n/30	无商业折扣
C1	正极材料（三元）	松林	一般纳税人	117	200	9	3	款到发货	无商业折扣
C1	正极材料（三元）	爱信	一般纳税人	115	200	6	3	款到发货	无商业折扣
C1	正极材料（三元）	鲁中	一般纳税人	121	200	9	3	款到发货	单次采购30 000千克以上，享1%的商业折扣

联创新能源公司2023年最大生产能力总电量为 8 GW·h，2022年销售量为 6 101 000 kW·h，2023年预计三元锂电芯525型（250 W·h）产品的最大产量为 210 320件，三元锂电池523型（60 kW·h）产品的最大产量只有876件，单位售价 72 000元/件，单位变动成本63 000元/件；公司接到甲客户发出追加三元锂电池 523型（60 kW·h）临时订单150件，出价70 000元/件，剩余生产能力无法转移，并且追加订货不需要追加专属成本；乙客户追加三元锂电池525型（60 kW·h）的临时订单200件，出价71 000元/件，但可能需要追加专属设备一台（三元锂电池产品型号改变需要增加新设备），每年专属固定成本为新增设备折旧500 000元；丙客户追加三元锂电池525型（60 kW·h）的临时订单150件，出价71 000元/件，剩余生产能力也可以对外出租，获取租金800 000元，追加订货需要追加专属设备一

台，每年专属固定成本为新增设备折旧 500 000 元。

联创新能源公司子公司华联公司生产三元锂电芯 523 型（250 W·h）的半成品，现有生产员工 1 350 人，工资采用基本工资加计件工资制，2023 年预算产量 180 万件。该行业有明显淡旺季，该半成品市场价格波动较大，因此，华联公司生产人员工资采用淡旺季生产工资计算模式，淡季生产人员人均工资实行基本工资制，每月 2 000 元，旺季生产人员工资实行计件工资制，计件单价为 100 元 / 件，因每年淡季长达 3 个月，人员流失严重。为防止人员流失，华联公司拟改进生产人员工资发放新方案，改计件单价为 90 元 / 件，但当淡季月计件工资低于 2 000 元 / 月时，按 6 000 元 / 月发放。

提示：采购材料时，如果全年剩余采购量不足 1.5 次，则一次性将剩余采购量全部采购；如果全年剩余采购量大于 1.5 次小于 2 次，则分两次采购，第一次正常采购，第二次采购余下的未采购量。当存在数量折扣时，如果存在上述情况，则一次性采购全部剩余采购量。最后一次采购量对仓库存储成本的例外影响忽略不计。

任务布置

1. 请根据经济订货批量，分析联创新能源公司更换供应商方案的可行性。
2. 请进行三元锂电池产品临时订单生产决策分析。
3. 请根据成本无差别点法，分析华联公司改进生产人员工资发放新方案的可行性。

知识准备

经审批的营运计划应以正式文件的形式下达执行。企业应逐级分解营运计划，按照横向到边、纵向到底的要求分解落实到各所属企业、部门、岗位或员工，确保营运计划得到充分落实。

经审批的营运计划应分解到季度、月度，形成月度的营运计划逐月下达、执行。各企业应根据月度的营运计划组织开展各项营运活动。企业应在月度营运计划的基础上开展月度、季度滚动预测，及时反映滚动营运计划所对应的实际营运状况，为企业资源配置的决策提供有效支持。

一、存货管理

为了保证生产或销售的经营需要，同时考虑价格往往较高，而整批购买比零购在价格上有优惠，企业会持有一定的存货。但是，过多的存货占用较多资金，并且会增加包括仓储费、保险费、维护费和管理人员工资在内的各项开支，因此，存货管理的目标是在保证生产或销售经营需要的前提下，最大限度地降低存货成本。

（一）存货成本的确定

存货的成本是指存货所耗费的总成本，是企业为存货发生的一切支出，主要包括以下几个项目。

1. 取得成本

取得成本是指为取得某种存货而支出的成本，分为订货成本和购置成本。订货成本指取得订单的成本，如办公费、差旅费、邮资、电话费、运输费等支出。订货成本中有一部分与订货次数无关，如常设采购机构的基本开支等，称为订货的固定成本；另一部分与订货次数有关，如差旅费、邮资等，称为订货的变动成本。订货次数等于存货年需要量与每次进货量之商。

2. 购置成本

购置成本又称采购成本，是指为购买存货而支出的成本，即存货本身的价值，经常用数量与单价的乘积来确定。订货成本加上购置成本，就等于取得成本，公式如下：

取得成本＝订货成本＋购置成本＝订货固定成本＋订货变动成本＋购置成本

3. 储存成本

储存成本是指为保持存货而发生的成本，包括存货占用资金所应计的利息、仓储费用、保险费用、存货破损和变质损失等。储存成本也分为固定储存成本和变动储存成本。固定储存成本与存货数量的多少无关，如仓库折旧、仓库职工的固定工资等。变动储存成本与存货的数量有关，如存货资金的应计利息、存货的破损和变质损失、存货的保险费用等。

4. 缺货成本

缺货成本是指由于存货供应中断而造成的损失，包括材料供应中断造成的停工损失、产成品库存缺货造成的拖欠发货损失和丧失销售机会的损失及造成的商誉损失等。缺货成本能否作为决策的相关成本，应视企业是否允许出现存货短缺而定。如果企业允许缺货，则缺货成本与存货数量呈反向关系，属于存货决策的相关成本；如果公司不允许发生缺货情形，此时缺货成本为零，也就无须考虑缺货成本了。

（二）基本经济订货批量确定

存货储备决策的目标是使存货始终保持在一个最优水平上。所谓最优水平，通常是指在一个能保证全年存货需求量的基础上，来确定最佳的采购批量、最佳的订货次数、最佳的再订货点，从而使存货储备既能满足需求，又能使存货相关总成本最低。经济订货批量是指在一定时期内能使存货相关总成本最低的每一次订货的数量。企业在确定经济订货批量时，需要设立一些假设条件，并在此基础上建立经济订货批量基本模型。

1. 经济订货批量基本模型

经济订货批量模型的假设条件如下：

（1）存货总需求量是已知常数。

（2）订货提前期是常数。

（3）货物是一次性入库。

（4）单位货物成本为常数，无批量折扣。

（5）库存储存成本与库存水平呈线性关系。

（6）货物是一种独立需求的物品，不受其他货物影响。

（7）不允许缺货，即无缺货成本。

设立上述假设后可知，经济订货批量下存货的相关成本只包括变动订货成本和变动储存成本。在全年存货需求量一定的前提下，订货成本的高低与采购批量成正比。因此，能够使一定时期订货成本和储存成本之和最低的采购批量即为经济订货批量，此时储存成本与订货成本相等，如图4-3所示。

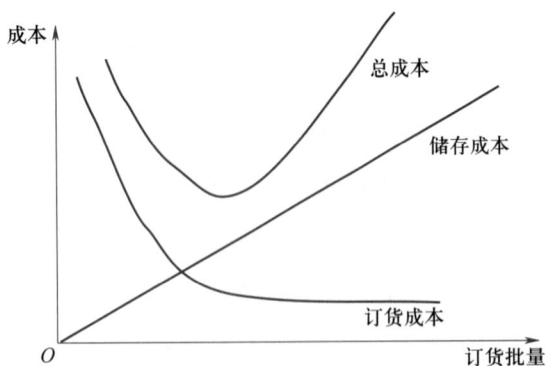

图4-3　经济订货批量模型

2. 最佳经济订货批量

经济订货批量模型下存货相关总成本

的计算公式如下：

$$TC = P \times D + \frac{Q}{2} \times C + \frac{D}{Q} \times K$$

式中，TC 为存货相关总成本，Q 为每批订货批量，C 为单位存货年储存成本，D 为全年需求总量，$\frac{D}{Q}$ 为最佳采购（订货）次数，K 为每次订货的成本，P 为采购单价。

对上式求导，得到最佳经济订货批量。

$$Q^* = \sqrt{\frac{2KD}{C}}$$

（三）商业折扣条件下经济订货批量确定

在实际工作中，购买存货通常还存在数量优惠，购买越多，企业可获得的价格优惠越大，即商业折扣。因此，在存在商业折扣的情况下，计算经济订货批量时，既要考虑存货的订货费用和储存成本，又要考虑存货的买价。因为此时的存货进价成本已经与订货数量的大小有直接的联系，属于决策的相关成本，存货的相关总成本应等于进价成本、订货费用及储存成本之和。

商业折扣条件下经济订货批量模型计算的基本步骤是：首先按照基本模型确定无商业折扣情况下的经济订货批量及其总成本，然后加以考虑不同批量的进价成本差异因素，通过比较确定出成本总额最低的订货批量，即有商业折扣时的经济订货批量。

📺 例4-5

甲公司A材料的年需要量为3 600 kg。销售企业规定：客户每批购买量不足900 kg的，按照单价为8元/kg计算；每批购买量900 kg（含）以上、1 800 kg以下的，价格优惠3%；每批购买量1 800 kg（含）以上的，价格优惠5%。已知订货费用为25元/批，单位材料的年储存成本为2元。要求计算实行数量折扣时的最佳经济订货批量。

解析：

（1）每次进货300 kg时的存货相关总成本为：

存货相关总成本 = 3 600 × 8 + 300 ÷ 2 × 2 + 3 600 ÷ 300 × 25

= 28 800 + 300 + 300 = 29 400（元）

（2）每次进货 900 kg 时的存货相关总成本为：

存货相关总成本＝3 600×8×（1−3%）+900÷2×2+3 600÷900×25

$$=27\ 936+900+100=28\ 936（元）$$

（3）每次进货 1 800 kg 时的存货相关总成本为：

存货相关总成本＝3 600×8×（1−5%）+1 800÷2×2+3 600÷1 800×25

$$=27\ 360+1\ 800+50=29\ 210（元）$$

通过比较，每次进货为 900 kg 时的存货相关总成本最低，因此，最佳经济订货批量为 900 kg。

二、临时订单生产决策

企业往往会面对一些临时的订货合同，这些订货合同的价格有时会低于市场价格，甚至低于平均单位成本。在决定是否接受这些临时订货时，决策分析的基本思路是比较该订单所提供的边际贡献是否大于该订单所产生的相关成本。企业管理人员应针对各种不同情况进行具体分析并做出决策。

（1）如果追加订货，不影响正常销售的完成，即利用剩余生产能力就可以完成追加订货，又不需要追加专属成本，而且剩余生产能力无法转移。这时，只要临时订单的单价大于该产品的单位变动成本就可以接受该追加订货。

（2）如果该订货要求追加专属成本，其他条件同（1），则接受该追加订货的前提条件就是该方案的边际贡献大于追加的专属成本。

（3）如果相关的剩余生产能力可以转移，其余条件同（1），则应该将转移剩余生产能力的可能收益作为追加订货方案的机会成本予以考虑，当追加订货创造的边际贡献大于机会成本时，则可以接受该订货。

（4）如果追加订货影响正常销售，即剩余生产能力不够生产全部的追加订货，从而减少正常销售，其余条件同（1），则由此而减少的正常边际贡献作为追加订货方案的机会成本，当追加订货的边际贡献足以补偿这部分机会成本时，则可以接受订货。

在生产经营决策中，如果生产能力不改变，固定成本总额通常不随业务量变动，而是稳定不变的，那么边际贡献分析法是其主要决策方法。边际贡献分析法是在成本性态分析的基础上，通过比较各备选方案的边际贡献大小确定最优方案的决策方法。

收入减去变动成本后的边际贡献越大，边际贡献减去固定成本后的利润也越大，即备选方案边际贡献的大小反映了其对企业目标利润的贡献大小。当把利润作为价值标准进行决策分析时，只需要比较各方案能够提供的边际贡献即可。边际贡献指标通常有边际贡献总额、剩余边际贡献、单位资源边际贡献、单位产品边际贡献和边际贡献率等，在短期经营决策中，通常需要比较的是边际贡献总额、剩余边际贡献和单位资源边际贡献，计算公式如下：

（1）边际贡献总额。

$$边际贡献总额 = 销售收入 - 变动成本总额$$

（2）剩余边际贡献。

$$剩余边际贡献 = 边际贡献总额 - 专属固定成本$$

（3）单位资源边际贡献。

① 不存在专属成本时，单位资源边际贡献计算公式如下：

$$单位资源边际贡献 = \frac{单位边际贡献}{单位产品资源消耗定额}$$

② 存在专属成本时，单位资源边际贡献计算公式如下：

$$单位资源边际贡献 = \frac{剩余边际贡献}{资源消耗总额}$$

专属成本是指可以明确归属于某种产品或某个部门的固定成本。

三、人工成本决策

人工成本决策主要基于人工的成本构成，选择人工总成本最低的方案为最优人工成本决策方案，主要决策方法是成本平衡点分析法。

成本平衡点分析法是指在各备选方案的相关业务量为不确定因素时，通过判断不同水平上的业务量与成本平衡点业务量之间的关系，作出互斥方案决策的一种方法。

（1）成本平衡点。成本平衡点又称成本无差别点，成本平衡点就是使两个备选方案预期成本相等的业务量。

假设企业有甲、乙两个备选方案，甲方案的固定成本大于乙方案的固定成本，甲方案的单位变动成本小于乙方案的单位变动成本。设甲方案的固定成本为 a_1，单位变动成本为 b_1，设乙方案的固定成本为 a_2，单位变动成本为 b_2，假设成本无差别

点的业务量为 $a_1 > a_2$，$b_1 < b_2$，令甲、乙两个方案的总成本相等，此时计算出的业务量就是成本平衡点的业务量即成本无差别点的业务量，如图4-4所示。

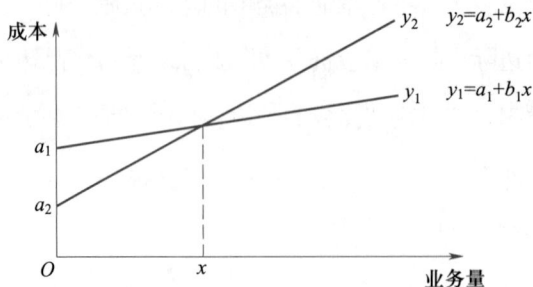

图4-4　成本无差别点分析

$$a_1 + b_1 x = a_2 + b_2 x$$

$$x = \frac{a_1 - a_2}{b_2 - b_1}$$

即：
$$成本平衡点业务量 = \frac{两方案相关固定成本之差}{两方案单位变动成本之差}$$

（2）成本平衡点分析。成本平衡点分析法的决策规则为成本最低原则。当预计业务量大于成本平衡点业务量时，应以固定成本总额较高而单位业务量变动成本较低的方案为最优方案；当预计业务量小于成本平衡点业务量时，应以固定成本总额较低而单位业务量变动成本较高的方案为最优方案。

成本平衡点分析法适用于业务量不确定的零部件自制或外购的决策和生产工艺技术方案的决策。与产量分析法不同，成本平衡点分析选择成本最低的方案，收入为无关因素，不予考虑。

四、新产品决策

开发何种新产品决策属于互斥方案决策的类型，是指在企业存在剩余生产能力的情况下，从两个或两个以上备选新产品中选择出最优产品进行开发的决策。开发何种新产品决策通常分为两种类型：一种是不追加专属成本的新产品决策；另一种是需要追加专属成本的新产品决策。

（一）不追加专属成本的新产品决策

在开发何种新产品决策中，如果备选方案中都不涉及追加专属成本，可采用单位资源贡献毛益法进行分析。

（二）需要追加专属成本的新产品决策

当生产何种新产品决策的备选方案中涉及追加专属成本时，可使用差别损益分析法进行决策。

【知识拓展与价值提升】

企业文化与营运管理

企业文化是企业在生产经营实践中形成的具有其特色的企业愿景、企业精神、价值观念、道德规范和行为规范等。企业文化形成基础来源于企业长期稳定的经济理念，是其在长期生产经营、改革发展中倡导、积累、筛选、提炼形成的，是企业的灵魂，是推动企业持续发展的内在动力，是提升企业形象、增加企业价值的无形资产，也是企业核心竞争力的形成要素和重要组成部分。

一、企业文化的作用

（一）塑造企业管理风格，凝聚企业核心竞争力

企业文化有其文化特色，企业领导者由于个人魅力、生活环境和受教育水平的差异造就了不一样的经营管理风格。而企业文化独具一格的能力就在于塑造不同的企业管理风格，引导企业领导创造出更适应企业自身发展与市场环境的管理方式，使企业员工不由自主地为之奋斗与自豪；激发企业发展潜力，凝聚企业核心竞争力。

（二）提升员工综合水平，增强员工心理归属

优秀的企业文化培养员工的职业认同感，使其自觉遵守企业规章制度。在企业文化塑造和建设过程中，以知识文化丰富员工精神世界，提高员工综合素质和职业技术业务水平，同时营造浓厚学习氛围，贯彻企业团队精神，增强员工的认同感和归属感。

（三）有助于企业战略决策，促进企业良好发展

企业战略决策影响到企业持续发展能力和发展方向。优秀的企业文化有助于管理层做出正确的战略决策。正确的战略将会带给员工更大的发展空间，更好地促进企业发展。

二、企业文化的建设

企业文化分为三个层次，即物质文化层、制度文化层和精神文化层。

（一）物质文化层

物质文化层是最表层的企业文化，也称企业的"硬文化"，包括公司面貌、办公环境、硬件设施等，提升物质文化，应对公司硬件建设方面多下功夫，提升员工办公环境舒适度，设置企业标识，张贴企业文化标语，设立公示栏、光荣榜等。

（二）制度文化层

制度文化层是中间层次的企业文化，包括领导体制、人际关系、管理机制、激励机制以及各项规章制度和纪律等。

（三）精神文化层

精神文化是核心层的企业文化，也称企业的"软文化"，包括各种行为规范、价值观念、企业的群体素质、职工素质和优良传统等，被称为企业精神。

综上所述，企业文化建设是企业内涵层的建设，是企业提高运营管理水平的重要因素。

营运计划执行

任务实施

根据任务布置要求，分别完成各个任务：

1. 更换供应商方案的可行性分析。

根据供应商资料，利用 Excel 计算各个供应商采购存货的最佳经济订货批量和相关总成本，经过比较，确定经济订货批量下总成本最低的供应商为最佳供应商，以表 4-7 中万兴达公司为例，计算过程如下：

（1）计算最佳经济订货批量。

$$Q^* = \sqrt{\frac{2KD}{C}} = \sqrt{\frac{2 \times 196 \times 13\ 452\ 215}{8}} \approx 25\ 674\ （千克）$$

（2）计算年度最佳订货次数。

$$N = \frac{D}{Q} = 13\ 452\ 215 \div 25\ 674 \approx 524$$

（3）计算经济订货总成本。

总成本 = 13 452 215 × 115 + 25 674 ÷ 2 × 8 + 13 452 215 ÷ 25 674 × 196

= 1 547 210 117.66（元）

（4）因经济订货批量 25 675 千克未超过单次采购 30 000 千克以上享 1% 的商业折扣，因此，计算单次采购 30 000 千克的订货总成本。

采购次数 = 13 452 215 ÷ 30 000 = 448.41（次）

根据任务资料提示，采购次数应为 448 次。

总成本 = 13 452 215 × 115 × (1 − 1%) + 448 × 196 + 30 000 ÷ 2 × 8

= 1 531 742 485.75（元）

（5）根据 Excel 计算的数据，供应商经济订货总成本一览表如表 4-8 所示，选取单次采购 30 000 千克以上享 1% 的商业折扣总成本最低的万兴达供应商为最优供应商。

表 4-8　供应商经济订货总成本一览表

供应商	报价 /（元/千克）	订货成本 /（元/次）	储存成本 /（元/千克）	经济订货批量（取整）	总成本/元	扣除商业折扣后的总成本/元
万顺电子	120	200	9	24 452	1 614 485 863.57	1 598 347 742.00
万兴达	115	196	8	25 674	1 547 210 117.66	1 531 742 485.75
爱信	118	195	8	25 609	1 587 566 238.03	
英特	116.5	208	9	24 936	1 567 407 469.19	
金河	118	210	8	26 575	1 587 573 971.60	
金岭	121	200	9	24 452	1 627 938 078.57	1 611 665 434.85
春晖	115.5	200	9	24 452	1 553 950 896.07	
金达	121	196	8	25 674	1 627 923 407.66	
杉杉	122	198	8	25 805	1 641 376 667.93	
松上	119	200	8	25 935	1 601 021 062.92	
天齐	116	200	8	25 935	1 560 664 417.92	1 545 061 970.60
万峰	116	197	9	24 267	1 560 675 346.86	
松林	117	200	9	24 452	1 574 129 218.57	
爱信	115	200	6	29 947	1 547 184 406.15	
鲁中	121	200	9	24 452	1 627 938 078.57	1 611 665 434.85

2. 进行三元锂电池产品临时订单生产决策分析。

（1）计算甲客户追加150件三元锂电池523型（60 kW·h）产品的边际贡献总额。

产品边际贡献总额＝（70 000－63 000）×150＝1 050 000（元）

（2）计算乙客户追加200件三元锂电池525型（60 kW·h）产品的剩余边际贡献总额。

产品边际贡献总额＝（71 000－63 000）×200＝1 600 000（元）

产品剩余边际贡献总额＝1 600 000－500 000＝1 100 000（元）

（3）计算丙客户追加150件三元锂电池525型（60 kW·h）产品的剩余边际贡献总额和机会成本。

产品剩余边际贡献总额＝（71 000－63 000）×150－500 000＝700 000（元）

机会成本＝800 000（元）

（4）追加临时订单可行性分析。因联创新能源公司接受乙客户追加200件三元锂电池525型（60 kW·h）产品的利润高于其他客户追加产品的利润，因此，应选择接受乙客户追加的200件三元锂电池525型（60 kW·h）产品的临时订单。

3. 论证华联公司改进生产人员工资发放新方案的可行性。

（1）分析华联公司新方案产品相关信息。

新方案固定成本＝6 000×1 350×3＝24 300 000（元）

单位变动成本＝90（元／件）

（2）分析华联公司原方案产品相关信息。

原方案固定成本＝2 000×1 350×3＝8 100 000（元）

单位变动成本＝100（元／件）

（3）计算两个方案的成本无差别点业务量。

成本无差别点业务量＝（24 300 000－8 100 000）/（100－90）

＝1 620 000（件）

（4）比较预算产量和成本无差别点业务量，进行决策。

因2023年预算产量180万件＞成本无差别点业务量162万件，因此，华联公司应选择以固定成本总额较高而单位业务量变动成本较低的方案为最优方案，因此，新方案可行，华联公司应执行生产工人工资发放新方案。

交互式自测请扫描书侧二维码练习。

任务三　营运效果分析

任务资料

联创新能源公司三元锂电池 523 型产品 2022 年年初无存货，生产量为 85 000 件，实际销售量为 83 400 件，2022 年年末库存 1 600 件。2023 年生产量为 100 000 件，实际销售量为 101 600 件。连续两年，该型号产品在市场上的实际销售价格均为 67 500 元，其中单位变动成本为 43 400 元，单位变动销售费用为 6 000 元，另外，公司这两年固定制造费用没有变化，均为 282 200 000 元，固定性销售及管理费用为 837 400 000 元。联创新能源公司 2023 年资产负债表和利润表，如表 4-9 和表 4-10 所示。

表4-9　资产负债表

2023 年 12 月 31 日

会企 01 表
单位：元

资产	年末余额	年初余额	负债和所有者权益（或股东权益）	年末余额	年初余额
流动资产：			流动负债：		
货币资金	1 264 512 151.60	65 000 000.00	短期借款	—	—

资产	年末余额	年初余额	负债和所有者权益（或股东权益）	年末余额	年初余额
交易性金融资产	—	—	交易性金融负债	—	—
衍生金融资产	—	—	衍生金融负债	—	—
应收票据	—	—	应付票据	—	—
应收账款	293 965 287.02	203 763 750.00	应付账款	336 888 702.69	227 423 343.26
应收账款融资	0	0	预收款项	—	—
预付款项	0	0	合同负债	—	—
其他应收款	0	0	应付职工薪酬	91 383 839.10	76 964 300.00
存货	173 999 720.55	325 468 823.26	应交税费	237 026 036.06	97 430 000.00
合同资产	0	0	其他应付款	—	—
持有待售资产	0	0	持有待售负债	—	—
一年内到期的非流动资产	0	0	一年内到期的非流动负债	—	—
其他流动资产	0	0	其他流动负债	—	—
流动资产合计	1 732 477 159.17	594 232 573.26	流动负债合计	665 298 577.85	401 817 643.26
非流动资产：			非流动负债：		
债权投资	0	0	长期借款	413 442 341.08	—
其他债权投资	0	0	应付债券	—	—
长期应收款	0	0	其中：优先股	—	—
长期股权投资	0	0	永续债	—	—
其他权益工具投资	0	0	租赁负债	—	—
其他非流动金融资产	0	0	长期应付款	—	—

资产	年末余额	年初余额	负债和所有者权益（或股东权益）	年末余额	年初余额
投资性房地产	0	0	预计负债	274 615 075.32	45 235 436.00
固定资产	2 073 925 400.00	2 407 850 800.00	递延收益	—	—
在建工程	1 302 686 400.00	—	递延所得税负债	—	—
生产性生物资产	—	—	其他非流动负债	—	—
油气资产	—	—	非流动负债合计	688 057 416.40	45 235 436.00
使用权资产	—	—	负债合计	1 353 355 994.25	447 053 079.26
无形资产	64 800 000	66 600 000	所有者权益（或股东权益）：		
商誉	—	—	实收资本（或股本）	884 301 400	884 301 400
长期待摊费用	—	—	其他权益工具	—	—
递延所得税资产	—	—	其中：优先股	—	—
其他非流动资产	—	—	永续债	—	—
非流动资产合计	3 441 411 800	2 474 450 800	资本公积	647 316 000	647 316 000
			减：库存股	—	—
			其他综合收益	—	—
			专项储备	—	—
			盈余公积	162 354 267.09	42 464 000
			未分配利润	2 126 561 297.83	1 047 548 894
			所有者权益（或股东权益）合计	3 820 532 964.92	2 621 630 294
资产总计	5 173 888 959.17	3 068 683 373.26	负债和所有者权益（或股东权益）合计	5 173 888 959.17	3 068 683 373.26

表4-10 利润表

2023年

项目	全年
一、营业收入	8 671 542 390.00
减：营业成本	5 696 777 162.87
税金及附加	63 229 340.50
销售费用	337 322 999.00
管理费用	450 920 204.00
研发费用	702 394 934.00
财务费用	8 860 416.27
其中：利息费用	12 403 270.24
利息收入	3 542 853.97
加：其他收益	—
投资收益（损失以"-"号填列）	—
其中：对联营企业和合营企业的投资收益	—
以摊余成本计量的金融资产终止确认收益（损失以"-"号填列）	—
净敞口套期收益（损失以"-"号填列）	—
公允价值变动收益（损失以"-"号填列）	—
信用减值损失（损失以"-"号填列）	—
资产减值损失（损失以"-"号填列）	—
资产处置收益（损失以"-"号填列）	—
二、营业利润（亏损以"-"号填列）	1 412 037 333.36
加：营业外收入	—
减：营业外支出	—
三、利润总额（亏损总额以"-"号填列）	1 412 037 333.36
减：所得税费用	213 134 662.44
四、净利润（净损失以"-"号填列）	1 198 902 670.92
（一）持续经营净利润（净损失以"-"号填列）	1 198 902 670.92

项目	全年
（二）终止经营净利润（净损失以"－"号填列）	－
五、其他综合收益的税后净额	－
（一）不能重分类进损益的其他综合收益	－
1. 重新计量设定收益计划变动额	－
……	－
（二）将重分类进损益的其他综合收益	－
1. 权益法下可转损益的其他综合收益	－
……	－
六、综合收益总额	－
七、每股收益	－
（一）基本每股收益	－
（二）稀释每股收益	－

任务布置

1. 分析联创新能源公司 2023 年的盈利能力。

2. 分析联创新能源公司 2023 年的营运能力。

3. 根据完全成本法和变动成本法，计算联创新能源公司销售三元锂电池 523 型产品两年的税前利润，并对比分析两种成本计算方法下的税前利润。

知识准备

为了强化营运监控，确保企业营运目标的顺利完成，企业应结合自身实际情况，按照日、周、月、季、年等频率建立营运监控体系，并按照 PDCA 循环（P 为计划、D 为执行、C 为检查、D 为处理）管理原则，不断优化营运监控体系的各项机制，做好营运监控分析工作。

企业的营运监控分析是指以本期财务和管理指标为起点，通过指标分析查找异常，并进一步揭示差异所反映的营运缺陷，追踪缺陷成因，提出并落实改进措施，不断提高企业营运管理水平。

一、企业盈利能力分析

企业盈利能力是指企业获取利润的能力。盈利是企业的重要经营目标，它不仅关系到企业所有者的投资报酬，更是企业偿还债务的一个重要保障。因此，企业的债权人、所有者以及企业管理者都关心企业的盈利能力。评价企业盈利能力的指标主要有营业利润率、成本费用利润率、总资产净利率和净资产收益率等。

（一）营业利润率

营业利润是企业一定期间的营业利润与销售收入的比率。

1. 计算公式

$$营业利润率 = 营业利润 \div 营业收入 \times 100\%$$

2. 评价标准

营业利润率越高，表明企业市场竞争力越强，发展潜力越大，从而获利能力越强。

在实务中也常使用销售净利率、销售毛利率等指标来分析企业经营业务的获利水平。

$$营业（销售）净利率 = 净利润 \div 营业收入 \times 100\%$$

$$营业（销售）毛利率 = （营业收入 - 营业成本） \div 营业收入 \times 100\%$$

销售净利率是企业净利润与销售收入的比率，是指每 1 元销售收入所获得的利润，用于反映产品最终的盈利能力。销售毛利率是销售毛利与销售收入的比率。销售毛利越高，表明企业通过销售获取利润的能力越强。

（二）成本费用利润率

成本费用利润率是企业一定期间利润总额与成本费用总额的比率。

1. 计算公式

$$成本费用利润率 = 利润总额 \div 成本费用总额 \times 100\%$$

$$成本费用总额 = 营业成本 + 税金及附加 + 销售费用 + 管理费用 + 财务费用$$

2. 评价标准

该指标值越高，反映企业为取得利润而付出的代价越小，成本费用控制得越好，获利能力越强。

（三）总资产净利率

总资产净利率是净利润与平均总资产的比率，反映每 1 元资产创造的净利润。

1. 计算公式

$$总资产净利率 =（净利润 \div 平均总资产）\times 100\%$$

$$总资产净利率 = 销售净利率 \times 总资产周转率$$

2. 评价标准

总资产净利率衡量的是企业资产的盈利能力。总资产净利率越高，表明企业资产的利用效果越好，影响总资产净利率的因素是销售净利率和总资产周转率。因此，企业可通过提高销售净利率、加速资产周转率来提高总资产净利率。

（四）净资产收益率

净资产收益率又称所有者权益报酬率，是企业一定时期的净利润与平均净资产总额的比率。

1. 计算公式

$$净资产收益率 = 净利润 \div 平均净资产总额 \times 100\%$$

$$平均净资产总额 =（年末净资产总额 + 年初净资产总额）\div 2$$

2. 评价标准

该指标体现了自有资本获得净收益的能力。一般认为，企业净资产收益率越高，企业净资产的获利能力越强，营运效益越好，对企业投资人、债权人的保障程度越高。净资产收益率越高，说明投资带来的收益越高；净资产收益率越低，说明企业所有者权益的获利能力越弱。如果企业的净资产收益率在一段时期内持续增长，说明资本的盈利能力稳定上升。但净资产收益率不是越高越好，分析时应注意企业的财务风险。

二、企业营运能力分析

企业的营运能力反映了企业的资金周转状况，可以了解企业的营业状况及经营管理水平。资金周转状况好，说明企业的经营管理水平高，资金利用效率高，企业可以以较少的投入获得较多的收益。企业营运能力分析主要包括流动资产营运能力分析、固定资产营运能力分析和总资产营运能力分析。

（一）流动资产营运能力分析

评价流动资产营运能力的指标主要有应收账款周转率、存货周转率和流动资产周转率。

1. 应收账款周转率

应收账款周转率是企业一定时期内商品或产品销售收入与应收账款平均余额的比率。应收账款周转率是评价应收账款流动性大小的一个重要财务指标，它反映了应收账款在一个会计年度内的周转次数，可以用来分析应收账款的变现速度和管理效率。该比率越高，说明应收账款的周转速度越快，流动性越强。

（1）计算公式。

$$应收账款周转率 = 销售收入 \div 应收账款平均余额$$

$$应收账款平均余额 =（期初应收账款 + 期末应收账款）\div 2$$

$$应收账款周转天数 = 360 \div 应收账款周转率 =（应收账款平均余额 \times 360）\div 销售收入$$

（2）评价标准。应收账款周转率反映企业应收账款变现速度的快慢及管理效率的高低。一般情况下，应收账款周转率越高越好。应收账款周转率高，表明企业收账迅速、账龄较短、资产流动性强、短期偿债能力强，可以减少收账费用和坏账损失。影响该指标正确计算的因素有季节性经营、大量使用分期付款结算方式、大量使用现金结算、年末大量销售或年末销售大幅度下降。这些因素都会对该指标的计算结果产生较大影响。此外，应收账款周转率过高，可能是奉行了比较严格的信用政策、信用标准和付款条件过于苛刻的结果。这会限制销售量的扩大，从而影响企业的盈利水平。这种情况往往表现为存货周转率同时偏低。如果企业的应收账款周转率过低，就说明企业催收应收账款的效率太低，或者信用政策过于宽松，这样会影响企业资金的利用效率和资金的正常周转。

2. 存货周转率分析

在流动资产中，存货所占比例较大，其流动性将直接影响企业的流动比率。存货周转率是指企业一定时期销售（营业）成本与存货平均余额的比率，是衡量企业生产经营各环节中存货运营效率的一个综合性指标。

（1）计算公式。

$$存货周转率（次数）= 主营业务成本 \div 存货平均余额$$

$$存货平均余额 =（存货年初数 + 存货年末数）\div 2$$

存货周转天数 = 360 ÷ 存货周转率 = (平均存货 × 360) ÷ 主营业务成本

（2）评价标准。一般来说，存货周转率越高越好，存货周转率越高，表明其变现的速度越快，周转额越大，资金占用水平越低。存货占用水平低，存货积压的风险就越小，企业的变现能力以及资金使用效率就越好。

3. 流动资产周转率

流动资产周转率是反映企业流动资产周转速度的指标，是指企业在一定时期销售（营业）收入净额同流动资产平均余额的比率。

（1）计算公式。

流动资产周转率（次数）= 销售（营业）收入净额 ÷ 流动资产平均余额

流动资产平均余额 =（期初流动资产 + 期末流动资产）÷ 2

流动资产周转天数 = 360 ÷ 流动资产周转率

（2）评价标准。在一定时期内，流动资产周转次数越多，表明以相同的流动资产完成的周转额越多，流动资产利用效果越好；反之，则削弱企业的营运能力。

（二）固定资产营运能力分析

反映固定资产营运能力的指标为固定资产周转率。固定资产周转率是企业一定时期销售（营业）收入与平均固定资产的比率，是衡量固定资产利用效率的一项指标。

（1）计算公式。

固定资产周转率 = 销售（营业）收入 ÷ 平均固定资产

平均固定资产 =（期初固定资产 + 期末固定资产）÷ 2

（2）评价标准。固定资产周转率主要用于分析企业大型固定资产的利用效率。固定资产周转率高，不仅表明企业充分利用了固定资产，同时也表明企业固定资产投资得当，固定资产结构合理，利用效率高。反之，固定资产周转率低，表明固定资产使用效率不高，提供的生产成果不多，企业的营运能力不强。

（三）总资产营运能力分析

反映总资产营运能力的指标是总资产周转率。总资产周转率是指企业一定时期销售（营业）收入净额同平均总资产的比率，可以用来反映企业全部资产的利用效率。

（1）计算公式。

总资产周转率 = 主营业务收入净额 ÷ 平均资产总额

平均资产总额 =（期初资产总额 + 期末资产总额）÷ 2

（2）评价标准。总资产周转率反映了企业全部资产的使用效率。该周转率高，说明全部资产的经营效率高，取得的收入多；该周转率低，说明全部资产的经营效率低，取得的收入少，最终会影响企业的获利能力。

三、企业偿债能力分析

（一）短期偿债能力分析

企业的短期偿债能力反映的是企业对偿还期限在1年以内的短期债务的偿付能力。短期偿债能力是指企业以变现速度较快的流动资产偿还流动负债的能力，它表明企业偿付日常到期债务的保障。短期偿债能力对企业至关重要，如果企业无法保持一定的短期偿债能力，则意味着不仅不能满足短期债权人的要求，在偿还长期债务方面也会存在问题。短期偿债能力是企业的任何利益关系人都应重视的问题，企业短期偿债能力对不同的报表使用者来说意义不同。

1. 流动比率分析

流动比率是指一定时期内企业的流动资产与流动负债的比率，是衡量企业短期偿债能力最常用的比率之一，它表明每一流动负债对应多少流动资产作为偿还保证，反映企业用其流动资产偿还到期债务的保障程度。其计算公式如下：

$$流动比率 = 流动资产 / 流动负债$$

一般情况下，流动比率越高越好。流动比率越高，反映企业短期偿债能力越强，债权人权益越有保证，表明企业可变现的资产相对较大，债权人遭受损失的风险就小。一般认为，流动比率达到2时较为适当，说明企业财务状况比较稳妥可靠，这时债权人的权益保证越强。当流动比率下限为1，这时短期债务偿还受到威胁，如果该指标值过低，则表明企业短期变现能力较强的流动资产少，难以偿付可能到期的债务。因此，银行信贷在对企业信用评价时对此指标分析尤为重视。

2. 速动比率分析

由于流动资产中的存货存在潜亏，应收账款存在坏账等风险，且这些资产项目的变现性较弱，有时企业流动比率虽然很高，但是流动资产中易于变现、具有即刻支付能力的资产却很少，则企业的短期偿债能力仍然很差。因此，流动比率有时不能很好地反映企业短期偿债能力，所以在计算速动比率时应将存货等流动性较差的资产予以剔除。速动比率的计算公式如下：

$$速动比率 = 速动资产 / 流动负债$$

速动资产 = 流动资产 − 存货 − 预付账款 − 一年内到期的非流动资产 − 其他流动资产

（二）长期偿债能力分析

长期偿债能力反映企业保证未来到期债务（一般为 1 年以上）有效偿付的能力，或者说是在企业长期债务到期时，企业偿还长期负债的能力。反映企业长期偿债能力的指标主要有资产负债率、产权比率、权益乘数和已获利息倍数等。

1. 资产负债率分析

资产负债比率是企业负债总额与资产总额的比率。资产负债率是从总体上反映企业长期偿债能力以及对债权人权益的保障程度。该指标用于衡量企业利用负债融资进行财务活动的能力，也是显示企业财务风险的重要指标。其计算公式如下：

$$资产负债率 = 负债总额 / 资产总额 \times 100\%$$

一般情况下，资产负债率越低，表明企业长期偿债能力越强。通常认为，资产负债率介于 30% ~ 40% 是比较合理的，资产负债率过低不能充分利用负债经营的好处，资产负债率过高又会给企业带来巨大的财务风险。资产负债率超过 60%，企业可能面临着一定的财务风险；资产负债率超过 80%，企业财务风险加剧，可能面临着较大的压力；资产负债率超过 100%，企业财务风险有可能会转化成危机，这时企业存在的不仅仅是财务风险问题了，很可能牵动着企业的生存。对债权人来说，该指标越小越好，这样企业的长期偿债越有保证，信贷资金的安全性越高。对证券投资者来说，较高的资产负债率，意味着企业偿债压力大，严重的恶果会造成企业资金断裂而倒闭，给投资者带来投资风险。

2. 产权比率分析

产权比率是指负债总额与所有者权益总额之间的比率。它反映企业所有者权益对债权人权益的保障程度。其计算公式为：

$$产权比率 = 负债总额 / 所有者权益总额 \times 100\%$$

一般情况下，产权比率越低越好。产权比率越低，表明企业的长期偿债能力越强，债权人权益的保障程度越高，承担的风险越小。反之，这一比率越高，则表明企业的长期偿债能力越低。产权比率实际上是资产负债率的另一种表现形式，更侧重于企业资本结构的稳健程度以及对偿债风险的承受能力。

3. 权益乘数分析

权益乘数又称权益总资产率，是指资产总额与所有者权益总额之间的比率。其计算公式为：

$$权益乘数 = 资产总额 / 所有者权益总额$$

$$权益乘数 = 1 + 产权比率$$

$$权益乘数 = 1 / （1 - 资产负债率）$$

权益乘数表明企业资产总额是所有者权益的倍数。该比率越大，表明所有者投入的资本在资产总额中所占比重越小，对负债经营利用的越充分，但同时也说明企业的长期偿债能力越弱。反之，该指标越小，反映所有者投入的资本在资产总额中所占比重越大，企业的长期偿债能力越强。

4. 已获利息倍数分析

已获利息倍数是指企业一定时期息税前利润与利息支出的比率，反映了获利能力对债务偿付的保证程度。其中，息税前利润总额指利润总额与利息支出的合计数，利息支出指实际支出的借款利息、债券利息等。其计算公式为：

$$已获利息倍数 = 息税前利润总额 / 利息支出$$

$$息税前利润总额 = 利润总额 + 利息支出$$

一般情况下，已获利息倍数越高越好。已获利息倍数越高，表明企业长期偿债能力越强。通常认为该指标为3时较为适当。已获利息倍数不仅反映了企业获利能力的大小，而且反映了获利能力对偿还债务的保证程度，它既是企业举债经营的前提依据，也是衡量企业长期偿债能力大小的重要标志。

【知识拓展与价值提升】

杜邦分析法

杜邦分析法是一种用来评价公司盈利能力和股东权益回报水平，从财务角度评价企业绩效的经典方法。杜邦分析法利用几种主要的财务比率之间的关系来综合地分析企业的财务状况，这种分析方法最早由美国杜邦公司使用，故名杜邦分析法。杜邦分析图如图4-5所示。

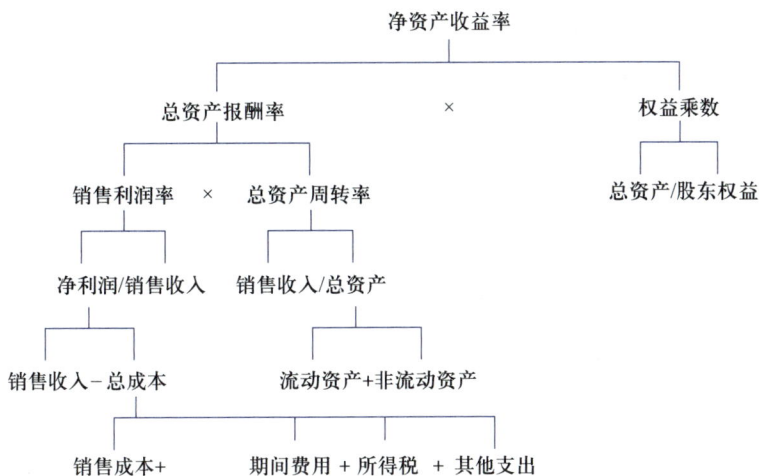

图 4-5　杜邦分析图

净资产收益率，也称股东权益报酬率，是杜邦分析系统的起点和核心。该指标的高低反映了投资者的净资产获利能力的大小。净资产收益率是由销售利润率、总资产周转率和权益乘数决定的。杜邦分析的基本思想是将企业的净资产收益率逐级分解为多项财务比率的乘积，将若干个用以评价企业经营效率和财务状况的比率按其内在联系有机地结合起来，形成一个完整的指标体系，并最终通过权益收益率来综合反映。采用这一方法，可使财务比率分析的层次更清晰、条理更突出，为报表分析者全面仔细地了解企业的经营和盈利状况提供方便。

杜邦分析法有助于企业管理层更加清晰地看到净资产收益率的决定因素，以及销售净利润率与总资产周转率、债务比率之间的相互关联关系，给管理层提供一张明晰地考察公司资产管理效率和是否最大化股东投资回报的路线图。

杜邦分析法的基本步骤为：①从净资产报酬率开始，根据会计资料（主要是资产负债表和利润表）逐步分解计算各指标；②将计算出的指标填入杜邦分析图；③逐步进行前后期对比分析，也可以进一步进行企业间的横向对比分析。

任务实施

根据任务布置要求，分别完成各个任务：

1. 分析联创新能源公司 2023 年的盈利能力。

营运效果分析

（1）计算营业利润率。

营业利润率 = 营业利润 ÷ 营业收入 ×100%

$$= 1\ 412\ 037\ 333.36 \div 8\ 671\ 542\ 390 \times 100\% = 16.28\%$$

（2）计算成本费用利润率。

成本费用利润率 = 利润总额 ÷ 成本费用总额 ×100%

$$= 1\ 412\ 037\ 333.36 \div (5\ 696\ 777\ 162.87 + 63\ 229\ 340.50 +$$

$$337\ 322\ 999 + 450\ 920\ 204 + 702\ 394\ 934 + 8\ 860\ 416.27) \times 100\%$$

$$= 19.45\%$$

（3）计算总资产净利率。

总资产净利率 = (净利润 ÷ 平均总资产) ×100%

$$= 1\ 198\ 902\ 670.92 \div [(5\ 173\ 888\ 959.17 + 3\ 068\ 683\ 373.26) \div 2] \times$$

$$100\%$$

$$= 29.09\%$$

（4）计算净资产收益率。

净资产收益率 = 净利润 ÷ 平均净资产总额 ×100%

$$= 1\ 198\ 902\ 670.92 \div [(3\ 820\ 532\ 964.92 + 2\ 621\ 630\ 294) \div 2] \times$$

$$100\%$$

$$= 37.22\%$$

2. 分析联创新能源 2023 年的营运能力。

（1）计算应收账款周转率。

应收账款周转率 = 销售收入 ÷ 应收账款平均余额

$$= 8\ 671\ 542\ 390 \div [(293\ 965\ 287.02 + 203\ 763\ 750) \div 2]$$

$$= 34.84\ (次)$$

（2）计算存货周转率。

存货周转率（次数）= 主营业务成本 ÷ 存货平均余额

$$= 5\ 696\ 777\ 162.87 \div [(173\ 999\ 720.55 + 325\ 468\ 823.26) \div 2]$$

$$= 22.81\ (次)$$

（3）计算流动资产周转率。

流动资产周转率（次数）= 销售（营业）收入净额 ÷ 流动资产平均余额

$$= 8\ 671\ 542\ 390 \div [(1\ 732\ 477\ 159.17 + 594\ 232\ 573.26) \div 2]$$

$$= 7.45$$

（4）计算总资产周转率。

总资产周转率 = 主营业务收入净额 ÷ 平均资产总额

$$= 8\ 671\ 542\ 390 \div [(5\ 173\ 888\ 959.17 + 3\ 068\ 683\ 373.26) \div 2]$$

$$= 2.10$$

3. 根据完全成本法和变动成本法，计算联创新能源公司销售三元锂电池 523 型产品两年的税前利润，并对比分析两种成本计算方法下的税前利润。

（1）根据变动成本法，计算联创新能源公司两年的税前利润。

2022 年税前利润 = 营业收入 − 变动成本 − 固定成本

$$= 83\ 400 \times 67\ 500 - 83\ 400 \times (43\ 400 + 6\ 000) -$$

$$(282\ 200\ 000 + 837\ 400\ 000)$$

$$= 389\ 940\ 000 （元）$$

2023 年税前利润 = 营业收入 − 变动成本 − 固定成本

$$= 101\ 600 \times 67\ 500 - 101\ 600 \times (43\ 400.00 + 6\ 000) -$$

$$(282\ 200\ 000 + 837\ 400\ 000)$$

$$= 719\ 360\ 000 （元）$$

（2）根据完全成本法，计算联创新能源公司两年的税前利润。

2022 年税前利润 = 营业收入 − 营业成本 − 管理费用 − 销售费用

$$= 83\ 400 \times 67\ 500 - 83\ 400 \times (43\ 400 + 282\ 200\ 000 \div$$

$$85\ 000) - 83\ 400 \times 6\ 000 - 837\ 400\ 000)$$

$$= 395\ 252\ 000 （元）$$

2023 年税前利润 = 营业收入 − 营业成本 − 管理费用 − 销售费用

$$= 101\ 600 \times 67\ 500 - 100\ 000 \times (43\ 400 + 282\ 200\ 000 \div$$

$$100\ 000) - 1\ 600 \times (43\ 400 + 282\ 200\ 000 \div 85\ 000) -$$

$$101\ 600 \times 6\ 000 - 837\ 400\ 000$$

$$= 714\ 048\ 000 （元）$$

（3）对比分析两种成本计算方法下的税前利润。

同一时期两种不同成本计算方法下，税前利润结果是不同的。2022 年，完全成本法下的税前利润 395 252 000 元高于变动成本法下的税前利润 389 940 000 元，2022 年销售量低于生产量；2023 年，完全成本法下的税前利润 714 048 000 元低于变动成本法下的税前利润 719 360 000 元，而 2023 年销售量高于当年生产量。在这两年中，我们发现联创新能源公司采用完全成本法核算时，销售和税前利润之间脱节，销售量越大反而利润越低，最终利润表中当期的税前利润和公司的实际经营情况不符，而变动成本法则可以准确地反映销售量和利润的关系，因此联创新能源公司采用变动成本法进行分析决策更合理。

【即学即练】

交互式自测请扫描书侧二维码练习。

任务三
交互式自测

投融资管理

知识目标

◆ 熟悉企业常见的投资方式；

◆ 掌握投资项目现金流量的计算方法；

◆ 掌握投资评价指标的计算方法；

◆ 熟悉企业常见的融资渠道和融资方式；

◆ 掌握资金成本的计算方法；

◆ 掌握最佳资本结构的确定方法。

技能目标

◆ 能够搜集投资项目所需信息并进行筛选；

◆ 能够评价投资项目是否可行；

◆ 能够判断企业可行的融资方式，并计算资金成本；

◆ 能够选择最优融资方式。

素养目标

◆ 培养坚持不懈、细心耐心的精神；

◆ 培养认真严谨、精益求精的工匠精神；

◆ 培养对外沟通交流的能力。

知识导图

```
                              ┌─ 项目投资的计算期
                    ┌─────────┤   项目投资的现金流量
                    │ 投资管理 │
                    │         └─ 项目投资的评价指标
        ┌───────────┤
        │ 投融资管理 │
        └───────────┤
                    │         ┌─ 筹资渠道
                    │         │  筹资方式
                    └─────────┤
                      融资管理 │  资本成本的计算
                              └─ 资本结构的优化
```

情境引例

随着新能源汽车销售量的增长，动力电池需求量呈快速上升趋势，2020—2022 年三年国内动力电池总装机量及联创新能源公司总装机量如表 5-1 所示。

表5-1 2020—2022年国内动力电池装机量表

指标	2020 年	2021 年	2022 年
国内装机量／(GW·h)	62.2	63.6	154.5
联创新能源公司装机量／(GW·h)	3.6	4.61	6.101
市场占有率/%	5.79	7.25	3.95

根据有关机构预测，2023 年仍为全球电动车销量大年，叠加储能持续大幅增长，锂电池需求同比增加 70%。

目前，联创新能源公司最大产能为 8 GW·h。由于产能受限，2022 年动力电池市场占有率明显下降。企业管理层已经意识到这个问题，决定在 2023 年投资一个新的动力电池生产项目。

目前，市场上主流电池为三元锂电池和磷酸铁锂电池。

这两类电池各有所长。具体信息可查阅工作领域三有关资料。

联创新能源公司预计，今后磷酸铁锂电池的出货量将继续维持高位，所以决定投资一个磷酸铁锂动力电池生产项目。

任务一 投资管理

任务资料

根据情境引例的描述，联创新能源公司目前的产能限制了企业的发展，必须扩大生产规模才能促进企业的长远发展。同时，根据动力电池未来的发展趋势，联创新能源公司决定投资一个磷酸铁锂动力电池生产项目。

项目产品主要是 60 kW·h 电池包。项目将建成 10 条生产线，共计每年能生产 10 GW·h 动力电池产品。项目总投资约 43.5 亿元。整个项目计算期为 12 年，2 年建设期，10 年运营期。

项目通过引进动力电池自动化生产设备，在公司现有研发生产技术基础上，通过新项目投建，扩大公司生产规模，降低动力电池产品生产成本，提升产品技术水平，增强公司产品的市场竞争力。

项目计划总投资额为 43.5 亿元，其中，建筑工程费为 87 320 万元，工程建设其他费用为 11 810 万元，预备费 12 000 万元，设备购置及安装费 289 000 万元，铺底流动资金及原材料资金储备为 34 870 万元，具体见表 5-2 所示。

表5-2 碳酸铁锂电池项目投资项目表

项目	投资金额 / 元	比例
一、建筑工程费		
1. 土建工程	866 000 000	19.91%
生产建筑	716 000 000	16.46%
办公、生活等配套设施	150 000 000	3.45%
2. 室外配套设施工程	7 200 000	0.17%
小计	873 200 000	20.07%

项目	投资金额 / 元	比例
二、工程建设其他费用		
1．土地购置费	90 000 000	2.07%
2．建设管理费	3 600 000	0.08%
3．工程监理费	24 000 000	0.55%
4．前期咨询及勘察设计费	500 000	0.01%
小计	118 100 000	2.71%
三、预备费		
金额	120 000 000	2.76%
四、设备购置及安装费		
1．生产设备购置费及安装费	2 880 000 000	66.21%
生产设备购置费	2 800 000 000	64.37%
设备安装费	80 000 000	1.84%
2．办公设备及配套安装费	10 000 000	0.23%
小计	2 890 000 000	66.44%
五、铺底流动资金及原材料资金储备		
1．主材储备投资	180 000 000	4.14%
2．辅材储备投资	20 000 000	0.46%
3．铺底流动资金	148 700 000	3.42%
小计	348 700 000	8.02%
总投资额合计	4 350 000 000	100.00%

生产线所需设备清单如表 5-3 所示。

表5-3　生产线所需设备清单

序号	设备名称	金额 / 元	占比
1	电芯前段生产设备	1 421 880 000	49.20%
2	电芯后段生产设备	895 900 000	31.00%
3	电芯产线辅助及产线检测设备	66 470 000	2.30%

序号	设备名称	金额／元	占比
4	模组及电池包生产线各环节设备	433 500 000	15.00%
5	生产配套设备	62 250 000	2.15%
6	办公设备及配套	10 000 000	0.35%
	合计	2 890 000 000	100.00%

项目建设期为 24 个月，从 2023 年 4 月初开始至 2025 年 3 月底建成。项目进度计划内容包括工程施工，设备采购，设备安装调试等。建成后第一年达产率为 50%，从第二年起达产率达到 100%。项目进展情况如表 5-4 所示。

表5-4　项目进展情况

项目	T+1				T+2				T+3			
	Q1	Q2	Q3	Q4	Q1	Q2	Q3	Q4	Q1	Q2	Q3	Q4
工程施工												
设备采购												
设备安装、调试												
生产线投产												

注："T+1"表示开始建设的第一年，Q1 表示第一季度，依次类推。

设备采购期限比较长，在项目 T+1 的第二季度开始预付部分货款，T+2 的第二季度设备陆续到货，并支付全部余款。T+2 年末安装完毕。T+3 开始投产。建设期现金流量情况如表 5-5 所示。

表5-5　建设期现金流量情况

单位：元

项目	建设期		
	第 0 年	第 1 年	第 2 年
一、建筑工程费			
1. 土建工程			

项目	建设期		
	第 0 年	第 1 年	第 2 年
生产建筑	−358 000 000	−358 000 000	
办公、生活等配套设施	−75 000 000	−75 000 000	
2. 室外配套设施工程		−7 200 000	
小计	−433 000 000	−440 200 000	
二、工程建设其他费用			
1. 土地购置费	−90 000 000		
2. 建设管理费	−1 800 000	−1 800 000	
3. 工程监理费	−12 000 000	−12 000 000	
4. 前期咨询及勘察设计费	−500 000		
小计	−104 300 000	−13 800 000	
三、预备费			
金额	−120 000 000		
四、设备购置及安装费			
1. 生产设备购置费及安装费			
生产设备购置费	−108 086 400	−2 691 913 600	
设备安装费			−80 000 000
2. 办公设备及配套安装费			−10 000 000
小计	−108 086 400	−2 691 913 600	−90 000 000
五、铺底流动资金及原材料资金储备			
1. 主材储备投资			−180 000 000
2. 辅材储备投资			−20 000 000
3. 铺地流动资金			−148 700 000.00
小计			−348 700 000.00
建设期现金流量合计	−765 386 400.00	−3 145 913 600.00	−438 700 000.00

注：1. 预备费指总概算中用以弥补在编制初步设计和总概算时难以预料，而实际可能发生的费用。

2. 工程建设其他费用参考行业定价标准或公司现有相关项目费用的报价估算所得。

3. 铺底流动资金主要为维持项目日常生产经营所需的部分制造费用、销售费用、管理费用、研发费用以及人员工资，按照企业目前 3 个月左右的资金周转估算所得。铺底流动资金及原材料资金储备将在项目结束后收回。

长期资产折旧和摊销情况如表 5-6 所示。

表5-6　长期资产折旧和摊销情况表

序号	项目	原值/元	折旧（摊销）方法	折旧（摊销）年限/年	残值率	年折旧（摊销）额/元
1	电芯前段生产设备	1 421 880 000	直线法	10	0	142 188 000
2	电芯后段生产设备	895 900 000	直线法	10	0	89 590 000
3	电芯产线辅助及产线检测设备	66 470 000	直线法	10	0	6 647 000
4	模组及电池包生产线各环节设备	433 500 000	直线法	10	0	43 350 000
5	生产配套设备	62 250 000	直线法	10	0	6 225 000
6	办公设备及配套	10 000 000	直线法	5	0	2 000 000
7	土地使用权	90 000 000	直线法	40	0	2 250 000
8	房屋建筑物	1 111 300 000	直线法	20	0	55 565 000
	合计	4 091 300 000				347 815 000

项目投产第一年，产能达到 50%，所需人工为 1 450 人，投产第二年产能达到 100%，人工总定员为 2 900 人（包括生产人员、制造服务人员、管理人员）。所需人员通过社会招聘、学校招聘、内部调配等方式解决。生产人员采用计时工作制，每天工作 8 小时，每年工作日 250 天，每小时工资率为 30 元，每人年薪为 60 000 元。制造服务人员和管理人员采取固定年薪制，人均年薪分别为 96 000 元和 120 000 元。人工定员清单如表 5-7 所示。

表5-7　人工定员清单

项目	T+3/人	T+4之后/人	人均平均年薪/元	T+3总年薪/元	T+4及之后每年/元
生产人员	1 300	2 600	60 000	78 000 000	156 000 000
制造服务人员	120	240	96 000	11 520 000	23 040 000
管理人员	30	60	120 000	3 600 000	7 200 000
合计	1 450	2 900	—	93 120 000	186 240 000

根据投资部门和财务部门测算,磷酸铁锂电池成本估算单如表5-8所示。

表5-8　磷酸铁锂电池成本估算单

成本项目	名称	单位用量 /(kW·h)	计量单位	单位价格	单位成本 /[元/(kW·h)]
电芯材料（1个电芯250 W·h，1 kW·h由4个电芯组成）	正极材料（磷酸铁锂）	2.1	kg	35	73.5
	正极导电剂（AB）	0.044	kg	60	2.64
	正极粘贴剂（PVDF）	0.043	kg	150	6.45
	分散剂（NMP）	0.34	kg	20	6.8
	正极集流体（铝箔）	6.25	m²	1.05	6.56
	正极端子	4	个	1.63	6.52
	负极活性物质（石墨）	1.045	kg	50	52.25
	负极黏结剂1（SBR）	0.041	kg	200	8.2
	负极黏结剂2（CMC）	0.035	kg	50	1.75
	负极集流体（铜箔）	7.048	m²	6.5	45.81
	负极端子	4	个	4.8	19.2
	电解液（磷酸铁锂）	0.74	L	31	22.94
	隔膜（湿法涂覆）	13.08	m²	2.5	32.7
	外壳	4	套	1.9	7.6
	导热片	4	套	0.95	3.8
	电芯材料成本合计				296.72
模组材料（1个模组3 kW·h，由12个电芯组成）	电压控制器	0.333 333 333	套	250	83.33
	模组端子	0.333 333 333	套	19	6.33
	模组外壳	0.333 333 333	套	14	4.67
	模组连接器	0.333 333 333	套	7.5	2.5
	模组材料成本合计				96.83
电池包材料（1个电池包由20个模组构成）	PACK端子	0.016 666 667	套	119.88	2
	汇流条	0.016 666 667	套	120	2
	PACK外壳	0.016 666 667	套	2 880	48
	BMS	0.016 666 667	套	4 200	70
	热管理外界组件	0.016 666 667	套	240	4
	电池包成本合计				126

成本项目	名称	单位用量 /（kW·h）	计量单位	单位价格	单位成本 /[元/（kW·h）]
直接人工 [元/（kW·h）]	人工成本	0.052	工时	30	1.56
变动制造费用	电费	24.85	度	0.52	12.92
	水费、维修费用	1	单位	5	5
固定制造费用/年	设备折旧费(年折旧费)	290 000 000			
	房屋建筑折旧费	55 565 000			
	土地使用权摊销	2 250 000			
	车间管理人员薪酬	$T+3$		11 520 000	
		$T+4$		23 040 000	
	其他杂项	1 000 000			

项目投产后，项目的主要收入来源于动力电池销售收入，根据 2022 年市场同类产品销售情况，同类产品不含税平均售价为 832 元/（kW·h），考虑到原材料价格上升、市场竞争加剧和技术革新等综合因素，预计项目产品的售价将保持不变。项目的主要经营支出包括生产支出、税金及附加、管理费用、研发费用及销售费用等。其中，生产支出根据表 5-8 确定；税金及附加根据历史期间的税金及附加占收入的比例确定，近三年税金及附加占收入的平均比重为 0.65%；管理费用、研发费用及销售费用根据历史期间的各费用占营业收入的比例进行测算。所得税根据预计税前利润乘以 15% 确定。项目经营期第 6 年年初，将更换新的办公设备，预计共花费 10 000 000 元，设备折旧年限及折旧方法不变。

任务布置

1. 预测 $T+3$ 年和 $T+4$ 及以后各年的销售收入。

2. 根据 2020—2022 年税金及附加占营业收入的比例，采用算术平均法，预测项目的税金及附加占收入的比例。

3. 根据 2020—2022 年各项费用占营业收入的比例，采用算术平均法，预测项目各项费用占收入的比例。

4. 根据以上结果，预测经营期各期的现金流量。经营期现金流入量为营业收入。经营期现金流出量主要为经营中的付现成本，主要包括营业成本、税金及附加、销售费用、管理费用、研发费用、所得税等。其中，营业成本用生产成本预测值替代。各项经营成本中的非付现成本主要为折旧和摊销。因此，按照"现金净流量＝净利润＋折旧或摊销"的公式计算现金净流量。

5. 根据以上结果，预测项目计算期各期的现金流量。

6. 利用净现值法和内含报酬率法计算项目的净现值和内含报酬率，并判断项目是否可行。计算净现值时折现率为 6%，企业要求的最低报酬率也为 6%。

知识准备

项目投资是指企业与形成资本性资产有关的生产性资产投资。生产性资产投资是指企业将资金投放于为取得供本企业生产经营使用的生产性资产的一种投资行为。生产性资产是指企业生产经营活动所需要的资产，如厂房、机器设备、存货等。生产性资产又进一步分为营运资产和资本资产。营运资产是指企业的流动资产；资本资产是指企业的长期资产。

项目计算期与现金流量计算

项目投资是对内投资行为，也是一种直接投资，这种投资行为并不改变资金控制权归属，只是将企业资金用于特定用途。

一、项目投资的计算期

项目投资的计算期是指投资项目从投资建设开始到最终清理结束整个过程的全部时间，一般以年为单位。完整的项目计算期包括建设期和运营期（具体包括投产期和达产期）。建设期是指从项目资金正式投入开始到项目建成投产为止所需要的时间。建设期的第 1 年年初称为建设起点（记作第 0 年），建设期的最后 1 年年末称为投产日（记作第 s 年）。从项目开始投入生产到整个项目最终清理结束之间的时间间隔称为运营期。投产期是指项目投入生产，但生产能力尚未完全达到设计能力时的过

渡阶段。达产期是指生产运营达到设计预期水平后的时间。

项目计算期（n）、建设期（s）和运营期（p）之间存在以下关系：

$$项目计算期（n）=建设期（s）+运营期（p）$$

二、项目投资的现金流量

（一）建设期现金流量

建设期现金流量是指在建设期所发生的现金流入量和现金流出量。一般包括以下几项。

（1）土地使用费支出。

（2）固定资产投资包括固定资产的购入或建造成本、运输成本和安装成本等。

（3）流动资产投资包括对材料、在产品、产成品和现金等流动资产的投资。

（4）其他投资费用是指与长期投资有关的职工培训费、谈判费、注册费用等。

（5）原有固定资产的变价收入主要是指固定资产更新时原有固定资产的变卖所得的现金收入。

建设期主要是现金流出量，只有原有固定资产的变价收入为现金流入量。

（二）运营期现金流量

运营期现金流量是指投资项目投入使用后，在其生命周期内由生产经营带来的现金流入量和现金流出量。现金流入量一般是指营业现金收入。现金流出量是指营业成本、税金及附加、销售费用、管理费用和研发费用等（付现成本），不包括支付的借款利息费用。

运营期年净现金流量为：

$$年净现金流量（NCF）=营业收入 - 付现成本 - 所得税$$

或：
$$年净现金流量（NCF）=净利+非付现成本$$

$$年净现金流量（NCF）=营业收入 \times（1-所得税税率）- 付现成本 \times$$
$$（1-所得税税率）+非付现成本 \times 所得税税率$$

（三）终结点现金流量

终结点现金流量除了当年正常的经营现金流量，还包括投资项目完结时所发生的现金流量，具体包括：

（1）固定资产的残值收入或变价收入。

（2）原有垫支在各种流动资产上的资金收回。

（3）停止使用土地的变价收入等。

三、项目投资的评价指标

项目投资的评价指标按照是否考虑资金时间价值的影响，分为非贴现指标和贴现指标。

（一）非贴现指标

非贴现指标是指不考虑资金时间价值的各种决策方法。

1. 静态投资回收期

静态投资回收期是指在不考虑资金时间价值的前提下，以投资项目经营现金净流量抵偿原始投资总额所需要的时间。

回收期的计算分以下两种情况。

（1）在原始投资一次性支出，投产后若干年每年现金净流量相等，且其合计数大于或等于原始投资额时：

$$静态投资回收期 = \frac{原始投资额合计}{投产后每年相等的现金净流量}$$

（2）如果现金净流量每年不等，或原始投资是分几年投入的，其计算公式为（设 M 是收回原始投资的前一年）：

$$静态投资回收期 = \frac{第\,M\,年尚未回收额}{第\,M+1\,年的现金净流量}$$

静态投资回收期法计算简单，容易理解。但这种方法忽略了时间价值，没有考虑回收期以后的收益。因此，这种方法一般只作为辅助方法。

2. 投资收益率

投资收益率又称投资报酬率，是指项目计算期内的年均净利润与原始投资额的比率。投资收益率越高，说明投资方案的获利能力越强，计算公式如下：

$$投资收益率 = \frac{年均净利润}{原始项目投资额} \times 100\%$$

投资收益率计算简单，但没有考虑时间价值的因素，不能正确反映建设期长短、投资方式不同和回收额的有无对项目产生的影响，分子、分母计算口径的可比性较差，无法直接利用净现金流量信息。只有投资收益率指标大于或等于无风险投资收益率的投资项目才具有财务可行性。

（二）贴现指标

1. 净现值法

净现值是指在项目计算期内，按照行业基准折现率或企业要求的报酬率计算的运营期各年现金净流量的现值与投资额现值的差额。净现值法是按净现值大小来评价方案优劣的一种方法，净现值越大，方案越优，投资效益越好。净现值大于等于 0，方案可行；小于 0，方案不可行。

净现值的计算公式为：

净现值（NPV）= 运营期各年现金净流量的现值之和 − 投资额现值

净现值法的优点是：① 考虑了资金时间价值的影响，使得不同时点发生的现金流量的差异得以体现；② 公司可以直接使用项目所获得的现金流量，避免了利润中包含的人为因素；③ 净现值包括了项目的全部现金流量，有些方法往往会忽略某特定时期之后的现金流量，如回收期法。

净现值法的缺点是：① 只能用于投资额相等的各方案的比较，在投资额不等的情况下，净现值不具有可比性；② 现金净流量的测量和折现率的选取较困难。

2. 现值指数法

现值指数（PI）又称获利指数或利润指数，是指投资项目运营期各年现金净流量的现值之和与投资额现值之比，其计算公式为：

$$现值指数（PI）= \frac{运营期各年现金净流量的现值之和}{投资额现值}$$

如果投资项目的现值指数大于或等于 1，表明该投资项目的投资报酬率高于或等于预定的贴现率，该项目可以接受；如果小于 1，表明该投资项目的投资报酬率低于预定的贴现率，该项目不可以接受。

现值指数与净现值相比，净现值是绝对数指标，反映的是投资效益，现值指数是相对数指标，反映的是投资效率。

现值指数法除了具有净现值法的优点，还可用于不同投资额方案之间的比较。

现值指数法的缺点是现金净流量的测量和折现率的选取较困难。

3. 内含报酬率法

内含报酬率（IRR）也称内部收益率，是指能够使未来现金流入现值等于未来现金流出现值的贴现率，或者是指使投资方案净现值为零的贴现率。内含报酬率法是根据方案本身内含报酬率来评价方案优劣的一种方法。内含报酬率大于资金成本率方案可行，且内含报酬率越高，方案越优，其计算公式为：

$$\sum_{t=1}^{n} \frac{NCF_t}{(1+IRR)^t} = 0$$

内含报酬率的计算，通常需要采用"逐步测试法"。首先估计一个贴现率，用它来计算方案的净现值；如果净现值为正数，说明方案本身的报酬率超过估计贴现率，应提高贴现率后进一步测试；如果净现值为负数，说明方案本身的报酬率低于估计的贴现率，应降低贴现率后进一步测试。经过多次测试，找出使净现值接近于零的贴现值，即方案本身的内含报酬率。为了保证结果的精确度，可以使用"插值法"进行计算。

【知识拓展与价值提升】

独立投资方案与互斥投资方案投资决策

在知识准备中，我们学习了几种基本投资决策方法。在实践中，应该根据投资项目的特点选择正确的投资决策方法。根据投资项目之间的相关关联关系，企业投资可以分为独立投资和互斥投资。

独立投资是相容性投资，是指各个投资项目之间互不关联、互不影响，可以同时并存。互斥投资是非相容性投资，是指各个投资项目之间互相关联、互相替代，不可以同时并存。由于二者的差异，投资决策标准差异较大。对于独立投资项目，各个项目之间无影响，因此只需要考虑项目方案本身能否达到标准。对于互斥投资项目，其他投资项目是否被采纳，直接影响本项目的决策，因此互斥投资项目决策必须考虑各项目之间的排斥性，也许每个方案都是可行的，但互斥决策只能从中选择最优方案。

基于上述原因，独立投资方案与互斥投资方案所采用的决策方法是不同的。独立投资方案一般选择内含报酬率法进行决策。互斥投资方案一般选择年金净流量法或净现值法进行决策，但基于净现值法受投资项目寿命期的影响，所以年金净流量法是互斥投资决策中的最佳决策方法。

年金净流量是净现值与年金现值系数相比的结果。公式为：

$$年金净流量（ANCF）= NPV \div （P/A，i，n）$$

年金净流量越大，投资方案效益越高。

年金净流量法与净现值法相比而言，在各方案寿命期相同时，实质上就是净现值法；在各方案寿命期不相同时，取代净现值法成为可行的决策方法。但年金净流量法与净现值法有同样的缺点，即不便于对原始投资额不相等的独立投资方案进行决策。

任务实施

投资管理

1. 收入预测表如表5-9所示。

表5-9　收入预测表

项目	T+3	T+4及以后各年
销售单价/[元/（kW·h）]	832	832
销售量/（kW·h）	5 000 000	10 000 000
销售收入/元	4 160 000 000	8 320 000 000

2. 税金及附加占营业收入的比例如表5-10所示。

3. 各项费用占收入的比例如表5-11所示。

4. 经营期现金流量如表5-12所示。

5. 项目计算期各期现金流量如表5-13所示。

表5-10　税金及附加占营业收入的比例

单位：元

项目	2020年	2021年	2022年	预测项目期
销售收入	4 172 000 000	5 245 500 000	6 792 125 000	—
税金及附加	27 535 200	33 571 200	44 148 125	—
占比	0.66%	0.64%	0.65%	0.65%

表5-11 各项费用占收入的比例

项目	2020年		2021年		2022年		预测项目期各项费用占收入比例
	金额/元	占收入的比例	金额/元	占收入的比例	金额/元	占收入的比例	
销售收入	4 172 000 000	—	5 245 500 000	—	6 792 125 000	—	
销售费用	187 740 000	4.50%	200 287 500	3.82%	228 461 800	3.36%	3.89%
管理费用	241 976 000	5.80%	275 252 250	5.25%	308 194 968	4.54%	5.20%
研发费用	362 964 000	8.70%	430 522 750	8.21%	502 844 422	7.40%	8.10%
合计	792 680 000	19.00%	906 062 500	17.28%	1 039 501 190	15.30%	17.19%

表5-12 经营期现金流量

单位：元

项目	经营期第1年	经营期第2年	经营期第3年	经营期第4年	经营期第5年	经营期第6年	经营期第7年	经营期第8年	经营期第9年	经营期第10年
项目营业收入	4 160 000 000	8 320 000 000	8 320 000 000	8 320 000 000	8 320 000 000	8 320 000 000	8 320 000 000	8 320 000 000	8 320 000 000	8 320 000 000
减：项目经营支出：										
1. 生产成本	3 055 485 000	5 762 155 000	5 762 155 000	5 762 155 000	5 762 155 000	5 762 155 000	5 762 155 000	5 762 155 000	5 762 155 000	5 762 155 000
2. 税金及附加	27 039 859.64	54 079 719.28	54 079 719.28	54 079 719.28	54 079 719.28	54 079 719.28	54 079 719.28	54 079 719.28	54 079 719.28	54 079 719.28
3. 销售费用	161 962 666.67	323 925 333.33	323 925 333.33	323 925 333.33	323 925 333.33	323 925 333.33	323 925 333.33	323 925 333.33	323 925 333.33	323 925 333.33
4. 管理费用	216 181 333.33	432 362 666.67	432 362 666.67	432 362 666.67	432 362 666.67	432 362 666.67	432 362 666.67	432 362 666.67	432 362 666.67	432 362 666.67
5. 研发费用	337 098 666.67	674 197 333.33	674 197 333.33	674 197 333.33	674 197 333.33	674 197 333.33	674 197 333.33	674 197 333.33	674 197 333.33	674 197 333.33
税前利润	362 232 473.69	1 073 279 947.39	1 073 279 947.39	1 073 279 947.39	1 073 279 947.39	1 073 279 947.39	1 073 279 947.39	1 073 279 947.39	1 073 279 947.39	1 073 279 947.39

项目	经营期第1年	经营期第2年	经营期第3年	经营期第4年	经营期第5年	经营期第6年	经营期第7年	经营期第8年	经营期第9年	经营期第10年
减：所得税	54 334 871.05	160 991 992.11	160 991 992.11	160 991 992.11	160 991 992.11	160 991 992.11	160 991 992.11	160 991 992.11	160 991 992.11	160 991 992.11
净利润	307 897 602.64	912 287 955.28	912 287 955.28	912 287 955.28	912 287 955.28	912 287 955.28	912 287 955.28	912 287 955.28	912 287 955.28	912 287 955.28
加：折旧和摊销	347 815 000	347 815 000	347 815 000	347 815 000	347 815 000	347 815 000	347 815 000	347 815 000	347 815 000	347 815 000
减：办公设备及套安装费					1 000 000					
经营期现金净流量	655 712 602.64	1 260 102 955.28	1 260 102 955.28	1 260 102 955.28	1 259 102 955.28	1 260 102 955.28	1 260 102 955.28	1 260 102 955.28	1 260 102 955.28	1 260 102 955.28

表5-13 项目计算期各期现金流量

单位：元

项目	建设期			营运期									
	第0年	第1年	第2年	第3年	第4年	第5年	第6年	第7年	第8年	第9年	第10年	第11年	第12年
建设期	-765 386 400.00	-3 145 913 600.00	-438 700 000.00										
运营期				655 712 602.64	1 260 102 955.28	1 260 102 955.28	1 260 102 955.28	1 259 102 955.28	1 260 102 955.28	1 260 102 955.28	1 260 102 955.28	1 260 102 955.28	1 260 102 955.28
回收期													348 700 000
合计	-765 386 400	-3 145 913 600	-438 700 000	655 712 602.64	1 260 102 955.28	1 260 102 955.28	1 260 102 955.28	1 259 102 955.28	1 260 102 955.28	1 260 102 955.28	1 260 102 955.28	1 260 102 955.28	1 608 802 955.28

6. 利用 Excel 中的 *NPV* 函数和 IRR 函数分别计算项目的净现值和内含报酬率。

NPV 函数就是净现值函数，格式为 *NPV*（rate，value1，［value2］，…）。*NPV* 函数各参数的含义如下：

rate：计算净现值时的折现率。

value1，value2，…：每个期末的现金流量。注意，在时间上必须具有相等间隔，并且都发生在期末。此外，还要注意每个阶段的现金流量要按照正确顺序输入。

如果参数是一个数组或引用，则只计算其中的数字。数组或引用中的空白单元格、逻辑值、文本或错误值将被忽略。

IRR 函数是内含报酬率函数，格式为 *IRR*（values，guess）。*IRR* 函数各参数的含义如下：

values：为数组或单元格的引用，必须包含至少一个正值和一个负值，以计算返回的内部收益率。

guess：是对 *IRR* 函数计算结果的估计值。在大多数情况下，并不需要为 *IRR* 函数的计算提供 guess 值。如果省略 guess，则假设它为 0.1（10%）。

需要注意的是，*IRR* 函数根据数值的顺序来解释现金流的顺序。故应确定按需要的顺序输入支付和收入的数值。

利用 *NPV* 函数和 *IRR* 函数计算，可以得出：

净现值 = 3 580 889 167.01 元

内含报酬率 = 18%

净现值大于零，内含报酬率大于 6%，则项目可行。

📶 【即学即练】

交互式自测请扫描书侧二维码练习。

任务一
交互式自测

任务二 融资管理

任务资料

根据任务一确定了投资项目的可行性。接下来，需要采取适当的筹资渠道和筹资方式筹集所需资金。

企业短期经营资金一般为期限1年内的银行短期借款，长期经营资金可以通过银行长期借款、发行债券、发行普通股等方式从企业外部融资。

一、短期借款

联创新能源公司与华夏银行保持稳定的合作关系，公司在生产经营过程中，由于季节性、临时性的需要可以向银行取得短期贷款，贷款年利率为4%。筹资费用忽略不计。

二、长期借款

联创新能源公司与华夏银行、兴业银行、民生银行有稳定的合作关系，各银行对该公司可向各银行申请长期借款。其中，华夏银行可提供的贷款金额为5亿元，贷款期限最长不超过5年，年利率为6.6%；兴业银行可提供的贷款金额为10亿元，贷款期限最长不超过5年，年利率为7%；民生银行可提供的贷款金额为10亿元，贷款期限最长不超过10年，年利率为7.4%。筹资费用忽略不计。

三、发行债券

联创新能源公司具备发行公司债券的资格，可发行5年期债券，面值为100元，票面年利率为6.5%，每年付息一次，发行价为100元，发行费用率为1.5%。筹资额可达到10亿元。

四、发行普通股

联创新能源公司具备发行普通股的资格，预计股票发行价为 20 元，根据目前股票发行费用的平均值预计，筹资费用率为 7.05%。公司采取固定股利增长率政策，预计第一年年末每股发放 0.5 元股利，以后每年股利增长率为 4%。

此外，联创新能源公司可以利用公司内部资金融资，即留存收益融资。留存收益融资资本成本率比照普通股资本成本率，但无筹资费用率。

任务布置

1. 请根据任务一的描述，分析项目资金支付时间，并判断该资金属于短期资金还是长期资金，填入表 5-14 中。

表 5-14　项目资金形式

单位：元

项目	金额	投入时间			资金形式
		$T+0$	$T+1$	$T+2$	
一、建筑工程费	873 200 000				
二、工程建设其他费用	118 100 000				
三、预备费	120 000 000				
四、设备购置及安装费	2 890 000 000				
五、铺底流动资金及原材料资金储备	348 700 000				
合计	4 350 000 000				—

2. 请根据任务资料，计算短期借款资本成本率、各银行长期借款资本成本率、发行债券资本成本率、发行股票和留存收益资本成本率，并填表 5-15。

表5-15 资本成本率计算表

筹资方式	名义利率	筹资费用率	面值	市价	资本成本率
短期借款					
华夏银行长期借款					
兴业银行长期借款					
民生银行长期借款					
发行债券					
筹资方式	股利	筹资费用率	股利增长率	市价	资本成本率
普通股					
留存收益					

3. 请根据工作领域二中2022年预计资产负债表（表2-10），计算目前公司的资本结构（注意这里的资本结构是长期负债与所有者权益之比，采用2022年期末数据计算），并填入表5-16中。

表5-16 联创新能源公司的资本结构

项目	长期负债	所有者权益	资本结构
联创新能源公司			

4. 利用大数据分析工具，采集宁德时代、比亚迪、国轩高科、亿纬锂能和孚能科技2021年资产负债表的数据，并根据各公司占国内市场份额的比重，计算加权平均资本结构，以此作为动力电池行业的资本结构，并填入表5-17中。

表5-17 动力电池行业的资本机构

项目	宁德时代	比亚迪	国轩高科	亿纬锂能	孚能科技
长期负债					
所有者权益					
长期负债与所有者权益比					
市场占有率					
行业均值					

5. 根据工作领域二资本支出预算表（表-）和现金收支预算表（表-），联创新能源公司 2023 年的资本支出金额为 765 386 400 元，全部由公司自有资金筹集，不需要外部筹资。根据表 5-15，企业需要在 2024 年筹资 3 145 913 600 元且全部为长期资金，2024 年需要资金 438 700 000 元且全部为流动资金。

根据企划部门测算，2024 年预计增加留存收益为 629 182 720 元，且全部用于项目投入，其余 2 516 730 880 元则需要外部筹资。假设 2024 年除长期借款和长期债券外，无其他新增非流动负债。所有者权益各项目中，除留存收益外，其他项目无新增。而 2025 年所需的流动资金则可以由公司内部资金解决。

根据战略规划，筹资方式首先满足资金成本最低，其次满足资本结构不超过行业平均资本结构。

请根据以上内容，设计该项目的最佳融资方案，并计算 2024 年融资方案的加权平均资金成本。假设 2024 年筹资前非流动负债与所有者权益与 2023 年 12 月 31 日的预计资产负债表相同。

此外，融资方案中间结果保留至元，最后结果保留至万元。加权平均资金成本中间和最后结果均为百分比两位小数。将筹资额估算填入表 5-18 中。

表5-18　筹资额估算表

项目	2023 年	2024 年	2025 年
投资额			
内部筹资额			
内部收益资金成本率			
外部筹资额			
外部筹资方式：	—	—	—
华夏银行长期借款	—		—
兴业银行长期借款	—		—
民生银行长期借款	—		—
发行债券	—		—
普通股	—		—

知识准备

在筹资过程中，可以有多种筹资渠道和筹资方式，通过不同筹资方式筹集的资金所付出的筹资代价是不同的。多渠道筹集资金能更好地满足企业对资金的需要，也有利于企业降低资金成本，提高资金利用效果。

一、筹资渠道

筹资渠道是指企业筹措资金来源的方向和通道。企业筹集资金的来源可以归为两类：自有资金和债务资金。自有资金是由投资者投入企业的资本金及企业经营中积累形成的资金；债务资金是通过负债形式筹集的资金。

目前，企业筹资渠道主要有以下几种：

（1）国家财政资金。我国国有资金大部分来源于国家财政资金，国家财政资金是国有企业筹集资金的一个重要渠道。

（2）银行信贷资金。银行对企业的各种贷款是企业重要的资金来源之一。目前，我国商业银行如中国工商银行、中国农业银行等，根据一定的原则为各类企业提供短期贷款和长期贷款。政策性银行如国家开发银行、中国进出口银行等，为特定企业提供政策性贷款。

（3）非银行金融机构资金。非银行金融机构是指除银行之外的金融机构（如信托投资公司、租赁公司、保险公司、证券公司、企业集团的财务公司等）。这些机构通过一定的途径或方式为企业直接提供部分资金。

（4）其他企业资金。企业在生产经营过程中会有部分闲置资金，企业可以采用入股、发行债券、拆借，以及各种商业信用等方式，将这些闲置资金在企业间有偿调剂。

（5）职工资金与民间资金。企业可以吸收本企业职工的闲置资金，或者从民间以借款或者吸收直接投资等方式取得企业生产经营所需资金。

（6）企业自留资金。企业自留资金是由企业内部积累形成的，主要是指企业利用留存收益作为企业经营所需资金，包括提取的盈余公积金和未分配利润。

（7）境外资金。企业可以吸收境外自然人或机构的投资。

二、筹资方式

筹资方式是指企业筹措资金所采用的具体方式。对于各种渠道的资金可以采用不同的方式来筹集。目前常用的筹资方式有吸收直接投资、发行股票、利用企业内部积累、短期借款、长期借款、发行债券、融资租赁、利用商业信用和利用短期融资券等，前三种为权益资金筹集方式，后几种为负债资金筹集方式。

（一）权益资金的筹集

权益资金是指投资者投入企业的资本金及经营中所形成的积累，它反映所有者的权益，权益资金不用还本，又称自有资金。权益资金的筹集方式主要有吸收直接投资、发行股票、利用企业内部积累等。

1. 吸收直接投资

吸收直接投资是指企业按照"共同投资、共同经营、共担风险、共享利润"的原则直接吸收国家、法人、个人、外商投入资金的一种筹资方式。吸收直接投资是非股份制企业（如个人独资企业、合伙企业、有限责任公司等）和非上市中小股份制企业筹集自有资金的基本方式。

（1）吸收直接投资的渠道。吸收直接投资的渠道有吸收国家投资、吸收法人投资、吸收个人投资、吸收外商投资等。国家投资是指有权代表国家投资的政府部门或机构以国有资产投入企业，由此形成国家资本金；法人投资是指企业、事业等法人单位以其可支配的资产投入企业，形成法人资本金；个人投资是指城乡居民和企业内部职工以其个人合法资产投入企业，形成个人资本金；外商投资是指外国投资者和我国港澳台地区投资者的资金投入企业，形成外商资本金。

（2）吸收直接投资的出资方式。在吸收直接投资中，投资者可以采用现金、实物、无形资产等形式向企业投资，因此，吸收直接投资的出资方式主要有现金投资和非现金投资两种。

① 现金投资是指投资者用货币资金对企业投资。企业有了现金，可以购置资产、支付费用，具有较大的灵活性。现金投资是企业吸收直接投资中重要的、乐于采用的出资方式。

② 非现金投资是指投资者用实物、无形资产等可以用货币估价并可以依法转让的非货币财产作价对企业投资，包括实物投资和无形资产投资。实物投资是指投资者以房屋、建筑物、设备等固定资产和材料、燃料、商品等流动资产作价所进行的投

资。无形资产投资是指投资者以专利权、商标权、非专利技术、商誉、土地使用权等无形资产作价所做的投资。

非现金投资应符合以下条件：

A. 符合企业生产经营和科研开发的需要；

B. 技术性比较好；

C. 作价公平合理。作为出资的非货币财产可以评估作价或按合同协议约定的金额作价。

《中华人民共和国公司法》规定，股东可以用货币出资，也可以用实物、知识产权、土地使用权等可以用货币估价并可以依法转让的非货币财产作价出资；但是，法律、行政法规规定不得作为出资的财产除外。

2. 发行股票

（1）发行要求。

股份的发行，实行公平、公正的原则，同种类的每一股份应当具有同等权利。股份有限公司发行股票，应当符合《中华人民共和国公司法》《中华人民共和国证券法》和《上市公司证券发行管理办法》对股票发行条件、发行程序、发行方式和销售方式等的有关规定。

（2）股票的种类。

① 股票按股东权利和义务的不同，分为普通股和优先股。

A. 普通股。普通股是股份有限公司依法发行的无特别权利的、股利不固定的股票。普通股是最基本的股票。通常情况下，股份有限公司只发行普通股。

普通股股东享有以下基本权利：a. 参与公司经营的表决权、选举权和被选举权。普通股股东一般有出席股东大会的权利，有表决权、选举权和被选举权，可以间接地参与公司的经营。b. 参与股息红利的分配权。普通股的股利收益没有上下限，视公司经营状况好坏、利润大小而定，公司的税后利润在按一定的比例提取了公积金并支付优先股股利后，再按股份比例分配给普通股股东。但如果公司亏损，则得不到股利。c. 优先认购新股的权利。当公司资产增值，增发新股时，普通股股东有按其原有持股比例认购新股的优先权。d. 请求召开临时股东大会的权利。e. 公司破产后依法分配剩余财产的权利。不过这种权利要等债权人和优先股股东权利满足后才轮到普通股。

B. 优先股。优先股是较普通股具有某些优先权利同时也受到一定限制的股票。优先股具有普通股的某些特征，如优先股股东的权利与普通股股东有相似之处，两者股利不能像债券利息那样在税前列支，都是在税后利润中支付，同时优先股又具有债券的某些特征。但从法律上讲，优先股属于自有资金。

优先股是相对于普通股而言的，具有以下特征：a. 优先股有固定的股息，不受公司业绩好坏的影响，并可以先于普通股股东领取股息。b. 优先股的权利范围小。优先股股东一般没有选举权和被选举权，对股份公司的重大经营无投票权。c. 当公司破产进行财产清算时，优先股股东对公司剩余财产有先于普通股股东的要求权。

② 股票按票面有无记名，分为记名股票和无记名股票。

记名股票是在股票票面上记载股东的姓名或名称的股票。无记名股票是在票面上不记载股东姓名或名称的股票。公司向发起人、法人发行的股票，应当为记名股票。公司对社会公众发行的股票，可以为记名股票，也可以为无记名股票。

③ 股票按票面是否标明金额，分为面值股票和无面值股票。

面值股票是指在票面上标明每股金额的股票。依据股票面值可以确定每股股票在公司所占的份额。无面值股票是指在票面上不标明每股金额，只载明所占公司股本总额的比例或股份数的股票。无面值股票的价值随公司价值的增减而增减。根据《中华人民共和国公司法》规定，股票应记载票面金额。

④ 股票按投资主体的不同，分为国家股、法人股、个人股和外资股。

国家股是有权代表国家投资的部门或机构以国有资产向公司投资形成的股份。国家股由国务院授权的部门或机构，或根据国务院的决定由地方人民政府授权的部门或机构持有，并委派股权代表。

法人股是企业法人以其依法可支配的资产向公司投资形成的股份，或具有法人资格的事业单位和社会团体以国家允许用于经营的资产向公司投资形成的股份。

个人股是社会个人或公司内部职工以个人合法财产投入公司形成的股份。

外资股是外国投资者和我国香港、澳门、台湾地区投资者以购买人民币特种股票形式向公司投资形成的股份。

⑤ 股票按发行对象和上市地区的不同，分为 A 股、B 股、H 股、N 股和 S 股等。

A 股即人民币普通股票，它是由我国境内的股份有限公司发行，以人民币标明票面金额，供我国境内法人或个人以人民币认购和交易的股票。B股、H股、N股和S股是专供外国和我国港澳台地区投资者买卖的，以人民币标明面值，以外币认购和交易的股票。B股即人民币特种股票，在上海、深圳证券交易所上市交易。H股是注册地在内地、上市地在香港的外资股。N股和S股是在纽约和新加坡上市的外资股股票。

（3）发行股票的费用。股票的发行费用主要指承销保荐费、审计验资费、律师费、信息披露费，以及其他费用。根据统计，A股平均一家上市企业的IPO（首次公开募股）发行总费用需要7 702万元，发行费用率为7.05%。其中：

承销保荐费：5 782万元，占发行总费用的75.07%；

审计验资费：884万元，占发行总费用的11.48%；

律师费：482万元，占发行总费用的6.26%；

信息披露费：475万元，占发行总费用的6.17%；

其他费用：88万元，占发行总费用的1.14%。

3. 利用企业内部积累

企业内部积累主要是指企业的留存收益和计提的固定资产折旧。

留存收益是指企业税后利润进行分配所形成的盈余公积金和未分配利润等。留存收益也是权益资金的一种。留存收益的实质是投资者对企业的再投资，但该种筹资方式受制于企业盈利的多少和分配政策。

企业计提的固定资产折旧是从销售收入中转化来的新增货币资金，它并不增加企业的资金总量，却能增加企业可以周转使用的营运资金，因而也可视为一种资金来源和筹资方式。

企业内部积累是补充企业生产经营资金的一项重要来源。利用这种筹资方式，不必向外部单位办理各种手续，简便易行，而且无筹资费用，节约成本。

（二）负债资金的筹集

1. 短期借款

短期借款是指借款期限在1年以内（含1年）的借款。短期借款是企业为满足生产经营过程中临时性、季节性的资金需求，保证生产经营活动的正常进行而向银行或其他非银行金融机构借入的款项。

（1）短期借款种类。

① 按有无担保，短期借款分为信用贷款、担保贷款和票据贴现。

a. 信用贷款是指以借款人的信誉发放的贷款。

b. 担保贷款是指保证贷款、抵押贷款、质押贷款。保证贷款是指按《中华人民共和国民法典》规定的保证方式以第三人承诺在借款人不能偿还贷款时，按约定承担一般保证责任或者连带责任而发放的贷款。抵押贷款是指按《中华人民共和国民法典》规定的抵押方式以借款人或第三人的财产作为抵押物发放的贷款。质押贷款，是指按《中华人民共和国民法典》规定的质押方式以借款人或第三人的动产或权利作为质物发放的贷款。

c. 票据贴现是指贷款人以购买借款人未到期商业票据的方式发放的贷款。票据贴现实质是一种票据的转让，商业票据的持有人把未到期的商业票据转让给银行，贴付一定利息以取得银行资金。贴现时，银行按规定的贴现率扣除利息后，按票面余额支付给持票人货币资金，银行取得票据债权，到期银行向购货单位收款。银行向销货单位所付的金额低于票面金额，其差额即为贴现利息。票据贴现相关计算公式为：

$$贴现利息 = 票据到期金额 × 贴现率 × 贴现期$$

$$银行实付贴现金额 = 票据到期金额 - 贴现利息$$

$$票据到期金额 = 票据票面金额 + 票据票面利息$$

② 按借款的目的和用途，短期借款分为生产周转贷款、临时贷款、结算贷款。

a. 生产周转贷款是为满足企业日常生产经营需要的定额流动资金。企业为了维持正常的经营活动，一般都要向银行申请该项贷款。

b. 临时贷款是指企业在生产经营过程中由于季节性、临时性的需要向银行取得的贷款，包括超定额贷款和其他临时贷款。这类贷款可以解决企业因市场变化等原因造成的超额库存、季节性储备、某些物资的提前集中到货等方面的需求。该类贷款期限一般不超过半年。

c. 结算贷款是为解决由于结算资金占用而引起的资金周转困难。企业通过银行结算，从委托银行收款到实际收到货款需要一段时间，如果企业在途资金导致资金周转困难，企业可以用托收凭证向银行申请结算贷款。

（2）银行短期借款的信用条件。银行短期借款往往附带一些信用条件，主要有信贷额度、周转信贷协定、补偿性余额。

① 信贷额度。信贷额度是借款企业与银行在协议中规定的企业借款的最高限额。在信贷额度内，企业可以随时按需要支用借款。如果企业信誉恶化，即使银行曾经同意按信贷限额提供贷款，企业也可能得不到借款。

② 周转信贷协定。周转信贷协定是银行具有法律义务地承诺提供不超过某一最高限额的贷款协定。企业享用周转信贷协定，通常要对贷款限额未使用部分向银行支付一笔承诺费。

③ 补偿性余额。补偿性余额是银行要求借款企业在银行中保持按贷款限额或实际借用额的一定百分比（通常为 10%~20%）计算的最低存款余额。企业借款的实际利率公式如下：

$$企业借款的实际利率 = \frac{名义利率}{1-补偿性余额比例}$$

（3）短期借款的成本和利息支付方式。银行借款的成本用借款利率来表示。短期借款的利率由企业的类型、信誉、与银行的往来关系、当时的信贷状况、借款金额和借款时间而定。对于财力雄厚、经营状况好、信用高、贷款风险小的借款企业，银行收取较低的利率，否则银行会收取较高的利率。

由于不同的借款具有不同的信用条件，企业实际承担的借款的实际利率与名义利率可能并不一致。银行借款的筹资成本应是借款企业实际支付的利息，其相对数则应是实际利率。借款的实际利率计算公式如下：

$$实际利率 = \frac{借款人实际支付的利息}{借款人所得的借款}$$

2. 长期借款

长期借款是指企业根据借款合同向银行或其他非银行金融机构借入的需要还本付息的、使用期限超过一年的借款。长期借款主要用于购建固定资产和满足长期流动资金占用的需要。

（1）长期借款的种类。目前我国各金融机构的长期借款主要有以下几种，如表5-19所示，企业可以根据自己的实际情况和各种借款条件选用。

表5-19　长期借款的种类

分类		说明
按贷款的用途不同	基本建设贷款	—
	更新改造贷款	—
	科技开发和新产品试制贷款等	—
按提供贷款的机构不同	政策性银行贷款	政策性银行贷款是指执行国家政策性贷款业务的政策性银行向企业发放的贷款，通常为长期贷款
	商业银行贷款	商业性银行贷款是指由各商业银行向企业提供的贷款，主要是为满足企业生产经营的资金需要，包括长期贷款和短期贷款，长期贷款的期限在1年以上。 申请长期贷款企业与银行间要签订借款合同，在借款合同中对借款企业有具体的限制条件。 长期贷款有规定的借款利率，借款利率可固定，也可随基准利率变动而变动。 长期贷款的偿还方式主要实行分期等额偿还，也可采用到期一次偿还
	其他金融机构贷款	其他金融机构贷款，如从信托投资公司取得实物或货币形成的信托投资贷款，从财务公司取得的各种中长期贷款，从保险公司取得的贷款等。 与商业银行贷款相比，这种贷款期限更长，利率较高，对借款企业的信用要求和担保的选择也比较严格
按有无担保	信用贷款	信用贷款是指以借款企业的信用或保证人的信用而发放的贷款，企业取得这种贷款无须提供抵押品作担保。 这种贷款风险较高，因而银行通常要收取较高的利息，往往还附加一定的限制条件
	抵押贷款	抵押贷款是指要求企业以抵押品作为担保的贷款。贷款的抵押品必须是能够变现的资产。贷款的抵押品常常是房屋、建筑物、机器设备、股票、债券等

（2）长期借款的程序。

长期借款的程序主要包括以下步骤：

① 企业提出借款申请。根据《贷款通则》，企业申请借款必须符合规定的贷款原则和规定的贷款条件。企业向银行借款，应当向银行提出借款申请并同时提供有关资料，借款申请包括借款原因、借款金额、用款时间与计划、还款期限与计划等。

② 银行进行借款审批。银行收到企业的借款申请和提供的相关资料后，对借款企业的财务状况、信用情况、经营效益、发展前景和借款投资项目可行性等进行审

查，并根据审批权限，对贷款申请进行审批。

③签订借款合同。银行审查批准企业贷款后，与借款企业进一步协商贷款的具体条件，签订借款合同。借款合同应当约定借款种类、用途、金额、利率、期限，还款方式，借、贷双方的权利、义务，违约责任等。为了降低风险，保证贷款足额偿还，在借款合同中银行对借款企业通常还要约定一些限制性条款，如企业定期向银行提交财务报告、保持适当的资产流动性和支付能力、限制资本支出规模、限制其他长期债务、禁止应收账款的转让、贷款专款专用不得改变用途等，如企业违背作出的承诺，银行可要求企业立即偿还全部贷款。

④发放贷款。贷款人要按借款合同规定按期向企业发放贷款。

⑤归还贷款。借款人应当按照借款合同规定按时足额归还贷款本息。

（3）长期借款的成本和偿还方式。银行借款的成本用借款利率来表示。长期借款利率有固定利率和浮动利率。长期借款的利息率一般高于短期借款，但信誉好或抵押品流动性强的借款企业仍可争取到较低的长期借款利率。

除利息外，借款企业还会向银行支付其他费用，如实行周转信贷协定所支付的承诺费，在银行保持补偿性余额所形成的间接费用等。

长期借款的偿还方式有定期支付利息到期偿还本金、定期等额偿还本息、分批不等额偿还本息等。定期支付利息到期偿还本金的偿还方式会加大借款企业到期时的还款压力，定期等额偿还本息会提高借款企业使用贷款的实际利率。

3. 发行债券

公司债券是指公司依照法定程序发行、约定在一定期限内还本付息的有价证券。公司债券是持券人拥有的公司债权证书。

（1）债券的种类。公司债券的种类如表 5-20 所示。

表 5-20　公司债券的种类

分类		内容
按是否记名	记名债券	在公司债券上记载持券人姓名或名称的为记名债券
	无记名债券	在债券上不记载债券持有人姓名或名称的为无记名债券
按能否在一定时期后转换为股票	可转换债券	能转换为本公司股票的公司债券为可转换债券，否则为不可转换债券
	不可转换债券	

分类		内容
按有无特定的财产担保	抵押债券	抵押债券是指发行公司以特定财产作为抵押品的债券。抵押债券按其抵押品的不同，分为不动产抵押债券、动产抵押债券和证券抵押债券。如债券到期不能偿还，持券人可以拍卖抵押品以获取债券本息
	信用债券	信用债券是指没有抵押品作担保，发行公司仅凭其信用发行的债券。这种债券的利率一般较抵押债券高，通常由信誉良好的公司发行
按偿还期限不同	短期债券	短期债券是指偿还期限在一年以内的债券
	长期债券	长期债券是指偿还期限超过一年的债券
按利率的不同	固定利率债券	固定利率债券指在发行时规定债券利率在整个偿还期内不变的债券
	浮动利率债券	浮动利率是指发行时规定债券利率随市场利率定期浮动的债券，也就是说，债券利率在偿还期内可以进行变动和调整。浮动利率债券往往是中长期债券

（2）债券的发行条件。公司发行公司债券应当符合《中华人民共和国证券法》规定的发行条件，并依法报经国务院证券监督管理机构或者国务院授权的部门核准。发行公司债券的申请经国务院授权的部门核准后，发行公司应当公告公司债券募集办法，然后按照《中华人民共和国公司法》《中华人民共和国证券法》的有关规定委托证券承销机构发售债券。

公司以实物券方式发行公司债券的，必须在债券上载明公司名称、债券票面金额、利率、偿还期限等事项，并由法定代表人签名，公司盖章。公司发行公司债券应当置备公司债券存根簿。

公开发行公司债券筹集的资金，必须用于核准的用途，不得用于弥补亏损和非生产性支出。

（3）债券发行价格的确定。债券发行价格是指债券发行时使用的价格，即投资者购买债券时所支付的价格。

债券发行价格的高低受债券票面金额、债券票面利率、市场利率、债券期限等多方面因素的影响，其中主要是受债券票面利率与市场利率一致程度的影响。

债券的票面金额和票面利率在债券发行前已参照市场利率和发行公司的具体情

况确定下来，并载明在债券上。但市场利率经常变动，债券发行时票面利率与当时市场利率不一定一致，如果市场利率较前有变动，就要通过调整发行价格来调节债券购销双方的利益。当票面利率与市场利率一致时平价发行债券，当票面利率高于市场利率时溢价发行债券，当票面利率低于市场利率时折价发行债券。因此，公司债券的发行价格通常有平价、溢价、折价三种。

平价是指以债券的票面金额为发行价格。

溢价是指以高于债券票面金额的价格为发行价格。

折价是指以低于债券票面金额的价格为发行价格。

从资金时间价值来考虑，债券的发行价格由两部分组成：

① 债券到期还本的票面金额的现值；

② 债券各期利息的年金现值。

债券的发行价格的计算公式如下：

$$\text{债券的发行价格} = \frac{\text{债券票面金额}}{(1 + \text{市场利率})^n} + \sum_{t=1}^{n} \frac{\text{债券票面金额} \times \text{票面利率}}{(1 + \text{市场利率})^t}$$

式中：n——债券期限；

t——付息期数；

市场利率——债券发行时的市场利率。

（4）债券的发行费用。债券的发行费用主要包括：

① 保荐费。公司债券实行保荐制，需支付保荐费用。

② 承销费用。发行人支付给主承销商的承销牵头费和支付给承销团所有成员的承销佣金。

③ 受托管理费用。公司需聘请债券受托管理人，目前要求由保荐人担任。

④ 评级公司评级费。按照中国人民银行征信中心的要求，需评级公司出具评级报告。

⑤ 律师事务所费用。需聘请律师出具法律意见书。

⑥ 会计师事务所费用。不需要出具特殊的报告，一般不额外增加费用。

⑦ 登记托管费。公司债券发行和存续期内，发行人需支付登记托管和兑息手续费，具体数额根据发行规模确定，由中证登记收取。

⑧ 发行推介费。发行推介费包括发行的初步询价和路演推介所产生的费用，费

用因路演的范围和规模而异，IPO 发行推介费一般为 100 万元～300 万元，但考虑到债券路演通常范围和规模较小，因此费用会相对较低，大约为 50 万元（也有部分债券发行时不采用路演推介的方式，则此项费用为零）。

⑨ 信息披露费。包括刊登募集说明书摘要及发行公告、网上路演公告、利率确定公告、上市公告书等费用。

⑩ 宣传费用（可选）。包括发行仪式、上市仪式费用；纪念品费用；总结会费用等。

4. 融资租赁

融资租赁又称财务租赁、资本租赁，是由出租人按照承租人的要求融资购买设备，并在契约或合同规定的期限内提供给承租人使用的信用性业务。

（1）融资租赁的特点。

① 一般是先由承租人向出租人提出租赁申请，出租人按照承租人的要求融资引进资产，再租给出租人使用。

② 在形式上租赁资产的所有权属于出租人，但实质上承租人控制着租赁资产并作为自有资产对待，承租人对租赁资产要计提折旧，负责租赁资产的维修保养和保险，但无权拆卸改装。

③ 租赁期内承租人必须连续支付租金，租金与租赁资产的价值接近。

④ 租赁合同稳定，租赁期内非经租赁双方同意，中途不可撤销租赁合同。

⑤ 租赁期满，按事先约定的方法处理租赁资产，包括退还出租人、继续租赁、企业留购，通常由承租人留购。

（2）融资租赁的形式。融资租赁按其业务的特点不同分为直接租赁、售后租回和杠杆租赁三种形式。

① 直接租赁是指承租人直接向出租人（租赁公司或生产厂商）租赁所需资产的一种租赁形式，是融资租赁的典型形式。

② 售后租回是指承租人按照协议先将资产卖给出租人，再将资产租回使用的一种租赁形式。

③ 杠杆租赁涉及承租人、出租人、贷款人三方面关系人，是由贷款者为出租人提供购买资产的部分资金，再由出租人购入资产租给承租人的一种租赁形式，是国际上流行的融资租赁形式。在这种租赁形式下，出租人购入资产时只支付购买资产款项

的一部分（通常为资产价值的 20%～40%），其余款项则以该项资产作为抵押向贷款人借入支付；资产出租后，出租人以收取的租金向贷款人还贷。这样出租人既要向承租人收取租金，又要向借款人偿还本息，由于租赁收益一般大于借款成本支出，其间的差额即为出租人获得的杠杆收益，故这种租赁形式称为杠杆租赁。

5. 利用商业信用

商业信用是指商品交易中的延期付款或延期交货所形成的借贷关系，是企业之间的一种直接信用关系。商业信用的形式主要有应付账款、应付票据、预收账款等。

（1）应付账款。应付账款是赊购商品所形成的欠款，是一种典型、常见的商业信用形式。在这种形式下，买卖双方发生商品交易，卖方允许买方收到商品后不立即支付现金，可延期到一定时期以后付款。利用此种方式卖方可以促销商品，买方可以解决暂时性的资金短缺困难。

卖方在销售中会推出信用期、现金折扣等信用条件，如（2/10，n/30）表示付款期为 30 天，允许买方在 30 天内免费占用资金。如买方在 10 天内付款，可享受 2% 的现金折扣。

信用条件是指卖方对付款时间和现金折扣所作的具体规定。现金折扣是卖方销售产品时为鼓励买方尽早付款而采取的一种措施，如果买方购货后在卖方规定的折扣期内付款，便可享受现金折扣。现金折扣一般为发票面额的 1%～5%。信用期一般为 30～60 天，但有些季节性的生产企业可能为其客户提供更长的信用期间。

如果卖方提供现金折扣，买方应尽量争取现金折扣，否则就要承受因放弃现金折扣而造成的隐含利息成本。放弃现金折扣成本计算公式如下：

$$放弃现金折扣成本 = \frac{现金折扣率 \times 360}{（1 - 现金折扣率）\times（信用期 - 折扣期）}$$

放弃现金折扣成本与现金折扣率、折扣期呈同方向变化，与信用期呈反方向变化。因此，如果买方放弃现金折扣，其代价是较高的。

（2）应付票据。应付票据是企业进行延期付款交易时开具的反映债权债务关系的票据。应付票据主要是商业汇票，根据承兑人的不同可分为商业承兑汇票和银行承兑汇票。商业承兑汇票由银行以外的付款人承兑。银行承兑汇票由银行承兑。商业汇票可以带息，也可以不带息。商业汇票的支付期最长不超过 6 个月。

应付票据的利率一般低于银行借款的利率，不用支付周转信贷协定的承诺费和保持补偿性余额，筹资成本较低。但应付票据到期必须归还，若延期还要交罚金，风险较大。

（3）预收账款。预收账款是卖方企业在交付货物之前向买方预先收取部分或全部货款的信用形式。在这种形式下，对于卖方来说，可以得到暂时的资金来源，相当于卖方向买方先借一笔资金然后用货物抵偿；但对于买方来说，不但不能获得资金来源，还要预先垫支一笔资金。预收账款一般用于卖方已知买方的信用欠佳和销售生产周期长、售价高的产品情况。

6. 短期融资券

专门用于融资的票据叫短期融资券或短期商业债券。短期融资券的偿还期限在 1 年以内。短期融资券的特点是只能用于短期流动资金需要，如季节性、临时性的原材料采购和收购的需要，不能用于固定资产投资，也不能用于长期流动资金需要。

（1）短期融资券的种类。

① 按发行方式不同，短期融资券分为经纪人代销的融资券和直接销售的融资券。

② 按发行人不同，可分为金融企业的融资券和非金融企业的融资券。

③ 按发行和流通范围不同，可分为国内融资券和国际融资券。

（2）短期融资券的发行程序。

① 公司作出决策，采用短期融资券方式筹资。

② 办理发行短期融资券的信用评级。

③ 向有关审批机关（向各级人民银行的金融管理部门）提出发行短期融资券的申请。

④ 审批机关对企业的申请进行审查和批准。审查的内容包括：发行资格、资金用途、会计报表的内容、短期融资券的票面内容等。

⑤ 正式发行短期融资券，取得资金。

三、资本成本的计算

资本成本也称资金成本，是企业筹集和使用资本而付出的代价。企业以不同筹资方式筹集资金所付出的代价一般是不同的，个别资本成本是指各种筹资方式的资金成本，主要包括：长期借款资本成本、长期债券资本成本、普通股资本成本、优先股资本成本、留存收益资本成本和加权平均资本成

资本成本的计算

本。计算各种筹资方式的资本成本，以期用最低的成本为公司筹得足够的资金。

从投资者的角度看，资本成本也是投资者要求的必要报酬或最低报酬。资本成本包括用资费用和筹资费用两部分。

（1）用资费用是指企业在生产经营和投资过程中因使用资金而支付的费用，如向股东支付的股利、向债权人支付的利息等，其金额与使用资金的数额多少及时间长短成正比，它是资本成本的主要内容。用资费用主要包括资金时间价值和投资者要考虑的投资风险报酬两部分，资金时间价值是资本成本的基础。

（2）筹资费用是指企业在筹集资金过程中为获取资本而支付的各项费用，如向银行支付的借款手续费，发行股票、债券而支付的发行费等。筹资费用通常在筹措资金时一次支付，在用资过程中不再发生，可视为筹资总额的一项扣除。

资本成本可以用绝对数表示，也可以用相对数表示。资本成本用绝对数表示即资本总成本，是用资费用和筹资费用之和。资本成本用相对数表示即资本成本率，是用资费用与筹资费用的比率，通常用百分比表示。资本成本一般用相对数表示。

（一）长期借款资本成本

长期借款资本成本率的计算公式为：

$$K_l = \frac{I_l(1-T)}{P_l(1-f_l)} = \frac{i_l(1-T)}{1-f_l}$$

式中：K_l——长期借款资本成本率；

$\quad\quad I_l$——长期借款年利息；

$\quad\quad T$——所得税税率；

$\quad\quad P_l$——长期借款筹资总额（借款本金）；

$\quad\quad f_l$——长期借款筹资费用率；

$\quad\quad i_l$——长期借款年利率。

（二）长期债券资本成本

长期债券资本成本率的计算公式为：

$$K_b = \frac{I_b(1-T)}{B_0(1-f_b)} = \frac{B \cdot i_b \cdot (1-T)}{B_0(1-f_b)}$$

式中：K_b——长期债券资本成本率；

$\quad\quad I_b$——债券年利息；

T——企业所得税税率；

B——债券面值；

B_0——债券筹资总额，按发行价格确定；

f_b——债券筹资费用率；

i_b——债券年利率。

（三）普通股资本成本

普通股资本成本计算较为复杂。许多公司的普通股股利都是不断增加的，假设普通股股利年增长率为 g，则普通股资本成本率的计算公式为：

$$K_C = \frac{D_1}{P_c(1-f_c)} + g$$

式中：K_C——普通股资本成本率；

D_1——第 1 年普通股股利；

P_c——普通股筹资总额，按发行价格确定；

f_c——普通股筹资费用率；

（四）优先股资本成本

优先股资本成本率的计算公式为：

$$K_p = \frac{D_p}{P_p(1-f_p)}$$

式中：K_p——优先股资本成本率；

D_p——优先股年股利；

P_p——优先股筹资总额，按发行价格确定；

f_p——优先股筹资费用率。

（五）留存收益资本成本

企业留存收益是企业资金的一项重要来源，等于股东对企业进行追加投资。留存收益资本成本率的计算与普通股基本相同，但不用考虑筹资费用。留存收益资本成本率的计算公式为：

$$K_e = \frac{D_1}{P_c} + g$$

式中：K_e——留存收益资本成本率；

D_1——第 1 年普通股股利；

P_c——普通股筹资总额，按发行价格确定；

g——普通股股利年增长率。

（六）加权平均资金成本的计算

企业不可能只采用单一的筹资方式，往往要采用多种筹资方式进行筹资。要全面衡量一个企业的筹资成本，必须计算综合资本成本。综合资本成本是指企业全部长期资本的总成本，是以各种长期资本占全部资本中的比例为权数，对个别资本成本进行加权平均确定，故又称加权平均资本成本。综合资本成本的计算公式为：

$$K_w = \sum_{j=1}^{n} K_j W_j$$

式中：K_w——综合资本成本；

K_j——第 j 种个别资本成本；

W_j——第 j 种个别资本占全部资本的比例（权数）。

四、资本结构的优化

资本结构是指企业各种资金的来源构成及其比例关系。广义的资本结构是指企业全部资金的来源构成及其比例关系，不仅包括权益资本、长期债务资金，而且包括短期债务资金。狭义的资本结构仅指权益资本及长期债务资金的来源构成及其比例关系，不包括短期债务资金。本项目所指资本结构为狭义的资本结构。公司筹资的核心问题就是确定最佳资本结构。企业只有确定其最佳资本结构，才能合理安排各种来源资金的比重，权衡企业的杠杆收益与财务风险，使企业价值实现最大化。

确定最佳资本结构的标准主要包括：

（1）综合资本成本最低，公司为筹集资金所付出的代价最小。

（2）资本结构有弹性，筹集的资金可以满足企业长短期经营和发展的需要。

（3）股票市价稳步上升，股东财富最大化，企业价值达到最大。

确定最佳资本结构的方法通常有：比较资本成本法、每股收益无差别点法和公司价值分析法等。本书主要介绍前两种方法。

（一）比较资本成本法

比较资本成本法是通过计算各方案加权平均资本成本，根据各方案综合资本成本的高低确定最佳资金结构的方法。其中，综合资本成本最低的方案就是最佳方案。

（二）每股收益无差别点法（EBIT-EPS 分析法）

确定最佳资本结构是为了获得股东财富最大化、企业价值最大化，股东财富可以利用每股收益（EPS）来衡量。每股收益的计算公式如下：

$$EPS = \frac{(EBIT - I)(1 - T) - D}{N}$$

式中：EBIT——息税前利润；

    I——负债利息；

    T——所得税税率；

    D——优先股股息；

    N——流通在外的普通股股数。

每股收益无差别点法是指无论采取哪种筹资方式，使得每股收益都相等的息税前利润。在每股收益无差别点上，无论采用负债筹资还是采用权益筹资，每股收益都是相等的。如果用 EPS_1 代表负债筹资，EPS_2 代表权益筹资，则每股收益无差别点计算公式为：

$$EPS_1 = EPS_2$$

$$\frac{(EBIT - I_1)(1 - T) - D}{N_1} = \frac{(EBIT - I_2)(1 - T) - D}{N_2}$$

根据该公式即可求得 EBIT，即使得每股利润都相等的息税前利润。

EBIT-EPS 分析法如图 5-1 所示。

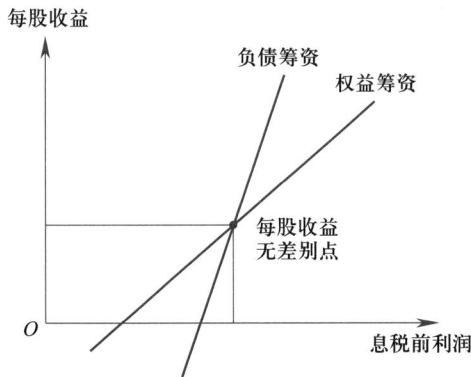

图 5-1　EBIT-EPS 分析图

由图 5-1 可知，只要在以息税前利润为横坐标和以每股收益为纵坐标的坐标图上，画出不同筹资方式下的 *EPS* 线，其交点所对应的 *EBIT* 和 *EPS* 所决定的资本结构就是最优资本结构。

当 *EBIT* 大于每股收益无差别点时，负债筹资的 *EPS* 大于权益筹资的 *EPS*，此时应进行负债筹资；反之，当 *EBIT* 小于每股收益无差别点时，权益筹资的 *EPS* 大于负债筹资的 *EPS*，此时应进行权益筹资；而 *EBIT* 等于每股收益无差别点时，两种筹资方式的 *EPS* 相等，理论上两种融资方式是等效的。

【知识拓展与价值提升】

杠杆利益与风险

杠杆原理来自物理学中的杠杆效应，阿基米德曾经说过："给我一个支点，我可以撬动整个地球。"也就是说利用杠杆可以实现用较小的力量移动较重的物体的现象。在企业经营管理中，同样存在着杠杆效应。这主要是由于经营方面的固定成本和财务方面固定费用的存在，当销售量或息税前利润以较小幅度变动时，会使得企业相关的获利指标发生较大幅度的变动。企业经营中存在的杠杆效应主要有三种：经营杠杆、财务杠杆和总杠杆。

一、经营杠杆

经营杠杆是指在企业生产经营中由于存在固定成本而使利润变动率大于产销量变动率的规律。经营杠杆的大小一般用经营杠杆系数（*DOL*）来表示。它是息税前利润变动率与销售量变动率之间的比率。

经营杠杆系数的计算公式为：

$$DOL = \frac{息税前利润变动率}{销售量变动率}$$

假设经营杠杆系数为 2，则表明销量增长 10%，息税前利润增长 20%。

简化公式：

$$DOL = \frac{边际贡献}{息税前利润} = \frac{销售收入 - 变动成本}{销售收入 - 变动成本 - 固定成本}$$

说明：

第一，在固定成本不变的情况下，经营杠杆系数说明了销售额增长（减少）所引起利润增长（减少）的幅度。

第二，在固定成本不变的情况下，销售额越大，经营杠杆系数越小，经营风险也就越小；反之，销售额越小，经营杠杆系数越大，经营风险也就越大。

另外，影响经营杠杆系数的因素还有单价、单位变动成本等，这两个因素的变动情况也需要考虑。其中，相关因素变化对经营杠杆系数的影响包括：① 单价，与经营杠杆系数反方向变化。② 单位变动成本，同方向变化。③ 固定成本，同方向变化。④ 销售量，反方向变化。

二、财务杠杆

财务杠杆是指由于固定债务利息和优先股股利的存在而导致普通股每股利润变动幅度大于息税前利润变动幅度的现象。财务杠杆的大小一般用财务杠杆系数（DFL）表示。财务杠杆系数是指由于固定财务费用的存在而导致普通股每股收益变动率大于息税前利润变动率的倍数。财务杠杆系数越大，表示财务杠杆作用越大，财务风险也就越大；财务杠杆系数越小，表明财务杠杆作用越小，财务风险也就越小。财务杠杆系数的计算公式为：

$$DFL = \frac{普通股每股收益变动率}{息税前利润变动率}$$

假设财务杠杆系数等于2，表明如果息税前利润变动率为10%，则普通股每股收益变动率为：$2 \times 10\% = 20\%$。

为了便于计算，可将上式推导为：

$$DFL = \frac{EBIT_0}{EBIT_0 - I - \dfrac{d}{1-T}} = \frac{基期息税前利润}{基期息税前利润 - 债务利息 - \dfrac{优先股股利}{1 - 所得税税率}}$$

式中：DFL——财务杠杆系数；

I——债务利息。

d——优先股股利；

T——企业所得税税率；

$EBIT_0$——基期息税前利润。

对于无优先股的股份有限公司和非股份制企业，上述公式可简化为：

$$DFL = \frac{EBIT_0}{EBIT_0 - I} = \frac{\text{基期息税前利润}}{\text{基期息税前利润} - \text{债务利息}}$$

假如债务利息为零，那么财务杠杆系数就是 1，没有财务杠杆作用，普通股每股收益变动率等于息税前利润变动率；假如分子比分母大，表明普通股每股收益变动率会超过息税前利润变动率。其中，在其他因素不变的情况下，相关因素变化对财务杠杆系数的影响包括：① 利息越大，则财务杠杆系数越大；② EBIT 越大，则财务杠杆系数越小。

三、总杠杆

通常把经营杠杆和财务杠杆的连锁作用称为总杠杆作用。总杠杆，也称复合杠杆和联合杠杆，是指由于固定生产经营成本和固定财务费用的共同存在而导致的普通股每股收益变动率大于产销业务量变动率的杠杆效应。

总杠杆的作用程度可以用总杠杆系数（DTL）表示。

总杠杆系数的计算公式为：

$$\text{总杠杆系数} = \frac{\text{普通股每股收益变动率}}{\text{产销量变动率}} = \frac{\text{息税前利润变动率}}{\text{产销量变动率}} \times \frac{\text{普通股每股收益变动率}}{\text{息税前利润变动率}}$$

$$= \text{经营杠杆系数} \times \text{财务杠杆系数}$$

假设总杠杆系数为 3，则表明产销量变动 1 倍，每股收益变动 3 倍。

进一步可表示为：

$$DTL = DOL \times DFL$$

$$= \frac{\text{边际贡献}}{\text{息税前利润}} \times \frac{\text{息税前利润}}{\text{息税前利润} - \text{债务利息}} = \frac{\text{边际贡献}}{\text{息税前利润} - \text{债务利息}}$$

$$= \frac{\text{边际贡献}}{\text{息税前利润}}$$

注意：凡是影响经营杠杆系数和财务杠杆系数的因素都会影响总杠杆系数，而且影响方向是一致的。

任务实施

筹资管理

根据知识准备，我们了解了资本成本和资本结构的有关概念和计算方法，实际中还需要结合具体情境进行分析。根据任务资料的描述，分别完成各项任务。

1. 确定短期资金筹资金额和长期资金筹资金额，项目资金形式如表5-21所示。

表5-21　项目资金形式

单位：元

项目	金额	投入时间			资金形式
		$T+0$	$T+1$	$T+2$	
一、建筑工程费	873 200 000	433 000 000	440 200 000		长期资金
二、工程建设其他费用	118 100 000	104 300 000	13 800 000		长期资金
三、预备费	120 000 000	120 000 000			长期资金
四、设备购置及安装费	2 890 000 000	108 086 400	2 691 913 600	90 000 000	长期资金
五、铺底流动资金及原材料资金储备	348 700 000	0	0	348 700 000	短期资金
合计	4 350 000 000	765 386 400	3 145 913 600	438 700 000	—

根据任务一表5-2，本项目总投资额为435 000万元，其中建筑工程费为87 320万元，工程建设其他费用为11 810万元，预备费为12 000万元，设备购置及安装费为289 000万元，铺底流动资金及原材料资金储备为34 870万元。其中，前四项均为长期资产投资，只有第五项铺底流动资金及原材料资金储备是为了满足生产经营活动中资金周转的需要而垫支的流动资金。经过分析，可以确定铺底流动资金及原材料资金储备需要的资金量为短期资金需求，共计34 870万元。建筑工程费、工程建设其他费用、预备费和设备购置及安装费为长期资金需求，共计400 130万元。按照资金投入时间来看，$T+0$投入资金765 386 400元，$T+1$投入资金3 145 913 600元，$T+2$投入资金438 700 000元。

2. 资本成本率计算表如表5-22所示。

表 5-22　资本成本率计算表

筹资方式	名义利率	筹资费用率	面值	市价	资本成本率
短期借款	4%	0			3.40%
华夏银行长期借款	6.60%	0			5.61%
兴业银行长期借款	7%	0			5.95%
民生银行长期借款	7.40%	0			6.29%
发行债券	6.80%	1.50%	100	100	5.87%
筹资方式	股利	筹资费用率	股利增长率	市价	资本成本率
普通股	0.5	7.05%	4%	20	6.69%
留存收益	0.5	0	4%	20	6.50%

（1）计算短期借款资本成本率。

短期借款资本成本率 = 4% × （1 − 15%）= 3.4%

（2）计算长期借款资本成本率。

华夏银行长期资本成本率 = 6.6% × （1 − 15%）= 5.61%

兴业银行长期资本成本率 = 7% × （1 − 15%）= 5.95%

民生银行长期资本成本率 = 7.4% × （1 − 15%）= 6.29%

（3）计算发行债券资本成本率。

$$债券资本成本率 = \frac{100 × 6.8\% × （1 − 15\%）}{100 × （1 − 1.5\%）} = 5.87\%$$

（4）计算发行股票资本成本率。

$$普通资本成本率 = \frac{0.5}{20 × （1 − 7.05\%）} + 4\% = 6.69\%$$

（5）计算留存收益资本成本率。

$$留存收益资本成本率 = \frac{0.5}{20} + 4\% = 6.5\%$$

3. 计算 2022 年企业资本结构联创新能源公司资本结构如表 5-23 所示。

表5-23　联创新能源公司资本结构

项目	长期负债	所有者权益	资本结构
联创新能源公司	45 235 436	2 621 630 294	1.73%

根据工作领域二 2022 年预计资产负债表表（2-10），计算公司的资本结构（长期负债与所有者权益比）。

$$长期负责与所有者权益比 = \frac{45\ 235\ 436}{2\ 621\ 630\ 294} \times 100\% = 1.73\%$$

4. 计算动力电池行业资本结构。

计算动力电池行业资本结构，如表 5-24 所示。

表5-24　动力电池行业资本结构

	宁德时代	比亚迪	国轩高科	亿纬锂能	孚能科技
长期负债	15 097 241 307.97	14 992 160 000.00	995 799 629.08	1 213 855 287.30	1 153 612 900.76
所有者权益	62 426 208 621.13	24 783 085 000.00	9 930 235 657.86	8 365 830 280.09	7 209 483 041.06
长期负债与所有者权益比	24.18%	60.49%	10.03%	14.51%	16.00%
市场占有率	50.09%	14.33%	5.15%	1.63%	1.39%
行业均值	21.76%				

5. 确定最佳融资方案。

根据公司战略，2024 年筹资后资本结构小于等于行业平均值 21.76%。需外部筹资金额为 2 516 730 880（元）。

假设长期负债筹资额为 X 元，则权益资金（普通股）筹资额为（2 516 730 880 − X）元。根据工作领域二，2023 年预计资产负债表中的有关数据，2023 年年底预计长期负债 274 615 075.32 元，所有者权益 3 833 571 801.65 元，结合任务布置中的有关资料，资本结构计算如下：

$$\frac{274\ 615\ 075.32 + X}{3\ 833\ 571\ 801.65 + 629\ 182\ 720 + 2\ 516\ 730\ 880 - X} \leqslant 21.76\%$$

取其临界状态：

$$\frac{274\ 615\ 075.32 + X}{3\ 833\ 571\ 801.65 + 3\ 145\ 913\ 600 - X} = 21.76\%$$

得到 X 的最大值，$X = 1\ 021\ 781\ 331$

即长期负债筹资额最大 102 178 万元，其余 1 494 950 880 元则需要通过权益资金筹集。

再次，对于长期负债筹资额 102 178 万元，为了降低企业资本成本率，尽量选择资本成本率低的筹资方式，首选华夏银行长期借款 50 000 万元，其次选择发行债券 52 178 万元。最后，对于 1 494 950 880 元需要通过发行股票筹资。

整个组合的加权平均资金成本为：

$$K = \frac{629\ 182\ 720}{3\ 145\ 913\ 600} \times 6.5\% + \frac{500\ 000\ 000}{3\ 145\ 913\ 600} \times 5.61\% + \frac{521\ 780\ 000}{3\ 145\ 913\ 600} \times 5.87\% +$$

$$\frac{1\ 494\ 950\ 880}{3\ 145\ 913\ 600} \times 6.69\% = 6\%$$

筹资额估算表如表 5-25 所示。

表 5-25　筹资额估算表

项目	2023 年	2024 年	2025 年
筹资总额	765 386 400	3 145 913 600	438 700 000
内部筹资额	765 386 400	629 182 720	438 700 000
内部收益资金成本率	6.5%	6.5%	6.5%
外部筹资额	0	2 516 730 880	0
外部筹资方式：	—	—	—
华夏银行长期借款	—	500 000 000	—
兴业银行长期借款	—	0	—

项目	2023 年	2024 年	2025 年
民生银行长期借款	—	0	—
发行债券	—	521 780 000	—
普通股	—	1 494 950 880	—

【即学即练】

交互式自测请扫描书侧二维码练习。

任务二
交互式自测

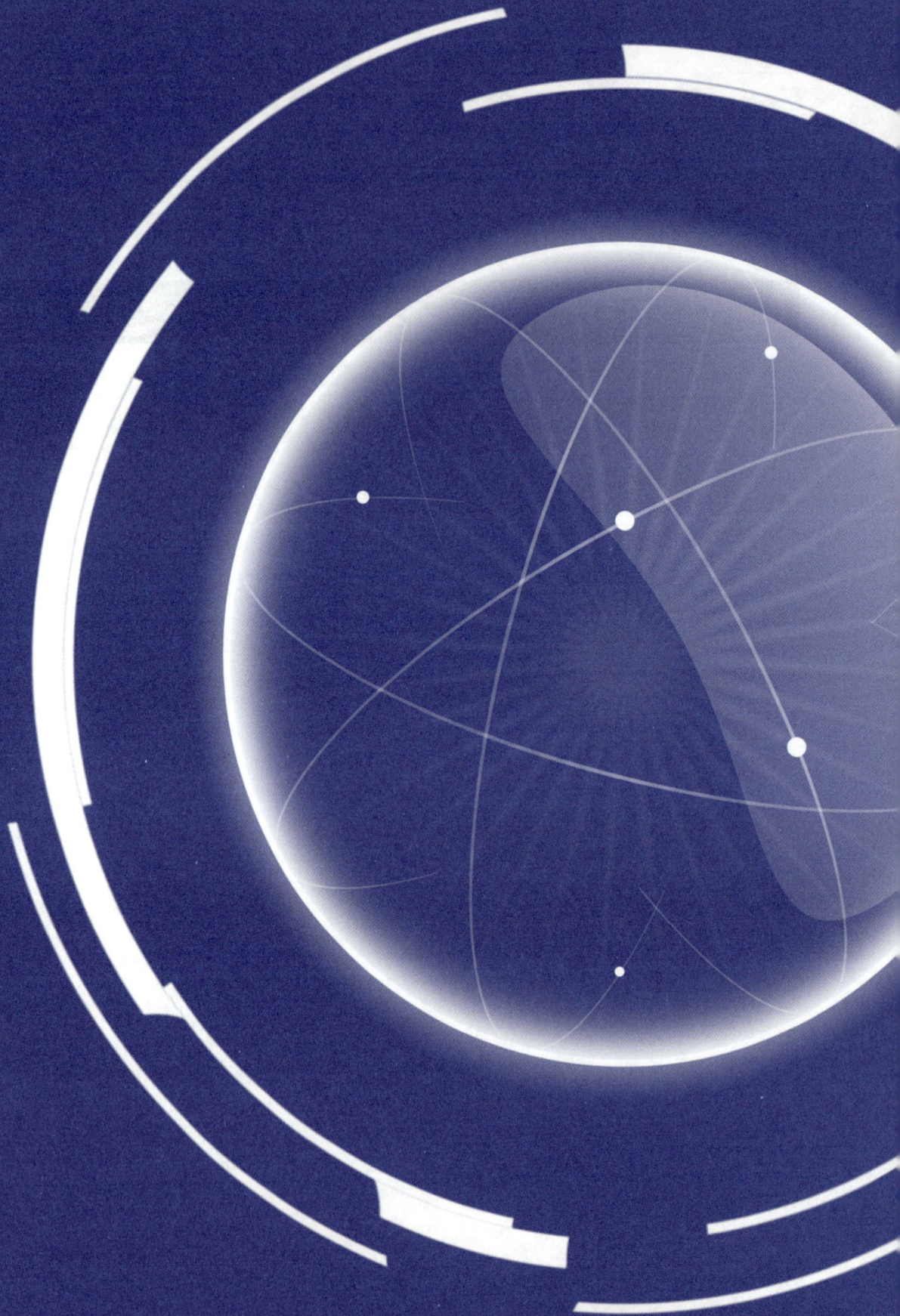

绩效管理

知识目标

◆ 了解绩效评价的含义及意义；

◆ 掌握绩效评价指标体系制定的程序；

◆ 掌握平衡计分卡指标体系的设计；

◆ 了解各维度绩效指标意义；

◆ 了解平衡计分卡的绩效评价意义和平衡计分卡指标的权重分配；

◆ 掌握绩效评价实施。

技能目标

◆ 能够运用平衡计分卡的原理，完成绩效评价指标体系的制定；

◆ 能够结合案例，制定各个评价目标值；

◆ 能够结合案例，进行绩效评价指标差异分析；

◆ 能够结合案例，测定体系权重分配；

◆ 能够运用平衡计分卡的绩效评价结果对案例公司进行绩效评价。

素养目标

◆ 引导学生坚定理想信念，树立学生社会主义核心价值观：公平、敬业；

◆ 培养学生统筹全局、兼顾局部；

◆ 培养学生诚信品质；

◆ 树立学生客观公正的职业道德素养；

◆ 树立正确的理想与奋斗目标；

◆ 培养学生实事求是、责任意识。

知识导图

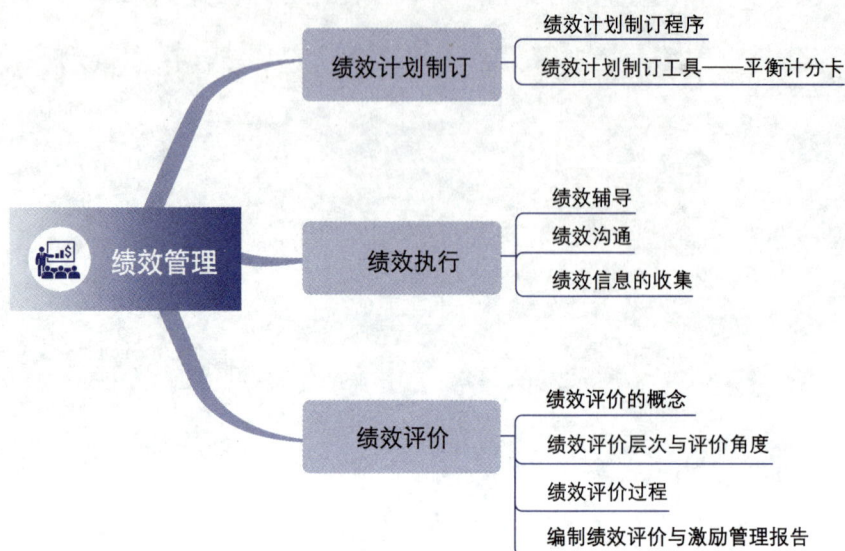

情境引例

北京联创新能源科技股份有限公司（以下简称联创新能源）实行一年一期的年度绩效考核。公司召开绩效考评预备会，讨论公司本年度的考评工作，确定考核方案。绩效考核制度概要如下。

一、绩效考核目的

充分调动员工的积极性、创新能力和工作规划能力，使公司每一名员工都紧紧围绕公司的发展战略目标，高效地完成工作任务。

二、绩效考核原则

（1）自始至终应保持公平、公正、公开的透明性原则，决不允许营私舞弊。

（2）上下级垂直考核与自评相结合的原则。

（3）定性考核与定量考核相结合原则，以规定的考核项目、确定的事实或者可靠的材料为依据。

三、考核指标的设立

（1）与公司总体任务挂钩。从公司层面考核财务层面指标。

（2）与本部门任务挂钩。考核指标根据岗位职责、工作计划、部门重点、年度目标等，绩效指标可从公司下达的考核指标库中选取，亦可结合工作实际情况由上下级之间共同协商，形成绩效考核指标，报总经理审批后实施。

（3）与相关部门业绩挂钩。部门指标不是孤立的，要与上下游相关部门的业绩指标结合考虑。

（4）设定目标值要求与企业年度整体任务挂钩。确定岗位标准考核指标的依据：

A指标：企业历史数据；

B指标：行业平均数据；

C指标：企业计划增长值。

（5）指标数量以不同层级、结合岗位自身职责与公司各层次目标制订，结合公司目前工作重点的方式选择考核周期内的工作重点或岗位职责中的关键性工作作为考核指标。

（6）绩效考核指标一旦确定不得轻易更改，如确因工作需要更改的，需经被考核人直接上级与办公室负责人商定，报总经理批准后方可生效。如有争议，薪酬管理委员会有最终裁决权。

四、考评程序

（1）指标与权重的确定。根据工作重点和行为表现合理分配考核指标的权重，各部门负责人与办公室沟通确定直接下级的考核指标。

（2）各级考评主体进行逐级考核评分，考核采用先自我评价，再由上至下进行逐级评分的方式。

（3）各级同时考核，即自评与直接上级考评同时开展，员工进行自评时应同时提交由统一制订的相关工作报告文件。

（4）各级负责人按规定时间收齐被考核对象的考核表进行打分并汇总，考核结果提交办公室。

（5）办公室将各部门考核结果进行统计、汇总，整理后报总经理审批。

（6）办公室将审批后的考核结果进行统计、归档，并交财务部，作为月度绩效考核工资、效益工资发放的依据。

北京联创新能源绩效考核制度

（7）直接上级对直接下级进行绩效面谈，将考核结果反馈给员工本人并与员工沟通（如有异议可书面形式向公司薪酬管理委员会提出申诉），提出改进建议，协商改进计划。

联创新能源公司将按照上述绩效考核制度，执行绩效考核工作。

任务一 绩效计划制订

任务资料

联创新能源公司 2023 年采用平衡计分卡来进行年度绩效考核。平衡计分卡采用多重指标、从多个维度或层面对企业进行绩效评价。平衡计分卡不再只追求利润最大化这个短期目标，而是致力于追求企业未来的核心竞争力，体现企业的战略目标。平衡计分卡如图 6-1 所示。

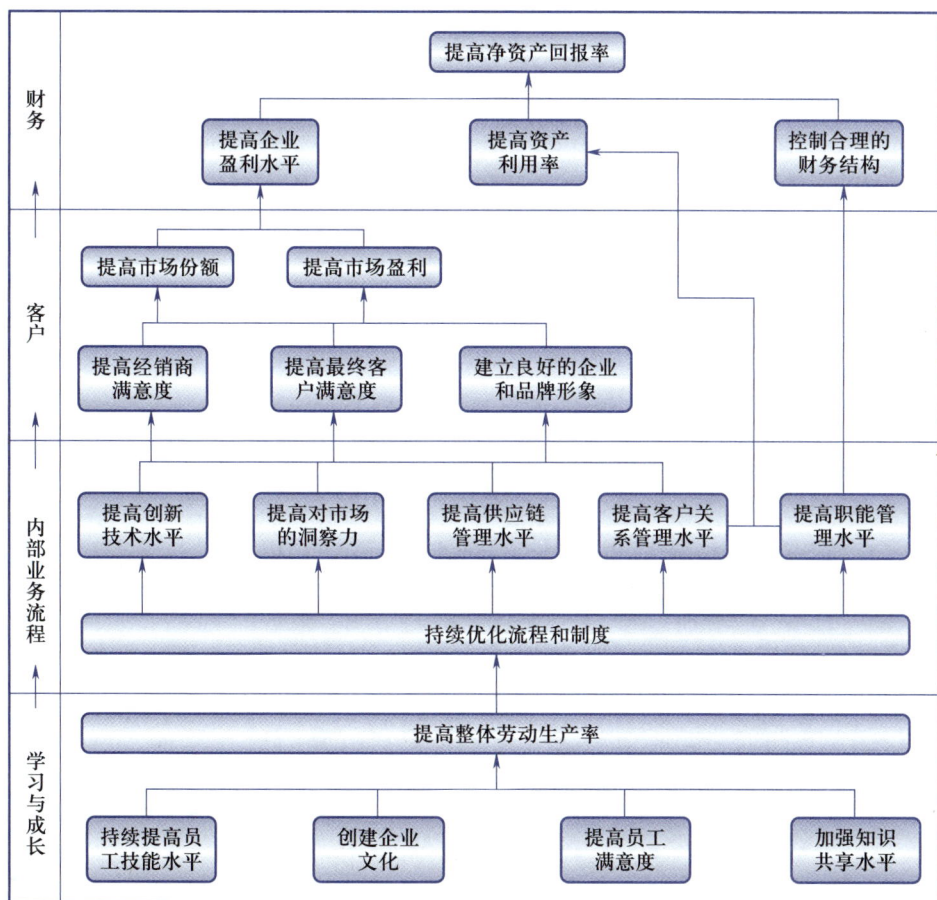

图 6-1 平衡计分卡

资料一

联创新能源公司通过财务、客户、内部业务流程、学习与成长四个维度选取绩效管理相关指标，如表 6-1 所示。

部分指标计算公式如下：

（1）净资产收益率＝净利润／所有者权益平均额

（2）净利润增长率＝（报告期净利润总额－基期净利润总额）／基期净利润总额 ×100%

（3）总资产周转率＝销售收入总额／资产平均总额

表 6-1　绩效管理指标分类表

序号	指标名称	财务／非财务	结果／动因
1	订单完成率		
2	培训计划完成率		
3	完工及时率		
4	净利润		
5	单位营业成本		
6	验收合格率		
7	净资产收益率		
8	收入完成率		
9	净利润增长率		
10	订单增长率		
11	市场份额		
12	员工保持率		
13	净利润完成率		
14	员工满意度		
15	总资产周转率		
16	客户满意度		

资料二

2022 年年底联创新能源公司考核小组从财务、客户、内部业务流程、学习与成长四个维度将表 6-1 中的指标进行分类考核，完成 BSC 指标（平衡计分卡指标）选择，并确立了考核指标的权重，如表 6-2 所示。

资料三

联创新能源近三年 BSC 相关指标值如表 6-3 所示，2022 年公司资产负债表、2023 年公司资产负债预算表和实际资产负债表、2022 年公司利润表、2023 年公司利润预算表和实际利润表的相关数据，如表表 6-4 ~ 表 6-8 所示。

表 6-2 BSC 指标分类及绩效评价体系建立

角度	指标含义	指标名称	目标值	权重
财务	收入目标完成情况			10%
	净利润目标完成情况			10%
	净利润同期增长情况			5%
	总资产运营状况			10%
	收入盈利状况			5%
	单位净资产盈利状况			10%
客户	业务量目标完成情况			5%
	业务量同期增长情况			5%
	客户对公司业务的认同状况			5%
	公司相对整个市场强弱程度			5%
内部业务流程	按时完工状况			5%
	电池质量完成情况			5%
	单位业务量耗用公司资源			5%
学习与成长	员工稳定性状况			5%
	员工对公司的认同感和归属感			5%
	员工技能学习和业务水平提升情况			5%

表6-3 联创新能源近三年BSC相关指标值

序号	指标名称	2020	2021	2022
1	收入完成率	100%	100%	100%
2	净利润完成率	100%	100%	100%
3	客户满意度	100%	90%	95%
4	订单完成率	100%	100%	100%
5	订单增长率	25%	28%	25%
6	市场份额	0.9%	0.88%	1.22%
7	完工及时率	100%	90%	95%
8	验收合格率	99%	100%	95%
9	培训计划完成率	100%	100%	100%
10	员工满意度	92%	98%	95%
11	员工保持率	82%	79%	79%

表6-4 2022年公司资产负债表

2022年12月31日

会企01表
单位：元

资产	期末余额	负债和所有者权益（或股东权益）	期末余额
流动资产：		流动负债：	
货币资金	65 000 000	短期借款	0
交易性金融资产	0	交易性金融负债	0
衍生金融资产	0	衍生金融负债	0
应收票据	0	应付票据	0
应收账款	203 763 750	应付账款	227 423 343.26
应收账款融资	0	预收款项	0
预付款项	0	合同负债	0
其他应收款	0	应付职工薪酬	76 964 300
存货	325 468 823.26	应交税费	97 430 000
合同资产	0	其他应付款	0
持有待售资产	0	持有待售负债	0
一年内到期的非流动资产	0	一年内到期的非流动负债	0

资产	期末余额	负债和所有者权益 （或股东权益）	期末余额
其他流动资产	0	其他流动负债	0
流动资产合计	594 232 573.26	流动负债合计	401 817 643.26
非流动资产：		非流动负债：	
债权投资	0	长期借款	0
其他债权投资	0	应付债券	0
长期应收款	0	其中：优先股	0
长期股权投资	0	永续债	0
其他权益工具投资	0	租赁负债	0
其他非流动金融资产	0	长期应付款	0
投资性房地产	0	预计负债	45 235 436
固定资产	2 407 850 800	递延收益	0
在建工程	0	递延所得税负债	0
生产性生物资产	0	其他非流动负债	0
油气资产	0	非流动负债合计	45 235 436
使用权资产	0	负债合计	447 053 079.26
无形资产	66 600 000	所有者权益（或股东权益）：	
开发支出	0		
商誉	0	实收资本（或股本）	884 301 400
长期待摊费用	0	其他权益工具	0
递延所得税资产	0	其中：优先股	0
其他非流动资产	0	永续债	0
非流动资产合计	2 474 450 800	资本公积	647 316 000
		减：库存股	0
		其他综合收益	0
		专项储备	0
		盈余公积	42 464 000
		未分配利润	1 047 548 894
		所有者权益（或股东权益）合计	2 621 630 294
资产总计	3 068 683 373.26	负债和所有者权益（或股东权益）合计	3 068 683 373.26

表 6-5 2023 年公司资产负债预算表和实际资产负债表

2023 年 12 月 31 日

资产	期末余额预算数	期末余额实际数	负债和所有者权益 （或股东权益）	期末余额预算数	期末余额实际数
流动资产：			流动负债：		
货币资金	1 264 512 151.6	1 342 904 537.92	短期借款	0	0
交易性金融资产	0		交易性金融负债	0	0
衍生金融资产	0		衍生金融负债	0	0
应收票据	0		应付票据	0	0
应收账款	293 965 287.02	220 067 600	应付账款	336 888 702.69	338 000 000
应收账款融资	0		预收款项	0	0
预付款项	0		合同负债	0	0
其他应收款	0		应付职工薪酬	91 383 839.1	91 384 000
存货	173 999 720.55	173 998 200	应交税费	237 026 036.06	238 135 411.98
合同资产	0		其他应付款	0	0
持有待售资产	0		持有待售负债	0	0
一年内到期的非流动资产	0		一年内到期的非流动负债	0	0
其他流动资产	0		其他流动负债	0	0

资产	期末余额预算数	期末余额实际数	负债和所有者权益（或股东权益）	期末余额预算数	期末余额实际数
流动资产合计	1 732 477 159.17	1 736 970 337.92	流动负债合计	665 298 577.85	667 519 411.98
非流动资产：			非流动负债：		
债权投资	0		长期借款	413 442 341.08	413 442 341.08
其他债权投资	0		应付债券	0	0
长期应收款	0		其中：优先股	0	0
长期股权投资	0		永续债	0	0
其他权益工具投资	0		租赁负债	0	0
其他非流动金融资产	0		长期应付款	0	0
投资性房地产	0		预计负债	274 615 075.32	274 615 075.32
固定资产	2 073 925 400	2 073 925 400	递延收益	0	0
在建工程	1 302 686 400	1 302 686 400	递延所得税负债	0	0
生产性生物资产	0		其他非流动负债	0	0
油气资产	0		非流动负债合计	688 057 416.4	688 057 416.4
使用权资产	0		负债合计	1 353 355 994.25	1 355 576 828.38
无形资产	64 800 000	64 800 000	所有者权益（或股东权益）：		

资产	期末余额预算数	期末余额实际数	负债和所有者权益（或股东权益）	期末余额预算数	期末余额实际数
开发支出	0		实收资本（或股本）	884 301 400	884 301 400
商誉	0		其他权益工具	0	
长期待摊费用	0		其中：优先股	0	
递延所得税资产	0		永续债	0	
其他非流动资产	0		资本公积	647 316 000	647 316 000
非流动资产合计	3 441 411 800	3 441 411 800	减：库存股	0	
			其他综合收益	0	
			专项储备	0	
			盈余公积	162 354 267.09	162 581 501.55
			未分配利润	2 126 561 297.83	2 128 606 407.99
			所有者权益（或股东权益）合计	3 820 532 964.92	3 822 805 309.54
资产总计	5 173 888 959.17	5 178 382 137.92	负债和所有者权益（或股东权益）合计	5 173 888 959.17	5 178 382 137.92

表6-6　2022年公司利润表

会企02表
单位：元

2022年

项目	本期金额
一、营业收入	6 792 125 000
减：营业成本	4 462 426 125
税金及附加	49 582 512.5
销售费用	228 461 800
管理费用	308 194 968
研发费用	502 844 422
财务费用	0
其中：利息费用	0
利息收入	0
加：其他收益	0
投资收益（损失以"－"号填列）	0
其中：对联营企业和合营企业的投资收益	0
以摊余成本计量的金融资产终止确认收益（损失以"－"号填列）	0
净敞口套期收益（损失以"－"号填列）	0
公允价值变动收益（损失以"－"号填列）	0
信用减值损失（损失以"－"号填列）	0
资产减值损失（损失以"－"号填列）	0
资产处置收益（损失以"－"号填列）	0
二、营业利润（亏损以"－"号填列）	1 240 615 172.5
加：营业外收入	0
减：营业外支出	0
三、利润总额（亏损总额以"－"号填列）	1 240 615 172.5
减：所得税费用	186 092 275.88
四、净利润（净损失以"－"号填列）	1 054 522 896.62
（一）持续经营净利润（净损失以"－"号填列）	—
（二）终止经营净利润（净损失以"－"号填列）	—

项目	本期金额
五、其他综合收益的税后净额	—
（一）不能重分类进损益的其他综合收益	—
1．重新计量设定收益计划变动额	—
......	
（二）将重分类进损益的其他综合收益	—
1．权益法下可转损益的其他综合收益	—
......	
六、综合收益总额	—
七、每股收益	—
（一）基本每股收益	—
（二）稀释每股收益	—

表6-7　2023年公司利润预算表和实际利润表

2023年

会企02表
单位：元

项目	本期金额预算数	本期金额实际数
一、营业收入	8 671 542 390	8 675 520 000
减：营业成本	5 696 777 162.87	5 699 625 551.45
税金及附加	63 229 340.50	63 260 955.17
销售费用	337 322 999	337 332 000
管理费用	450 920 204	450 900 000
研发费用	702 394 934	702 394 000
财务费用	8 860 416.27	8 860 416.27
其中：利息费用	12 403 270.24	12 403 270.24
利息收入	3 542 853.97	3 542 853.97
加：其他收益	0	0
投资收益（损失以"-"号填列）	0	0
其中：对联营企业和合营企业的投资收益	0	0

项目	本期金额预算数	本期金额实际数
以摊余成本计量的金融资产终止确认收益（损失以"—"号填列）	0	0
净敞口套期收益（损失以"—"号填列）	0	0
公允价值变动收益（损失以"—"号填列）	0	0
信用减值损失（损失以"—"号填列）	0	0
资产减值损失（损失以"—"号填列）	0	0
资产处置收益（损失以"—"号填列）	0	0
二、营业利润（亏损以"—"号填列）	1 412 037 333.36	1 413 147 077.11
加：营业外收入	0	0
减：营业外支出	0	0
三、利润总额（亏损总额以"—"号填列）	1 412 037 333.36	1 413 147 077.11
减：所得税费用	213 134 662.44	211 972 061.57
四、净利润（净损失以"—"号填列）	1 198 902 670.92	1 201 175 015.54
（一）持续经营净利润（净损失以"—"号填列）	1 198 902 670.92	1 201 175 015.54
（二）终止经营净利润（净损失以"—"号填列）	—	—
五、其他综合收益的税后净额	—	—
（一）不能重分类进损益的其他综合收益	—	—
1. 重新计量设定收益计划变动额	—	—
……	—	—
（二）将重分类进损益的其他综合收益	—	—
1. 权益法下可转损益的其他综合收益	—	—
……	—	—
六、综合收益总额	—	—
七、每股收益	—	—
（一）基本每股收益	—	—
（二）稀释每股收益	—	—

表6-8　产品销售量统计表

项目	2023年预计值	2023年实际值
三元锂电芯523型（250 wh）/件	5 958 480	5 866 360
三元锂电池523型（60 kW·h）/件	107 630	106 000
销售总电量/（kW·h）	7 947 420	7 826 590

任务布置

1. 根据资料一，结合绩效管理相关知识，请对表6-1中的指标进行分类，并填表6-1。

2. 根据资料一和资料二，请将表6-1中指标分类填入表6-2中。

3. 根据资料三，确定表6-2中各指标的目标值。其中，净资产收益率、净利润增长率、总资产周转率、净利润和单位营业成本的目标值根据2023年预计资产负债表和利润表的有关内容确定，其余11个指标的目标值根据企业近三年指标值的算术平均数确定，并填入表6-2中。

构建绩效评
价体系

知识准备

企业应根据战略目标，综合考虑绩效评价期间的宏观经济政策、外部市场环境、内部管理需要等因素，结合业务计划与预算，按照上下结合、分级编制、逐级分解的程序，在沟通反馈的基础上，编制各层级的绩效计划与激励计划。

制订绩效计划通常从企业级开始，层层分解到所属单位（部门），最终落实到具体岗位和员工。绩效计划制订完成后，应经薪酬与考核管理委员会或类似机构审核，报董事会或类似机构审批。经审批的绩效计划与激励计划应保持稳定，一般不予调整，若受国家政策、市场环境、不可抗力等客观因素影响，确需调整的，应严格履行规定的审批程序。

一、绩效计划制订程序

绩效计划是企业开展绩效评价工作的行动方案，包括构建绩效评价指标体系、分配指标权重、确定绩效目标值、选择绩效评价计分方法、设定绩效评价周期和拟订绩效责任书等一系列管理活动。

（一）构建绩效评价指标体系

绩效评价指标是指根据绩效评价目标和评价主体的需要而设计的、以指标形式体现的能反映评价对象特征的因素。企业可单独或综合运用关键绩效指标法、经济增加值法、平衡计分卡等工具方法构建指标体系。作为战略管理的有效工具，绩效评价体系关心的不应仅限于被评价对象的全部内容，而是与战略目标紧密相关的方面。关键成功因素（CSF）是企业达成战略目标、实现战略成功的关键因素，而用来衡量关键成功因素的指标就是关键绩效指标（KPI）。指标体系应是反映企业战略目标实现的关键成功因素，具体指标应含义明确、可度量。不同行业、不同性质的企业以及企业在不同的发展阶段，评价指标的设置以及各指标的重要程度也不相同。如何将反映企业生产经营状况的关键因素准确地体现在各具体指标上，是绩效评价指标体系设计的重要问题。

常见的绩效评价指标的分类方法有：

1. 财务指标与非财务指标

财务指标是企业评价财务状况和经营成果的指标，以货币形式计量。运用财务指标来评价企业的绩效，其缺陷主要包括：

（1）财务指标面向过去而不反映未来，不利于评价企业在创造未来价值上的业绩。

（2）财务指标容易被操纵。例如，人为控制固定资产折旧、无形资产摊销、收入确认、表外融资等。

（3）财务指标容易导致短视行为。例如，绩效与短期利润挂钩，可能会缩减或推迟研发支出、培训支出、内部控制支出等。

（4）财务指标不利于揭示出经营问题的动因。例如，收入目标没有实现，是产品质量使客户流失还是配送不及时使订单减少，财务指标只表现出结果并没有揭示出导致某种结果的原因。

非财务指标被认为是能反映未来绩效的指标，良好的非财务指标有利于促进企业实现未来的财务成功。非财务指标是无法用货币来衡量的，包括反映企业在经营过程、员工管理、市场能力和顾客服务等方面表现的各种指标。非财务指标一般是财务指标的先行指标，较差的非财务指标（如缺乏组织学习、流程改进不力、客户满意度低下等）必定会给企业带来不利影响并在财务指标中体现。优秀的企业越来越重视对收入和成本的动因进行管理，而出色的非财务绩效通常伴有出色的财务绩效。

以财务指标为主的传统经营绩效评价指标体系，对于指导和评价信息时代公司如何通过投资于客户、供应商、员工、生产程序、技术和创新等来创造未来的价值是远远不够的。非财务指标弥补了这一缺点。经营管理者可以计量和控制公司及其内部各单位如何为现在和未来的客户进行创新并创造价值，如何建立和提高内部生产能力，以及如何为提高未来的经营绩效而对员工、系统和程序进行投资。

随着企业间的竞争日益激烈、内外部环境的不确定性增大，企业管理者越来越需要动态地制定、执行相应的竞争战略，并通过设计非财务指标来适时地计量企业的绩效，评估企业战略和目标的实现程度，改进运营控制。

2. 定性指标与定量指标

非财务指标可以是定量的，即用数字直接计量，例如，消费者投诉数量。非财务指标有时难以用数字计量，只能定性反映，例如，销售代表所反馈的客户意见。但是，从管理角度看，绩效指标应当尽可能量化，目标不量化就会难以操作，可能会形同虚设。实务中通常采用定量指标来替代定性指标。例如，用客户投诉数量作为衡量产品质量或客户满意度的替代指标，用保修单数量作为衡量产品可信度的替代指标。

3. 绝对指标与相对指标

绝对指标能够反映被评价对象绩效的总量大小，例如，某销售部门的年营业收入预算目标。相对指标是两个绝对指标的比率结果，例如，某市场销售部门的销售费用率是年销售费用预算目标与年营业收入预算目标的比率。绝对指标和相对指标在企业的绩效评价中相互补充，可以更好地发挥作用。

4. 基本指标与修正指标

基本指标是评价企业绩效的核心指标，用以产生企业绩效评价的初步结果。修正指标是企业绩效评价指标体系中的辅助指标，用以对基本指标评价形成的初步评价结果进行修正，以产生较为全面的企业绩效评价基本结果。例如《中央企业综合绩效评价实施细则》规定：企业盈利能力状况以净资产收益率、总资产报酬率两个基本指标和销售（营业）利润率、盈余现金保障倍数、成本费用利润率、资本收益率四个修正指标进行评价，主要反映企业一定经营期间的投入产出水平和盈利质量。企业资产质量状况以总资产周转率、应收账款周转率两个基本指标和不良资产比率、流动资产周转率、资产现金回收率三个修正指标进行评价，主要反映企业所占用经济资源的利用效率、资产管理水平与资产的安全性。企业债务风险状况以资产负债率、已获利息倍数两个基本指标和速动比率、现金流动负债比率、带息负债比率、或有负债比率四个修正指标进行评价，主要反映企业的债务负担水平、偿债能力及其面临的债务风险。企业经营增长状况以销售（营业）增长率、资本保值增值率两个基本指标和销售（营业）利润增长率、总资产增长率、技术投入比率三个修正指标进行评价主要反映企业的经营增长水平、资本增值状况及发展后劲。

5. 正向指标、反向指标与适度指标

正向指标是指在企业绩效评价指标体系中，指标值越大评价越好的指标，例如，净资产收益率、总资产报酬率等效益型指标。反向指标是指指标值越小，评价越好的指标，例如，成本费用占营业收入的比例、应收账款周转天数等指标。适度指标是指指标值越接近某个值越好的指标，例如，资产负债率过高，说明杠杆太高，财务风险过大，但该指标过低又说明企业过于保守；当投资报酬率超过利息率时不利于企业价值的提升。

（二）分配指标权重

对被评价对象进行绩效评价时，一般需合理设计多个评价指标，构成一个有机的指标体系。评价指标体系确定之后，需要对每一个指标赋予一定的权重。权重是一个相对的概念，某一评价指标的权重是指该指标在整体评价指标体系中的相对重要程度。指标权重可以从若干评价指标中分出轻重，并在很大程度上反映企业的考核导向。同一评价指标，在对不同类型被评价对象进行评价时可以赋予不同的权重。例如，某集团企业希望所属 A 类企业重点做规模，其可赋予营业收入等规模指标更高的权重；同时希望 B 类企业重点做效益，其可赋予利润总额等效益指标更高的权重。

考核评价实践中应综合运用各种方法，科学、合理地设置指标权重，通常的做法是主要根据指标的重要性以及考核导向进行设置，并根据需要适时进行调整。指标权重的确定可选择运用主观赋权法和客观赋权法，也可综合运用这两种方法。

1. 主观赋权法

主观赋权法是利用专家或个人的知识与经验来确定指标权重的方法，如德尔菲法、层次分析法等。

（1）德尔菲法。德尔菲法也称专家调查法，是指邀请专家对各项指标进行权重设置，将汇总平均后的结果反馈给专家，再次征询意见，经过多次反复，逐步取得比较一致结果的方法。

（2）层次分析法。层次分析法是指将绩效指标分解成多个层次，通过下层元素对于上层元素相对重要性的两两比较，构成两两比较的判断矩阵，求出判断矩阵最大特征值所对应的特征向量作为指标权重值的方法。

2. 客观赋权法

客观赋权法是从指标的统计性质入手，由调查数据确定指标权重的方法，如主成分分析法和均方差法等。

（1）主成分分析法。主成分分析法是指将多个变量重新组合成一组新的相互无关的综合变量，根据实际需要从中挑选出尽可能多的反映原来变量信息的少数综合变量，进一步求出各变量的方差贡献率，以确定指标权重的方法。

（2）均方差法。均方差法是指将各项指标定为随机变量，指标在不同方案下的数值为该随机变量的取值，首先求出这些随机变量（各指标）的均方差，然后根据不同随机变量的离散程度确定指标权重的方法。

（三）确定绩效目标值

绩效目标值的确定可参考内部标准与外部标准。

1. 内部标准

内部标准有预算标准、历史标准等。

（1）预算标准。企业通常会将长期的战略目标分解为阶段性的预算目标。预算控制的机制在于将实际绩效结果与预算目标进行比较，求出并分析差异，针对差异及时修正目标或实施改进措施。采用预算标准确定绩效目标值，是很多企业的通用做法，其有利于提高全面预算管理的效果和水平，实现预算管理与绩效评价的有效衔接，确保预算目标的实现。但是，采用预算标准时，应避免预算松弛或预算过度问题，以避免绩效目标值因过低而失去考核评价的引领作用，或因过高而使被评价对象索性放弃努力。不管是预算还是绩效，最好的目标就是"跳一跳，够得着"。"蹲着都够得着"的目标或者"使劲儿跳都够不着"的目标都不是一个好的目标。

（2）历史标准。在明显缺乏外部比照对象的情况下，为了衡量绩效，企业往往会使用历史标准，即采用历史的绩效作为参照物。例如，在市场上企业属于领先者，尚未出现竞争对手时，与历史绩效比较就很有必要。历史标准的运用方式有三种，包括与上年实际比较、与历史同期实际比较、与历史最好水平比较。使用历史标准，可比性是主要问题，需要剔除物价变动、会计准则变化、经营环境变化等不可控因素或不可抗力的影响。此外，历史标准也会存在效率问题和计量偏差，将实际绩效结果与有问题的历史标准相比较，就好比使用有问题的天平来称重量。另外，使用历史标准还会造成"棘轮效应"，因为人的行为习惯有不可逆性，向上调整容易，向下调整难。如果某个管理者在企业外部环境恶化时依然能够创造超越同业的良好绩效，但是可能不如历史标准。在这种情况下，采用历史标准评价，就可能会造成"鞭打快牛"的结果。

2. 外部标准

"他山之石，可以攻玉"，绩效目标值的确定也可以选取来自外部的标准作为参照物。为了保证可比性，通常会选择同行业的标准，包括行业均值标准或行业标杆标准，以及跨行业标杆标准等。定标比超法（benchmarking）就是将企业自身的产品、服务或流程与标杆对象的最佳实务和经验相比较以达到持续改进、提升绩效的目的。

（四）选择绩效评价计分方法

绩效评价计分方法是根据评价指标，对照评价标准，形成最终评价结果的一系列手段。绩效评价计分方法的选择是企业绩效评价指标体系构建模式的核心，是将评价指标与评价标准联系在一起的纽带，是形成客观公正的评价结果的必要条件，没有科学、合理的评价方法，评价指标和评价标准就成了孤立的评价要素，评价结果就会出现偏差，误导评价主体，无法实现评价目标，对被评价对象也是不公平的。

1. 指标体系综合计分方法

绩效评价计分方法可分为定量法和定性法。定量法主要有功效系数法、综合指数法、素质法和行为法等。

（1）功效系数法。功效系数法是指根据多目标规划原理，将所要评价的各项指标分别对照各自的标准，并根据各项指标的权重，通过功效函数转化为可以度量的评价分数，再对单项指标得分进行加总，得出绩效指标总得分的一种方法。该方法的优点是从不同侧面对评价对象进行计算评分，满足了企业多目标、多层次、多因素的绩效评价要求，缺点是标准值确定难度较大，比较复杂。功效系数法的计算公式为：

$$绩效指标总得分 = \sum 单项指标得分$$

$$单项指标得分 = 本档基础分 + 调整分$$

$$本档基础分 = 指标权重 \times 本档标准系数$$

$$调整分 = 功效系数 \times (上档基础分 - 本档基础分)$$

$$上档基础分 = 指标权重 \times 上档标准系数$$

$$功效系数 = (实际值 - 本档标准值) \div (上档标准值 - 本档标准值)$$

对评价标准值的选用，应结合评价的目的、范围、企业所处行业、企业规模等具体情况，参考国家相关部门或研究机构发布的标准值确定。

（2）综合指数法。综合指数法是指根据指数分析的基本原理，计算各项绩效指标的单项指标评价指数和该项评价指标的权重，据以进行综合评价的方法。该方法的优点是操作简单、容易理解，缺点是标准值存在异常时影响结果的准确性。综合指数法的计算公式为：

$$绩效指标总得分 = \sum (单项指标评价指数 \times 该项评价指标的权重)$$

（3）素质法。素质法是指评估员工个人或团队在多大程度上具有组织所要求的某种基本素质、关键技能和主要特质的方法。

（4）行为法。行为法是指专注于描述与绩效有关的行为状态，考核员工在多大程度上采取了管理者所期望或工作角色所要求的组织行为的方法。

2. 单项指标计分方法

常见的单项指标计分方法主要有比率法、减分法、层差法和非此即彼法等。

（1）比率法。比率法是指用指标的实际完成值除以目标值（或标准值），计算出百分比，然后乘以指标的权重分数，得到该指标的实际考核分数。比率法计算公式为：

$$某项比率得分值 = A/B \times 100\% \times 权重分数$$

其中：A 为实际完成值；B 为绩效评价目标值。

（2）减分法。减分法是指针对标准分进行减扣而不进行加分的方法。在执行指标过程中当发现异常情况时，就按照一定的标准扣分，如果没有异常则得到满分。

（3）层差法。层差法是指将考核结果分为几个层次，实际执行结果落在哪个层次内，该层次所对应的分数即为考核的分数。

（4）非此即彼法。非此即彼法是指结果只有几个可能性，不存在中间状态。

（五）设定绩效评价周期

绩效评价周期一般可分为月度、季度、半年度、年度、任期。月度、季度绩效评价一般适用于企业基层员工和管理人员，半年度绩效评价主要适用于企业上层管理人员，年度绩效评价适用于企业所有被评价对象，任期绩效评价主要适用于企业负责人。

（六）拟订绩效责任书

绩效计划制订后，评价主体与被评价对象一般应签订绩效责任书，明确各自的权利和义务，并作为绩效评价与激励管理的依据。绩效责任书的主要内容包括绩效指标、标准值及权重、评价计分方法、特别约定事项、有效期限、签订日期等。绩效责任书一般按年度或任期签订。

平衡计分卡

二、平衡计分卡

（一）平衡计分卡的概念

平衡计分卡是指基于企业战略，从财务、客户、内部业务流程、学习与成长四个维度，将战略目标逐层分解转化为具体的、相互平衡的绩效指标体系，并据此进行绩效管理的方法。平衡计分卡是采用多重指标、从多个维度或层面对企业或分部进行绩效评价。平衡计分卡的理论基础是：利润最大化是短期的，企业应体现战略目标，致力于追求未来的核心竞争能力。平衡计分卡通常与战略地图等其他工具结合使用，适用于战略目标明确、管理制度比较完善、管理水平相对较高的企业。

平衡计分卡提供了一个综合的绩效评价框架，是将企业的战略目标转化为一套条理分明的绩效评价体系。管理者通过回答下面四个层面的基本问题来关注企业的绩效：

（1）在股东眼中我们表现如何？（财务维度）。

（2）客户如何看待我们？（客户维度）。

（3）我们必须擅长什么？（内部业务流程维度）。

（4）我们能否持续增加或创造价值？（学习与成长维度）。

平衡计分卡如图6-2所示。

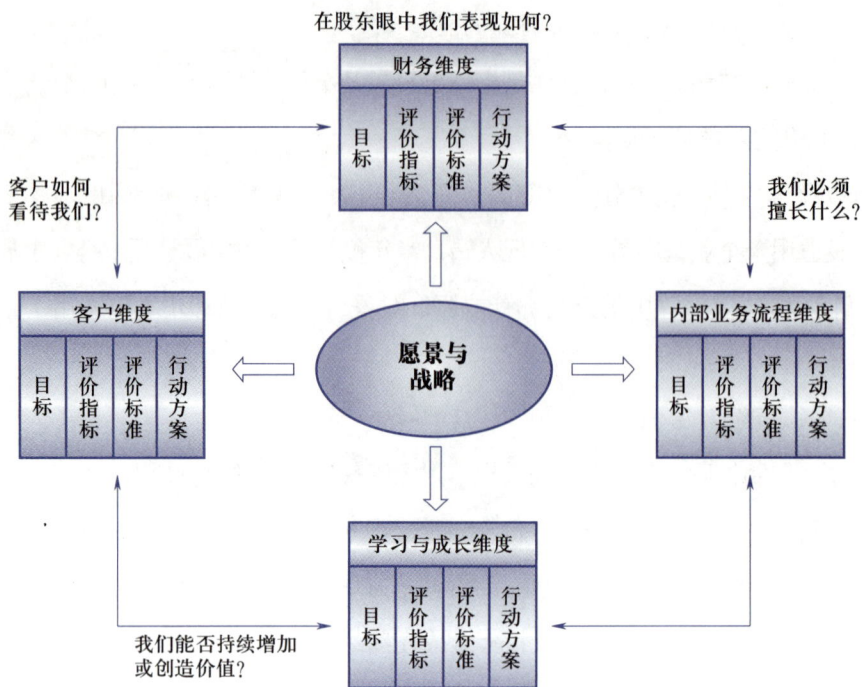

图 6-2　平衡计分卡

　　平衡计分卡不仅是一个财务和非财务绩效指标的收集过程，还是一个战略业务单元的使命和战略所驱动的自上而下的过程。平衡计分卡将企业每个战略业务单元的使命和战略转换为一套绩效指标体系，该体系定义了长期战略目标以及实现目标的机制。平衡计分卡中的"平衡"包括以下含义：

　　（1）财务绩效与非财务绩效的平衡；

　　（2）与客户有关的外部衡量以及与关键业务过程和学习成长有关的内部衡量的平衡；

　　（3）领先指标与滞后指标设计的平衡；

　　（4）结果衡量（过去努力的结果）与未来绩效衡量的平衡。

　　企业应用平衡计分卡工具方法，应有明确的愿景与战略，平衡计分卡应以战略目标为核心，全面描述、衡量和管理战略目标，将战略目标转化为可操作的行动。平衡计分卡可能涉及组织和流程变革，具有创新精神、变革精神的企业文化有助于成功实施平衡计分卡。企业应对组织结构和职能进行梳理，消除不同组织职能之间的壁垒，实现良好的组织协同，既包括企业内部各级单位（部门）之间的横向与纵向协同，也包括与投资者、客户、供应商等外部利益相关者之间的协同。企业应注重员工学习与成长能力的提升，以更好地实现平衡计分卡的财务、客户、内部业务流程目标，使战略目标贯彻到每一位员工的日常工作中。平衡计分卡的实施是一项复杂的系统工程，企业一般需要建立由战略管理、人力资源管理、财务管理和外部专家等组成的团队，为平衡计分卡的实施提供机制保障。企业应建立高效集成的信息系统，实现绩效管理与预算管理、财务管理、生产经营等系统的紧密结合，为平衡计分卡的实施提供信息支持。

（二）平衡计分卡的优缺点

1. 平衡计分卡的优点

平衡计分卡的主要优点：一是战略目标逐层分解并转化为被评价对象的绩效评价指标和行动方案，使整个组织行动协调一致；二是从财务、客户、内部业务流程、学习与成长四个维度确定绩效评价指标，使绩效评价更为全面完整；三是将学习与成长作为一个维度，注重员工的发展要求和组织资本、信息资本等无形资产的开发利用，有利于增强企业可持续发展的动力。

2. 平衡计分卡的缺点

平衡计分卡的主要缺点：一是专业技术要求高，工作量比较大，操作难度也较大，需要持续地沟通和反馈，实施比较复杂，实施成本较高；二是各指标权重在不同层级及各层级不同指标之间的分配比较困难，且部分非财务指标的量化工作难以落实；三是系统性强、涉及面广，需要专业人员的指导、企业全员的参与和长期持续地修正与完善，对信息系统、管理能力有较高的要求。

（三）平衡计分卡指标体系设计

平衡计分卡指标体系的构建应围绕战略地图，针对财务、客户、内部业务流程和学习与成长四个维度的战略目标，确定相应的评价指标。

构建平衡计分卡指标体系时，应注重短期目标与长期目标的平衡、财务指标与非财务指标的平衡、结果性指标与动因性指标的平衡、企业内部利益与外部利益的平衡。平衡计分卡每个维度的指标通常为4~7个，总数量一般不超过25个。构建平衡计分卡指标体系时，企业应以财务维度为核心，其他维度的指标都与核心维度的一个或多个指标相联系。通过梳理核心维度目标的实现过程，确定每个维度的关键驱动因素，结合战略主题，选取关键绩效指标。企业可根据实际情况建立通用类指标库，不同层级单位和部门结合不同的战略定位、业务特点选择适合的指标体系。

1. 财务维度

在企业战略业务单元层次上，可以使用基于成本、财务和价值的绩效评价方法。财务维度以财务术语描述了战略目标的有形成果。企业常用的指标有投资资本回报率、净资产收益率、经济增加值回报率、息税前利润、自由现金流量、资产负债率、总资产周转率、资本周转率等。

2. 客户维度

在客户维度，管理者需要首先确定细分市场和细分客户，然后设定相应的绩效评价指标来考核其业务单元开发并维持目标细分客户的能力。客户维度界定了目标客户的价值主张。企业常用的指标有市场份额、客户满意度、客户获得率、客户保持率、客户获利率、战略客户数量等。

3. 内部业务流程维度

在内部业务流程维度，管理者需要确定企业所擅长的并能够实施战略的关键内部过程。该过程对客户满意度和实现企业财务目标有重大影响。卡普兰和诺顿（Kaplan & Norton）确定了三个首要的内部业务过程，分别是创新过程、经营过程和售后服务过程。创新过程的绩效可以通过新产品收入占总收入的比重，新产品开发与竞争对手的对比、与计划的对比，开发下一代产品所需要的时间，企业在市场排名靠前的产品的数量，盈亏平衡时间（即从产品开发到赚取足够利润收回投资所需要的时间）等指标来衡量。经营过程起始于收到客户订单，截止于向客户交付产品或服务。这一过程的目的是以高效、一致、及时的标准向客户交付产品或服务，其绩效需要通过时间、质量和成本三方面来衡量。售后服务过程包括产品保修、问题产品处理、返修，以及客户付款管理等，售后服务的业绩也可以通过在经营过程中所使用的时间、质量和成本指标来衡量。

内部业务流程维度确定了对战略目标产生影响的关键流程。企业常用的指标有完工及时率、生产负荷率、产品合格率、存货周转率、单位生产成本等。

4. 学习与成长维度

学习与成长维度确定了对战略最重要的无形资产。企业常用的指标有员工保持率、员工生产率、培训计划完成率、员工满意度等。

绩效管理中的思维能力

1. 具备战略思维

通过本任务的学习，了解公司提升管理水平和员工的综合素质，充分调动员工的积极性、创新能力和工作规划能力，都需要围绕公司的发展战略目标，高效地完成工作任务，更好地体现责权利的关系，实现优胜劣汰的考核机制，培养学生的战略思维。

2. 具备可持续发展思维

通过绩效计划的制订是可以使员工根据企业近期绩效评估战略，通过定期不间断地反馈和学习，积极为企业的未来出谋划策，并参与战略的制定和实施，以此培养可持续发展的思维意识。

任务实施

1. 对表6-1中的指标进行分类，填写完整的绩效管理指标分类表，如表6-9所示。

表6-9　绩效管理指标分类表

序号	指标名称	财务/非财务	结果/动因
1	订单完成率	非财务类指标	结果类指标
2	培训计划完成率	非财务类指标	结果类指标
3	完工及时率	非财务类指标	动因类指标
4	净利润	财务类指标	结果类指标
5	单位营业成本	财务类指标	动因类指标
6	验收合格率	非财务类指标	结果类指标
7	净资产收益率	财务类指标	结果类指标

序号	指标名称	财务/非财务	结果/动因
8	收入完成率	财务类指标	结果类指标
9	净利润增长率	财务类指标	结果类指标
10	订单增长率	非财务类指标	结果类指标
11	市场份额	非财务类指标	动因类指标
12	员工保持率	非财务类指标	动因类指标
13	净利润完成率	财务类指标	结果类指标
14	员工满意度	非财务类指标	动因类指标
15	总资产周转率	财务类指标	结果类指标
16	客户满意度	非财务类指标	动因类指标

2. 填写完整的 BSC 指标分类及绩效评价体系建立如表 6-10 所示。

表 6-10 BSC 指标分类及绩效评价体系建立

角度	指标含义	指标名称	目标值	权重
财务	收入目标完成情况	收入完成率	100%	10%
	净利润目标完成情况	净利润完成率	100%	10%
	净利润同期增长情况	净利润增长率	13.691 5%	5%
	总资产运营状况	总资产周转率	2.104 1	10%
	收入盈利状况	净利润	1 198 902 670.92	5%
	单位净资产盈利状况	净资产收益率	37.220 5%	10%
客户	业务量目标完成情况	订单完成率	100%	5%
	业务量同期增长情况	订单增长率	26%	5%
	客户对公司业务的认同状况	客户满意度	95%	5%
	公司相对整个市场强弱程度	市场份额	1%	5%
内部流程	按时完工状况	完工及时率	95%	5%
	电池质量完成情况	验收合格率	98%	5%
	单位业务量耗用公司资源	单位营业成本	716.81	5%

角度	指标含义	指标名称	目标值	权重
学习与成长	员工稳定性状况	员工保持率	80%	5%
	员工对公司的认同感和归属感	员工满意度	95%	5%
	员工技能学习和业务水平提升情况	培训计划完成率	100%	5%

3. 计算各指标的目标值，并填入表 6–10 中。

其中：

（1）净利润增长率的目标值 =（2023 年净利润预算值 − 2022 年净利润实际值）/2022 年净利润实际值

=（1 198 902 670.92 − 1 054 522 896.62）/1 054 522 896.62

= 13.691 5%

（2）总资产周转率目标值 = 2023 年营业收入预算值 × 2/（2023 年年末总资产预算值 + 2022 年年末总资产实际值）

= 8 671 542 390 × 2 ÷（5 173 888 959.17 + 3 068 683 373.26）

= 2.104 1

（3）净资产收益率目标值 = 2023 年净利润预算值 × 2/（2023 年年末净资产预算值 + 2022 年年末净资产实际值）

= 1 198 902 671 × 2/（262 163 094 + 3 820 532 965）

= 37.220 5%

【即学即练】

交互式自测请扫描书侧二维码练习。

任务一
交互式自测

任务二 绩效执行

任务情境

联创新能源公司考核小组已经根据公司非财务数据，对公司层面2023年的相关考核指标进行考核，完成了部分指标实际值的计算，并已填入表格，如表6-11所示。

特别说明的是，对于另一些指标可以根据表6-4至表6-8中相关指标计算，具体BSC指标的公式如下：

（1）净利润增长率的实际值＝（2023年净利润实际值－2022年净利润实际值）/2022年净利润实际值

（2）总资产周转率实际值＝2023年营业收入实际值×2/（2023年年末总资产实际值＋2022年年末总资产实际值）

（3）净资产收益率实际值＝2023年净利润实际值×2/（2023年年末净资产实际值＋2022年年末净资产实际值）

表6-11 2023年度公司层面平衡计分卡差异分析

维度	指标名称	实际值	差异	差异率	差异性质
财务	净利润增长率				
	总资产周转率				
	净利润／元				
	净资产收益率				
	收入完成率				
	净利润完成率				

维度	指标名称	实际值	差异	差异率	差异性质
客户	客户满意度	90.00%			
	订单完成率	100.31%			
	订单增长率	30.00%			
	市场份额	0.80%			
内部流程	单位营业成本				
	完工及时率	96.00%			
	验收合格率	98.00%			
学习与成长	培训计划完成率	80.00%			
	员工满意度	85.00%			
	员工保持率	70.00%			

目前财务部提供了联创新能源公司 2022 年公司资产负债表、2023 年公司资产负债预算表和实际资产负债表、2022 年公司利润表、2023 年公司利润预算表和实际利润表和产销量统计表，详见任务一表 6-4 ～表 6-8。根据以上数据完成指标的目标值和实际值的计算，并对 2023 年公司层面平衡计分卡差异进行分析，＋表示有利差异，－表示不利差异，0 表示中性差异（或无差异）。

任务布置

根据上述资料和企业的实际经营情况，完成 2023 年公司层面平衡计分卡差异分析。

知识准备

绩效执行是指在绩效周期内对绩效目标和绩效计划内容的执行过程。绩效执行是绩效计划和绩效分析评价的中间环节。

审批后的绩效计划，应以正式文件的形式下达执行，确保与计划相关的被评价对象能够了解计划的具体内容和要求。绩效计划下达后，各计划执行单位（部门）应认真组织实施，从横向和纵向两方面落实到各所属单位（部门）、各岗位员工，形成全方位的绩效计划执行责任体系。在绩效计划执行过程中，企业应建立配套的监督控制机制，及时记录执行情况，进行差异分析与纠偏，持续优化业务流程，确保绩效计划的有效执行。

绩效执行是否有效，主要取决于管理者绩效辅导水平、管理者与下属之间绩效沟通的有效性和绩效评价信息的有效性。

一、绩效辅导

绩效辅导是指在绩效执行过程中管理者根据绩效计划，采取恰当的方法，对下属进行持续的指导，确保员工工作不偏离绩效目标和计划，并提高其绩效周期内的绩效水平。

（一）绩效辅导的内容

一个完整的绩效辅导应该包括目标辅导、工作进展情况辅导、下一步工作计划辅导及支持辅导。

1. 目标辅导

企业管理者应与员工一起讨论、确定工作目标，检查工作进度表和考核计划，让员工对总体目标、阶段性目标、何时反馈等有明确的认识。

2. 工作进展情况辅导

绩效计划实施一段时间后，管理者应与员工对应绩效计划每个时间节点的要求，就每项工作的完成情况进行审视和讨论。

对于员工工作中的优秀表现，应及时给予赞赏和表扬，激励员工继续保持和进一步优化自己的工作行为。需要注意的是，对员工的表扬不能太过空泛，要言之有物，有针对性。

对于员工工作中存在的问题，需要管理者直接指出员工的不足以及改进的方法和措施。

对于员工在绩效实施过程中遇到的困难，并探讨产生这些困难的原因，找出解决困难的对策。如果是由于员工的知识和技能层面存在不足，就应对员工安排适当的培训和辅导。如果员工遇到的困难来自外部，则管理者应提供职权和资源等方面的支持。

对于员工偏离绩效目标的情况，管理者需要及时帮助员工调整工作方向，根据目前的工作进展，与员工一起讨论、制订改进计划与措施。

3. 下一步工作计划辅导及支持辅导

管理者与员工一起讨论、确定工作目标，检查工作进度表和考核计划，让员工对总体目标、阶段性目标、何时反馈等有明确的认识。

（二）绩效辅导的方式

由于员工的能力和工作任务的难易程度不同，绩效辅导的方式也不同。对于缺乏经验的新员工，绩效辅导主要是指导他们按照工作流程，一步一步地向前进，给他们明确的指示，培养其独立完成工作的能力。对初步具备相关知识和能力的员工来说，可以适当放手，在工作方法上指导他们，让他们亲自去实践。对具备相关工作经验并能熟练掌握工作技巧的员工，绩效辅导可以在方向指示的基础上，鼓励他们尝试新的方法，增强他们的自主性和创新能力。

二、绩效沟通

绩效沟通是指管理者与员工在共同工作的过程中分享各类与绩效有关的信息的过程。这些信息包括有关工作进展信息、工作中遇到的问题和困难、各种可能的解决措施等。

（一）绩效沟通的内容

绩效沟通的内容主要包括工作进展情况、绩效目标和计划是否需要修正、工作中的哪些方面进展顺利和哪些方面出了问题、员工遇到了哪些困难等。

（二）绩效沟通的类型

绩效沟通的方式主要分为正式的沟通和非正式的沟通。

正式的沟通是指在正式的情景下进行的事先经过计划和安排按照一定规则进行的沟通。正式的沟通方式包括定期的书面总结，如月度总结、季度总结；定期的部门会议，如部门月度例会、季度例会；还有就是一对一的正式面谈。

非正式的沟通方式，是指除了正式的沟通方法的沟通方式。平时工作管理中对员工工作进展的讨论，茶话会、联欢会之类的非正式会议等都是非正式沟通方式。

三、绩效信息的收集

（一）绩效信息收集的内容

（1）绩效目标或任务完成情况的信息。

（2）来自客户的积极的和消极的反馈信息。

（3）工作绩效突出的行为表现。

（4）工作绩效有问题的行为表现。

（二）绩效信息的来源

绩效信息主要来源于员工本人、管理人员、人事部门、财务部门、企业客户和外部市场等。

（三）绩效信息收集的方法

绩效信息收集的方法主要有工作记录法、观察法、抽查或检查法和关键事件法。

1. 工作记录法

对需要详细工作记录的工种进行监管的时候，就需要使用工作记录法收集相应的绩效信息。比如，对于财务、生产、销售、服务有关方面数量、质量、时限等指标，就需要使用工作记录法，规定相关人员填写原始记录单，并定期进行统计和汇总。工作记录法要求使用规范的信息收集表格，在条件允许的情况下，也需要使用电子表格或绩效信息系统进行收集，便于信息的存储、统计、汇总和分析。

2. 观察法

观察法是管理者直接观察下属的工作表现。在各种渠道中，观察一般是最可靠的。观察是一种收集信息的特定方式，通常是由管理者亲眼所见、亲耳所闻，而不是从别人那里得知。管理者常常采用走动式管理，对工作现场进行不定时的考察，从而获取第一手绩效信息。

3. 抽查或检查法

这种办法常常与工作记录法配合使用，为了核对相关绩效信息的真实性而采用的一种信息收集方法。管理者或专门的部门可以对绩效信息进行抽查或检查，确保原始信息的真实性。

4. 关键事件法

这种方法要求在绩效实施过程中，特别对突出或异常失误的关键性事件进行记录，为管理者对突出业绩进行及时奖励和对重大问题进行及时辅导或对纠偏做准备，并为绩效评价和绩效改进做基础信息收集。

📋【知识拓展与价值提升】

平衡计分卡中的思维能力

1. 培养预算管理思维

通过平衡计分卡的学习，学生要把握平衡计分卡紧密联系预算和战略目标并行发展。平衡计分卡预算侧重于开发新的能力，接近新的客户和市场，并对现有流程和能力进行根本性改进。在战略预算过程中，努力确保长期目标不被短期行为挤压，资源得到合理配置，从而在持续实现短期结果的过程中促进长期目标的实现，这有利于培养学生的预算管理思维。

2. 培养沟通协调能力

平衡记分卡要求部门和个人制定自己的记分卡，这样可以使战略能够在企业上下进行沟通和学习，并与各部门和个人的目标相联系，在这个过程中培养学生沟通协调能力。

任务实施

根据知识准备，对于联创新能源公司2023年公司层面绩效评价，使用平衡计分卡从财务、客户、内部业务流程以及学习与成长维度计算具体指标，2023年公司层面平衡计分卡差异分析如表6-12所示，部分指标计算公式如下：

① 净利润增长率的实际值 =（2023年净利润实际值 − 2022年净利润实际值）/ 2022年净利润实际值

=（1 201 175 015.54 − 1 054 522 896.62）/1 054 522 896.62

= 13.907 0%

表6-12 2023年公司层面平衡计分卡差异分析

维度	指标名称	目标值	实际值	差异	差异率	差异性质
财务	净利润增长率	13.691 5%	13.907 0%	0.215 5%	1.573 9%	+
	总资产周转率	2.104 1	2.103 9	-0.000 2	-0.009 28%	-
	净利润／元	1 198 902 670.92	1 201 175 015.54	2 272 344.62	0.189 5%	+
	净资产收益率	37.220 5%	37.277 9%	0.057 4%	0.154 2%	+
	收入完成率	100%	100.046%	0.045 9%	0.045 9%	+
	净利润完成率	100%	100.19%	0.189 5%	0.189 5%	+
客户	客户满意度	95%	90%	-5%	-5.263 2%	-
	订单完成率	100%	100.31%	0.31%	0.31%	+
	订单增长率	26%	30%	4%	15.384 6%	+
	市场份额	1%	0.8%	-0.2%	-20%	-
内部业务流程	单位营业成本	716.81	728.24	11.430 309 21	1.594 6%	-
	完工及时率	95%	96%	1%	1.052 6%	+
	验收合格率	98%	98%	0	0	0
学习与成长	培训计划完成率	100%	80%	-20%	-20%	-
	员工满意度	95%	85%	-10%	-10.526 3%	-
	员工保持率	80%	70%	-10%	-12.5%	-

② 总资产周转率实际值＝2023年营业收入实际值×2/（2023年总资产实际值＋2022年总资产实际值）

＝8 675 520 000×2÷（5 178 382 137.92+3 068 683 373.26）

＝2.103 9

③ 净资产收益率实际值＝2023年净利润实际值×2/（2023年净资产实际值＋2022年净资产实际值）

＝1 201 175 015.54×2/（3 822 805 309.54+2 621 630 294）

＝37.277 9%

【即学即练】

交互式自测请扫描书侧二维码练习。

任务二
交互式自测

任务三　绩效评价

任务情境

绩效得分与企业绩效工资是紧密相关的，联创新能源公司考核小组根据同行业企业绩效考核标准，结合本企业情况，制定绩效得分和绩效工资系数对应表，如表6-13所示。

表6-13　绩效得分和绩效工资系数对应表

评审分数	绩效工资系数（K）
A≥100	1.30

评审分数	绩效工资系数（K）
95≤A＜100	1.20
90≤A＜95	1.10
85≤A＜90	1.00
75≤A＜85	0.80
A＜75	0.50

注：A为公司级绩效得分。

在任务一和任务二中，我们利用平衡计分卡的方法，完成了公司层面在财务、客户、内部业务流程、学习与成长等方面的指标差异分析，为了能够量化公司层面的业绩得分（单位营业成本得分＝200－实际值／目标值×100，其余指标得分＝实际值／目标值×100），结合制订绩效计划时已设定的指标权重，现需要计算出2023年公司层面加权综合得分。

任务布置

根据任务需要，完成公司层面平衡计分卡得分计算，计算出公司层面加权综合得分，并填表6-14。

表6-14 2023年公司层面平衡计分卡得分计算

维度	指标名称	权重	目标值	实际值	得分	加权得分
财务	净利润增长率	5%				
	总资产周转率	10%				
	净利润／元	5%				
	净资产收益率	10%				
	收入完成率	10%				
	净利润完成率	10%				

维度	指标名称	权重	目标值	实际值	得分	加权得分
客户	客户满意度	5%				
	订单完成率	5%				
	订单增长率	5%				
	市场份额	5%				
内部业务流程	单位营业成本	5%				
	完工及时率	5%				
	验收合格率	5%				
学习与成长	培训计划完成率	5%				
	员工满意度	5%				
	员工保持率	5%				
加权综合得分						

知识准备

一、绩效评价的概念

绩效评价是指企业运用系统的工具方法，对一定时期内企业营运效率与效果进行综合评判的管理活动。具体来说，绩效评价是指评价主体运用数量统计和运筹等方法，采用特定的指标体系，对照设定的评价标准，按照一定的程序，通过定量定性对比分析，对评价客体在一定期间内的绩效作出客观、公正和准确的综合评判。

绩效评价

企业绩效评价的最终目的是提升企业的管理水平、管理质量和持续发展能力。绩效评价的过程是寻找差距的过程，把每项差距进行分解，努力寻找差距的原因，并对可能的改进提出方案；再权衡各方案的可行性，制订改进方案，在下一个环节加以执行。所以，绩效评价既是对过往的总结，也是对未来的展望，通过认真分析、评价绩效，有利于企业、各部门和个人明确下一步的目标和方向，并为下一个节点进行绩效评价提供坚实基础。

绩效管理是指企业与所属单位（部门）、员工之间就绩效目标及如何实现绩效目标达成共识，并帮助和激励员工取得优异绩效，从而实现企业目标的管理过程。绩效管理的核心是绩效评价和激励管理，绩效评价是企业实施激励管理的重要依据，激励管理是促进企业绩效提升的重要手段。如果绩效评价结果得不到有效运用，将严重影响绩效评价的效果，也就失去了绩效评价的导向作用。激励管理更多涉及的是人力资源管理内容，不是本工作领域重点阐述的内容。

二、绩效评价层次与评价角度

（一）绩效评价层次

绩效包括企业绩效、部门绩效和个人绩效三个层面。绩效的三个层面之间是决定与制约的关系：个人绩效水平决定着部门的绩效水平，部门绩效水平又决定着企业的绩效水平；反过来，企业绩效水平制约着部门的绩效水平，部门的绩效水平也制约着个人的绩效水平。与此相对应，绩效评价层次也可分为企业层面、部门层面和个人层面。

（1）企业层面。企业往往是以集团的形式存在的，除母公司或总部外，还有分部或战略业务单元等，分部可以是子公司的形式，也可以是非独立的法人机构（如分公司、责任中心等），甚至是一个虚拟主体。企业层面的绩效评价，是指对包括母公司在内的企业集团的绩效评价。企业层面的绩效评价是评价范围最广、评价内容最多、评价指标最全、评价边界相对清晰的绩效评价层面。无论是利益相关者，如外部的股东、债权人、顾客、政府，还是企业的上层控制者，如母公司、集团公司总部，绩效评价主要是以企业整体为对象。

（2）部门层面。部门层面的绩效评价，是指在公司内部按照业务单元、地域分布等标准将企业整体划分成多个子绩效评价对象，并对其绩效进行评价的过程。部门层面的评价是企业整体绩效评价的分解和细化。部门绩效要根据企业自身的特点进行划分，没有固定的模式，但是目的都是更清晰、更准确地判断企业整体绩效的情况，寻找企业绩效贡献的来源和企业管理需要提升的方向和目标。

（3）个人层面。个人层面的绩效评价与企业层面绩效评价和部门层面绩效评价有较大差异。个人层面的绩效评价按领导层次和一般员工层次划分，领导层次的绩效评价与企业层面的绩效评价是分不开的，对领导层次的绩效评价通过企业层面绩效的评价进行，对企业层面绩效的评价同时也是对企业领导的绩效评价。

（二）绩效评价角度

从不同视角对企业进行绩效评价，可能会得出不同的结论。

（1）外部视角（财务视角）。企业财务报告的使用者是现有或潜在的股东、信贷者、供应商，以及其他一些外部的利益相关者。这些外部的利益相关者，需要根据各自的需要，定期或不定期地对企业进行绩效评价。例如，企业的所有者期望所投资企业的收益、现金流量和股利不断增长，股权的经济价值随之提升。因此，企业的所有者比较关注投资回报、收益分配，以及股票的市场价值。对于企业的债权人来说，除定期收取利息和本金外，不能分享企业经营成功所带来的回报，必须审慎地评估收回贷款，特别是提供的长期贷款所涉及的任何风险。因此，债权人主要关注企业资产的流动性、财务杠杆以及偿债能力等。外部视角的企业绩效评价主要采用财务指标，如流动比率、财务杠杆、净资产收益率、每股收益等，以及市盈率、市净值等市场价值指标。

（2）内部视角（管理视角）。企业内部的绩效评价主要根据预算目标和企业战略来进行。企业整体的绩效目标，必须分解、落实到各分部和经营单位，成为内部各单位绩效评价的依据。企业的管理者需要定期和不定期地评估经营效率、资源利用情况以及战略和目标的实现程度。管理视角的企业绩效评价，既可采用贡献毛利、息税前利润、净利润、自由现金流量、EVA 等财务指标或价值指标，也可采用客户满意度、产品质量等级、送货及时性等非财务指标。

三、绩效评价过程

绩效管理工作机构应根据计划的执行情况定期实施绩效评价与激励，按照绩效计划与激励计划的约定，对被评价对象的绩效表现进行系统、全面、公正、客观的评价，并根据评价结果实施相应的激励。评价主体应按照绩效计划收集相关信息，获取被评价对象的绩效指标实际值，对照目标值，应用选定的计分方法，计算评价分值，并进一步对被评价对象进行综合评价。绩效评价过程及结果应有完整的记录，结果应得到评价主体和被评价对象的确认，并进行公开发布或非公开告知。公开发布的主要方式有开绩效发布会、企业网站绩效公示、面板绩效公告等；非公开发布一般采用"一对一书面、电子邮件函告或面谈告知等方式进行。评价主体应及时向被评价对象进行绩效反馈，反馈内容包括评价结果、差距分析、改进建议及措施等，可采取反馈报告、反馈面谈、反馈报告会等形式进行。绩效结果发布后，企业应依据绩效评价的结果，组织兑现激励计划，综合运用绩效薪酬激励、能力开发激励、职业发展激励等多种方式，逐级兑现激励承诺。

四、编制绩效评价与激励管理报告

绩效管理工作机构应定期或根据需要编制绩效评价与激励管理报告，对绩效评价和激励管理的结果进行反映。绩效评价与激励管理报告是企业管理会计报告的重要组成部分，应确保内容真实、数据可靠、分析客观、结论清楚，为报告使用者提供满足决策需要的信息。绩效评价与激励管理报告根据评价结果编制，反映被评价对象的绩效计划完成情况，通常由报告正文和附件构成。绩效评价与激励管理报告可分为定期报告、不定期报告。定期报告主要反映一定期间被评价对象的绩效评价与激励管理情况，每个会计年度至少出具一份定期报告；不定期报告根据需要编制，反映部分特殊事项或特定项目的绩效评价与激励管理情况。绩效评价与激励管理报告应根据需要及时报送薪酬与考核管理委员会或类似机构审批。企业应定期通过回顾和分析，检查和评估绩效评价与激励管理的实施效果，不断优化绩效计划，改进未来绩效管理工作。

【知识拓展与价值提升】

海尔绩效管理体系

海尔绩效管理体系主要包括三个模块：绩效计划、绩效辅导、业绩评价。

1. 绩效计划

绩效计划主要内容是制订考核指标，设定工作目标和签订个人事业承诺（PBC）。海尔集团绩效目标的制订遵循 SMART 原则，S 代表 Specific，具体化，要求目标明确清晰；M 代表 Measurable，可衡量的，要求衡量方法可信赖，确保目标可实现；A 代表 Attainable，可实现的，要求目标要有挑战，付出努力后可以实现;R 代表 Realistic,实际的，即要与企业和部门目标相一致；T 代表 Time-related，有时限的，即目标要包含任务完成时间表。个人事业承诺包括了员工业务目标、员工管理目标和个人发展目标，是员工主要的绩效评价内容。在海尔集团范围内，各级员工经理和下属员工通过自上而下地层层签订个人事业承诺，将海尔战略目标逐步分解落实到每个员工身上，将组织绩效和个人绩效有机连接起来，实现集团事业发展和个人发展一致。海尔绩效评价指标分为两个部分，一是定量指标，二是定性指标。定量指标评价是将绩效结果同事先设定的目标值进行比较，通常是达成结果的比率。定性指标评价将绩效结果同事先设定的工作标准进行比较，绩效水平大致可分为五级，分别是远远超出绩效期望、明显超过绩效期望、基本达到绩效期望、与绩效期望有一些差距和与绩效期望有明显差距。

绩效管理中一个重要要素是绩效评价周期。绩效评价周期分为定期、季度和年度。

2. 绩效辅导

绩效辅导一般包括月度绩效回顾辅导和年度中期辅导。月度绩效回顾辅导是由集团开始，然后各个 BU（业务单元）/FU（功能单元）逐层辅导，针对业务目标以非正式沟通方式进行总结，并提出改进措施。年度中期辅导是对员工经理和下属员工就目标进行全面正式的沟通辅导，为下属提出改进建议和意见，必要时进行目标调整。

3. 业绩评价

业绩评价包括季度业绩评价和年度业绩评价。季度业绩评价针对所有员工季度业务目标完成情况进行评价。在每季度结束后的第一个月自上而下逐级进行业绩评价。季度业绩评价结果与员工季度绩效工资挂钩。年度绩效考核，主要是对员工经理的业务目标、员工管理目标、个人发展目标进行年度综合绩效考核，对普通员工的业务目标、个人发展目标进行年度综合绩效考核。在每年度结束后的第一个月度内自上而下地逐级进行年度绩效考核。年度绩效考核结果会和员工的年度绩效工资等挂钩。

海尔集团绩效管理体系是一个均衡发展的绩效管理体系，既考虑了员工当前的业绩表现，也考虑了个人和企业长期发展的牵引关系。激励先进、鞭策落后，凡事精准预算，有效提升绩效管理水平。我们在工作学习生活中，也应具备凡事预则立、不预则废的绩效管理意识。

任务实施

根据前述知识学习，完成公司层面平衡计分卡得分的计算，如表6-15所示。

表6-15　2023年公司层面平衡计分卡得分计算

维度	指标名称	权重	目标值	实际值	得分	加权得分
财务	净利润增长率	5%	13.69%	13.91%	101.57	5.08
	总资产周转率	10%	2.104 1	2.103 9	99.99	10.00
	净利润/元	5%	1 198 902 670.92	1 201 175 015.54	100.19	5.01
	净资产收益率	10%	37.22%	37.28%	100.15	10.02
	收入完成率	10%	100.00%	100.05%	100.05	10.00
	净利润完成率	10%	100.00%	100.19%	100.19	10.02
客户	客户满意度	5%	95.00%	90.00%	94.74	4.74
	订单完成率	5%	100.00%	100.31%	100.31	5.02
	订单增长率	5%	26.00%	30.00%	115.38	5.77
	市场份额	5%	1.00%	0.80%	80.00	4.00
内部业务流程	单位营业成本	5%	716.81	728.24	98.41	4.92
	完工及时率	5%	95.00%	96.00%	101.05	5.05
	验收合格率	5%	98.00%	98.00%	100.00	5.00
学习与成长	培训计划完成率	5%	100.00%	80.00%	80.00	4.00
	员工满意度	5%	95.00%	85.00%	89.47	4.47
	员工保持率	5%	80.00%	70.00%	87.50	4.38
加权综合得分			97.47			

从公司层面平衡计分卡得分计算可以看出，公司在财务维度得分较高，基本完成了财务评分指标对应的业绩；在客户维度方面，公司订单增长率较高，但还需要提高客户满意度、拓展业务提高市场份额；在内部业务流程方面，基本完成指标业绩要求；在学习与成长方面，公司还需要多对员工进行培训，增强员工满意度，减少员工离职率。

交互式自测请扫描书侧二维码练习。

任务三
交互式自测

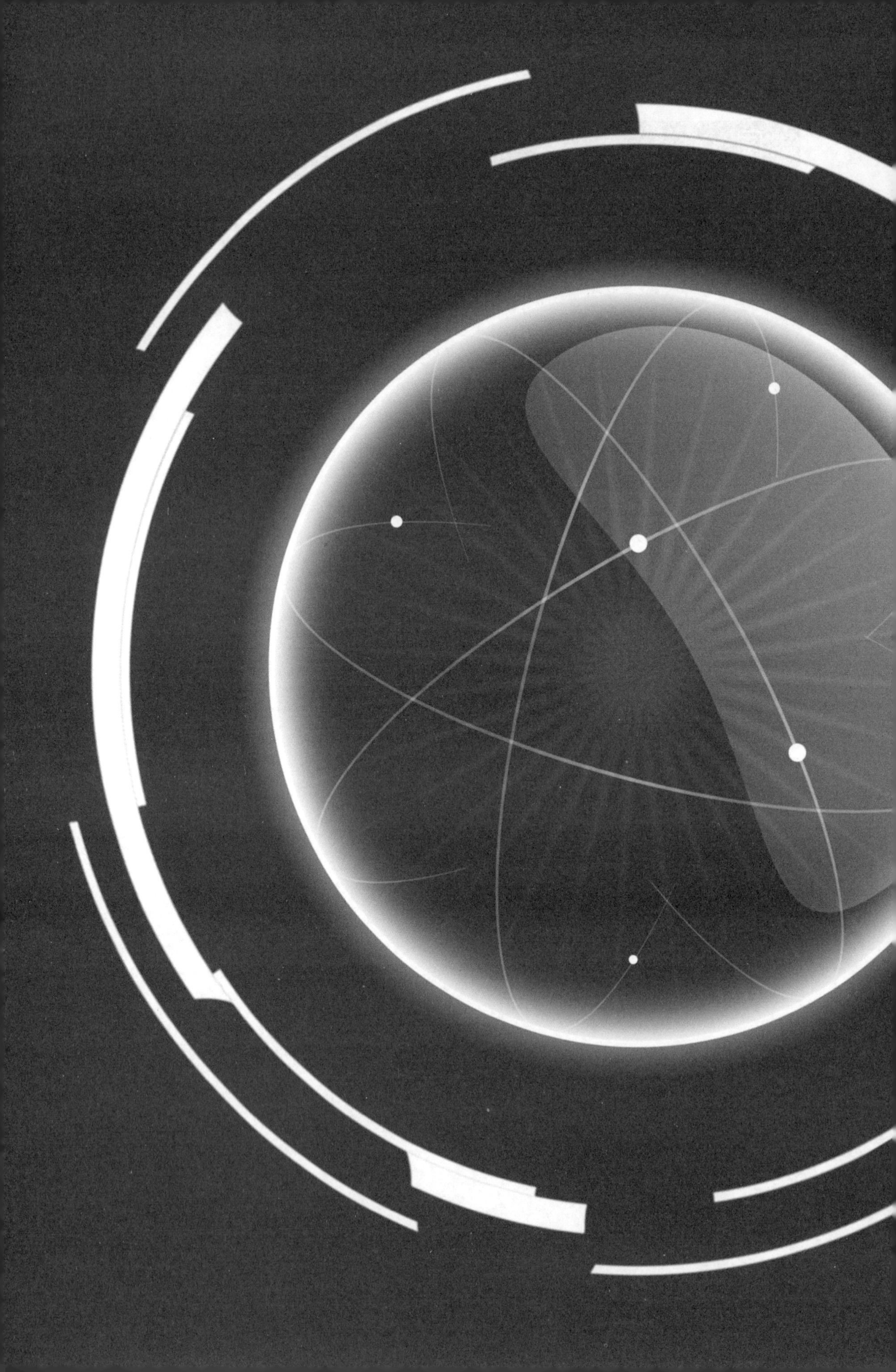

管理会计报告编写

知识目标

◆ 了解管理会计报告的概念；

◆ 熟悉管理会计报告的对象；

◆ 掌握管理会计报告的分类与内容；

◆ 掌握战略层管理会计报告的内容和编写要点；

◆ 掌握经营层管理会计报告的内容和编写要点；

◆ 掌握业务层管理会计报告的内容和编写要点。

技能目标

◆ 能结合企业情况做好管理会计报告编写前的准备工作；

◆ 能编制战略管理报告、价值创造报告等战略层管理会计报告；

◆ 能编写全面预算管理报告、绩效评价报告等经营层管理会计报告；

◆ 能编写生产业务报告、销售业务报告等业务层管理会计报告。

素养目标

◆ 遵守职业道德准则和行为规范，具备服务意识、战略思维、责任担当、民族自豪感、认真严谨、精益求精的工匠精神；

◆ 树立劳动观念，了解有调查才有发言权，培养吃苦耐劳的精神。

知识导图

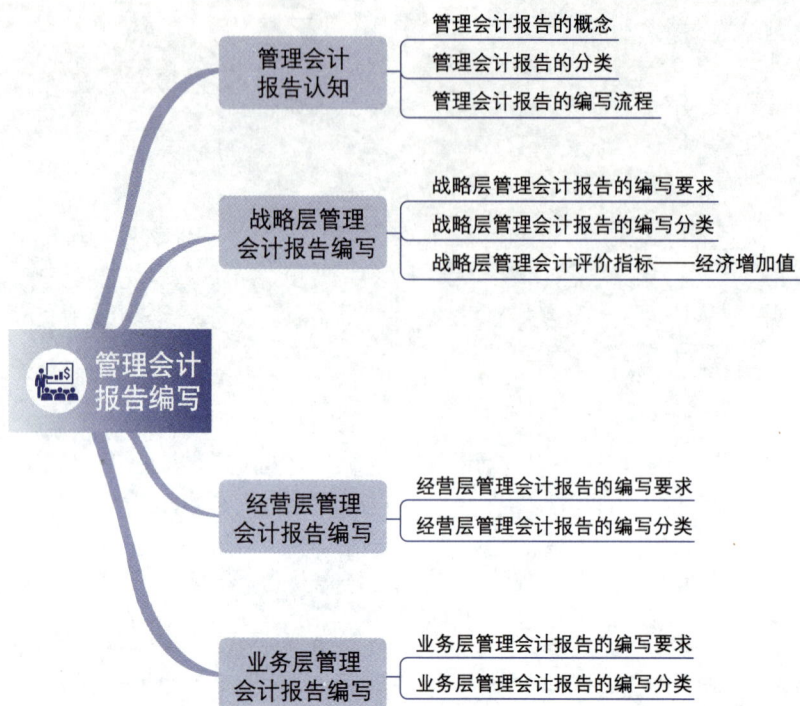

管理会计报告编写
- 管理会计报告认知
  - 管理会计报告的概念
  - 管理会计报告的分类
  - 管理会计报告的编写流程
- 战略层管理会计报告编写
  - 战略层管理会计报告的编写要求
  - 战略层管理会计报告的编写分类
  - 战略层管理会计评价指标——经济增加值
- 经营层管理会计报告编写
  - 经营层管理会计报告的编写要求
  - 经营层管理会计报告的编写分类
- 业务层管理会计报告编写
  - 业务层管理会计报告的编写要求
  - 业务层管理会计报告的编写分类

情境引例

　　联创新能源公司根据经营管理需要设置管理会计报告相关岗位，分别是战略层管理会计报告岗、经营层管理会计报告岗和业务层管理会计报告岗，并根据管理会计报告编写流程，建立了管理会计报告组织体系，如图 7-1 所示，进一步明确岗位职责。

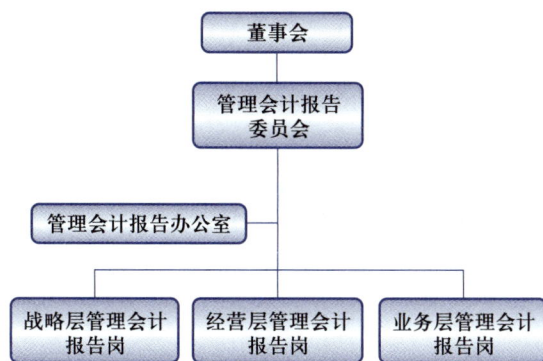

图 7-1　管理会计报告组织体系

联创新能源公司通过建立完整的管理会计报告及业务信息系统，规范信息的收集、整理、传递和使用等，有效地支持管理者决策，打通了业务财务数据壁垒，有效控制了数据失真等风险，提升了公司精益化管理水平。

任务一　管理会计报告认知

任务资料

联创新能源公司为增强产业整体的市场抗风险能力，充分应用管理会计的内部管理报告工具，管理会计报告委员会基于管理层级分类，确定各职能部门和业务部门都需要基于管理会计报告，对企业经营活动状态和结果进行预测、决策、规划与控制及评价考核，重点从产品、产业、人员、资产、资金、费用等方面进行数据梳理和匹配分析，揭示管理短板、资源现状及其配置效率、价值创造能力等问题，并查找原因，制订措施，形成管理会计报告，力求从财务、业务等多方面为公司明确战略方向、落实规划措施提供有力的量化支撑。

任务布置

1. 确定管理会计报告编写对象。
2. 确定战略层管理会计报告编写流程。
3. 确定经营层管理会计报告编写流程
4. 确定业务层管理会计报告编写流程。

知识准备

管理会计报告是管理会计活动信息的载体，通过文字描述的形式为企业管理会计活动提供决策信息支持。管理会计报告是在财务报告的基础上编制而成的，通过融合财务信息和非财务信息，运用多种管理会计活动的方法，对企业经营活动状态和结果进行预测、决策、规划与控制及评价考核，促进企业内部的沟通交流，提高企业资源的有效配置，以便于企业创造价值。

一、管理会计报告的概念

管理会计报告是为企业各个层级进行规划、决策、控制和评价等管理活动提供有用信息的有效工具。企业管理会计报告，是指企业运用管理会计方法，根据财务和业务的基础信息加工整理形成的，满足企业价值管理和决策支持需要的内部报告。

企业管理会计报告的对象是对管理会计信息有需求的各个层级、各个环节的管理者。企业可根据管理的需要和管理会计活动的性质设定报告期间。一般应以日历期间（月度、季度、年度）作为企业管理会计报告期间，也可根据特定需要设定企业管理会计报告期间。

二、管理会计报告的分类

管理会计报告体系可按照多种标准进行分类，按照管理会计报告使用者所处的管理层级可分为战略层管理会计报告、经营层管理会计报告和业务层管理会计报告，如表7-1所示；按照管理会计报告的内容可分为综合管理会计报告和专项管理会计报告；按照管理会计报告的功能可分为管理规划报告、管理决策报告、管理控制报告和管理评价报告；按照管理会计报告的责任中心可分为投资中心报告、利润中心报告和成本中心报告；按照管理会计报告的主体整体性程度可分为整体报告和分部报告。

表7-1　按管理会计报告使用者所处的管理层级分类

层级分类	具体名称
战略层管理会计报告	战略管理报告
	综合业绩报告
	价值创造报告
	经营分析报告
	风险分析报告

层级分类	具体名称
战略层管理会计报告	重大事项报告
	例外事项报告
经营层管理会计报告	全面预算管理报告
	投资分析报告
	项目可行性报告
	融资分析报告
	盈利分析报告
	资金管理报告
	成本管理报告
	绩效评价报告
业务层管理会计报告	研究开发报告
	采购业务报告
	生产业务报告
	配送业务报告
	销售业务报告
	售后服务业务报告
	人力资源报告

三、管理会计报告的编写流程

　　管理会计报告的编写流程包括报告的编制、审批、报送、使用、评价等环节。管理会计报告由管理会计信息归集、处理并报送的责任部门编制。企业应根据报告的内容、重要性和报告对象等，确定不同的审批流程。经审批后的报告才可以报出。企业应合理设计报告报送路径，确保管理会计报告及时、有效地送达报告对象。管理会计报告可以根据报告性质、管理需要进行逐级报送或直接报送。为了保护商业机密，企业需要建立管理会计报告使用的授权制度，报告使用人应在权限范围内使用管理会计报告。企业应对管理会计报告的质量、传递的及时性、保密情况等进行评价，并将评价结果与绩效评价挂钩。

随着信息化、数字化技术的不断发展，企业应充分利用信息技术，强化管理会计报告及相关信息集成和共享，将管理会计报告的编制、审批、报送、使用与评价等纳入企业统一信息平台。企业应定期根据管理会计报告使用效果以及内外部环境变化对管理会计报告体系、内容以及编制、审批、报送、使用与评价等进行优化。管理会计报告属内部报告，只能在允许的范围内传递和使用，相关人员应遵守保密规定。

编写管理会计报告的同时，企业应关注社会责任，将社会责任融入责任报告之中。企业应在为投资者创造更高收益的同时，为用户打造美好生活，为生态贡献绿色力量，为员工提供成长平台，为社会提供发展助力。

【知识拓展与价值提升】

管理会计报告与财务会计报告

财务会计与管理会计是现代会计两大分支，财务会计被称为"对外报告会计"，管理会计被称为"对内报告会计"。

财务会计必须遵守《企业会计准则》和《企业会计制度》的要求，而管理会计则没有固定的规范要求。

财务会计报告除了有固定的报表格式要求，还必须经过注册会计师审计才能对外公布；管理会计报告一般无固定格式要求，主要是为企业内部管理层服务，为企业各层级进行规划、决策、控制和评价等管理活动提供有用信息。

作为财会类专业学生，我们在编制管理会计报告时，应结合财务信息和业务信息资料，坚持认真严谨的态度，撰写出内容翔实、分析全面的管理会计报告。

任务实施

1. 确定管理会计报告编写对象。

根据管理会计报告委员会及管理会计报告信息使用部门的报告编制要求和目标，确定管理会计报告编写对象为高层经营管理者、各职能部门管理人员和基层业务部门管理人员。

2. 确定战略层管理会计报告编写流程。

战略层管理者从优化产业战略及日常经营规划角度，根据产品、产能、人力资源、资产负债结构等方面，设计管理会计对比分析报告指标，编制战略层管理会计报告。战略层管理会计报告经管理会计报告编写委员会审批后，才可以报送各部门。

3. 确定经营层管理会计报告编写流程。

经营管理层各职能部门以资产、利润、人员、成本、产品等为编写对象，编写经营层管理会计报告。分析填列人、财、物资源的分布状况，明确资源在产品、产业中的配置效率，并梳理经营性损益和非经营性损益。编写完成的经营层管理会计报告报经高层管理者和管理会计报告编写委员会逐级审批后，才可以报送相应部门。

4. 确定业务层管理会计报告编写流程。

各业务部门以人员、产品等为编写对象，编写业务层管理会计报告，为产品效益分析和产品结构调整提供支撑。编写完成的业务层管理会计报告报经业务管理层相应职能部门、高层管理者和管理会计报告编写委员会逐级审批后，才可以报送相应部门。

【即学即练】

交互式自测请扫描书侧二维码练习。

任务一
交互式自测

任务二　战略层管理会计报告编写

任务资料

联创新能源公司结合长期的企业管理实践，对企业管理经验深度凝练，形成一套企业应对市场变化和内部管理控制的运营机制。公司设立两个中心（利润中心与成本费用中心）、通过五个体系设计管理会计报告指标。五个体系是贯穿在公司各个层面的指标体系、责任体系、跟踪体系、评价体系和考核体系的统称。这五个体系体现了计划、执行、检查、处理的 PDCA 闭环管理思想。通过五个体系的保障，建立了人人要算账、人人会算账、人人算细账的运行机制。

　　管理会计报告体系在公司董事会、监事会、高层管理人员到子公司员工的各层次间进行收集、传递、反馈与评价。战略层管理会计报告反映公司的战略发展方向和目标，具体反映公司报告战略层信息，包括长期预算和经营业绩等。2023 年 12 月，选取营业收入、利润总额和经济增加值等 3 项指标作为战略层管理会计报告（经营分析报告）的主要内容，根据 2023 年实际发生额，对比 2023 年预算数分析 3 项指标总体完成情况。假定该公司加权平均资本成本采用中央企业资本成本率，原则上定为 5.5%，联创新能源公司 2023 年利润表和 2023 年 12 月 31 日资产负债表，如表 7-2 和表 7-3 所示。

表 7-2　利润表

会企 02 表

2023 年

单位：元

项目	本期金额实际数	本期金额预算数
一、营业收入	8 675 520 000.00	8 671 542 390.00
减：营业成本	5 699 625 551.45	5 696 777 162.87
税金及附加	63 260 955.17	63 229 340.50
销售费用	337 332 000.00	337 322 999.00
管理费用	450 900 000.00	450 920 204.00
研发费用	702 394 000.00	702 394 934.00
财务费用	8 860 416.27	8 860 416.27
其中：利息费用	12 403 270.24	12 403 270.24
利息收入	3 542 853.97	3 542 853.97
加：其他收益	0.00	0.00
投资收益（损失以"-"号填列）	0.00	0.00

项目	本期金额实际数	本期金额预算数
其中：对联营企业和合营企业的投资收益	0.00	0.00
以摊余成本计量的金融资产终止确认收益（损失以"−"号填列）	0.00	0.00
净敞口套期收益（损失以"−"号填列）	0.00	0.00
公允价值变动收益（损失以"−"号填列）	0.00	0.00
信用减值损失（损失以"−"号填列）	0.00	0.00
资产减值损失（损失以"−"号填列）	0.00	0.00
资产处置收益（损失以"−"号填列）	0.00	0.00
二、营业利润（亏损以"−"号填列）	1 413 147 077.11	1 412 037 333.36
加：营业外收入	0.00	0.00
减：营业外支出	0.00	0.00
三、利润总额（亏损总额以"−"号填列）	1 413 147 077.11	1 412 037 333.36
减：所得税费用	211 972 061.57	213 134 662.44
四、净利润（净损失以"−"号填列）	1 201 175 015.54	1 198 902 670.92
（一）持续经营净利润（净损失以"−"号填列）	1 201 175 015.54	1 198 902 670.92
（二）终止经营净利润（净损失以"−"号填列）	—	—
五、其他综合收益的税后净额	—	—
（一）不能重分类进损益的其他综合收益	—	—
1.重新计量设定受益计划变动额	—	—
……	—	—
（二）将重分类进损益的其他综合收益	—	—
1.权益法下可转损益的其他综合收益	—	—
……	—	—
六、综合收益总额	—	—
七、每股收益	—	—
（一）基本每股收益	—	—
（二）稀释每股收益	—	—

表7-3 资产负债表

会金01表
单位：元

2023年12月31日

资产	期末余额预算数	期末余额实际数	负债和所有者权益（或股东权益）	期末余额预算数	期末余额实际数
流动资产：			流动负债：		
货币资金	1 264 512 151.6	1 342 904 537.92	短期借款	0	0
交易性金融资产	0		交易性金融负债	0	0
衍生金融资产	0		衍生金融负债	0	0
应收票据	0		应付票据	0	0
应收账款	293 965 287.02	220 067 600	应付账款	336 888 702.69	338 000 000
应收款项融资	0		预收款项	0	0
预付款项	0		合同负债	0	0
其他应收款	0		应付职工薪酬	91 383 839.10	91 384 000
存货	173 999 720.55	173 998 200	应交税费	237 026 036.06	238 135 411.98
合同资产	0		其他应付款	0	0
持有待售资产	0		持有待售负债	0	0
一年内到期的非流动资产	0		一年内到期的非流动负债	0	0
其他流动资产	0		其他流动负债	0	0
流动资产合计	1 732 477 159.17	1 736 970 337.92	流动负债合计	665 298 577.85	667 519 411.98
非流动资产：			非流动负债：		
债券投资	0		长期借款	413 442 341.08	413 442 341.08
其他权益投资	0		应付债券	0	0
长期应收款	0		其中：优先股	0	0
长期股权投资	0		永续债	0	0
其他权益工具投资	0		租赁负债	0	0

资产	期末余额预算数	期末余额实际数	负债和所有者权益（或股东权益）	期末余额预算数	期末余额实际数
其他非流动金融资产	0		长期应付款	0	0
投资性房地产	0		预计负债	274 615 075.32	274 615 075.32
固定资产	2 073 925 400		递延收益	0	0
在建工程	1 302 686 400		递延所得税负债	0	0
生产性生物资产	0		其他非流动负债	0	0
油气资产	0		非流动负债合计	688 057 416.4	688 057 416.4
使用权资产	0		负债合计	1 353 355 994.25	1 355 576 828.38
无形资产	64 800 000		所有者权益（或股东权益）：		
开发支出	0		实收资本（或股本）	884 301 400	884 301 400
商誉	0		其他权益工具	0	
长期待摊费用	0		其中：优先股	0	
递延所得税资产	0		永续债	0	
其他非流动资产	0		资本公积	647 316 000	647 316 000
非流动资产合计	3 441 411 800		减：库存股	0	
			其他综合收益	0	
			专项储备	0	
			盈余公积	162 354 267.09	162 581 501.55
			未分配利润	2 126 561 297.83	2 128 606 407.99
			所有者权益（或股东权益）合计	3 820 532 964.92	3 822 805 309.54
资产总计	5 173 888 959.17	5 178 382 137.92	负债和所有者权益（或股东权益）合计	5 173 888 959.17	5 178 382 137.92

任务布置

1. 计算联创新能源公司的经济增加值。
2. 编写战略层管理会计报告：经营分析报告。

知识准备

企业管理发展到战略管理的阶段，传统管理会计也要适应时代发展的需要，进行相应的改革，进入战略管理会计阶段。战略管理会计报告是为适应战略管理的发展需要而逐渐形成的，它服从于企业的战略选择，通过报告战略的成功与否来对企业战略管理产生影响。

一、战略层管理会计报告的概念与内容

（一）战略层管理会计报告的概念

战略层管理会计报告是指为战略层在开展战略规划、决策、控制和评价以及其他方面的管理活动时提供相关信息的对内报告。战略层管理会计报告的报告对象是企业的战略层，包括股东大会、董事会和监事会等。

战略层管理会计报告适用于集团管控型企业集团或具有相似特征的部分企业，其关注的重点是战略方向、产品产业布局、重大投资、重大风险以及集团或产业盈利能力。

（二）战略层管理会计报告的内容

战略层管理会计报告包括但不仅包括战略管理报告、综合业绩报告、价值创造报告、经营分析报告、风险分析报告、重大事项报告、例外事项报告等，还包括能反映企业战略规划和计划的其他报告。这些报告可独立提交，也可根据不同需要整合后提交。

战略层管理会计报告一般由标题（主题）、目录（报告提纲）、正文、附件等部分组成。正文要求应简洁精炼、易于理解，报告主要结果、主要原因，并提出具体的建议，逻辑严谨，数据准确，实事求是，尽量使用表格和图表；附件主要收录正文没

有提及，但又与正文相关且必须说明的部分，它是对正文进行的详细补充。

二、战略层管理会计报告的分类

（一）战略管理报告

战略管理报告的内容一般包括内外部环境分析、战略选择与目标设定、战略执行与其结果以及战略评价等。

内外部环境分析，外部环境包括宏观经济形势，特定背景或者环境下也可以考虑其他情况，比如国际、国内政治形势等。宏观经济形势是指宏观经济发展状况及其趋势，影响企业运行的宏观经济指标主要有：国内生产总值（GDP）及其变化、社会商品零售总值及其变化、价格水平及其变化等。内部环境需要根据企业实际情况，制订中长期规划、年度预算等战略目标借助于使用 SWOT 分析、价值链分析等工具，进行系统评价，一般会侧重于企业与竞争对手的对比，进而选择最佳经营战略的方法。

在战略执行及结果中，注意说明企业各组织结构与战略目标之间需要保持协调一致性，及企业各层级管理者的能力和行动执行力等信息。战略评价除需要说明战略实施的效果和影响因素等外，也要说明纠正偏差的方法和技术等相关信息。以行业对标分析表和战略目标执行情况为例，如表 7-4 和表 7-5 所示。

表7-4　行业对标分析表

企业	本期		累计		市场占有率
	本期销量	同比变化	累计销量	同比变化	
企业1					
企业2					
……					

表7-5　战略目标执行情况

战略目标	战略执行情况	结果	偏差及原因分析
市场占有率提高10%			
……			

企业战略要与国家战略相统一，体现企业的社会担当，增强民族自豪感。

（二）综合业绩报告

综合业绩报告的内容一般包括关键绩效指标预算及其执行结果、差异分析以及其他重大绩效事项等。综合业绩报告在设定的竞争目标的基础上，选择能更好地反映企业竞争优势的要素作为关键绩效指标，编制战略预算（一般是企业资本预算），并对战略执行中的预算执行结果进行差异分析，根据实际情况及时调整战略。以关键绩效指标分析表为例，如表7-6所示。

表7-6　关键绩效指标分析表

关键绩效指标（KPI）	执行结果	预算数	差异分析
资本回报率			
净资产收益率			
……			

（三）价值创造报告

价值创造报告的内容一般包括价值创造目标、价值驱动的财务因素与非财务因素、内部各业务单元的资源占用与价值贡献，以及提升公司价值的措施等。以市场／客户价值分析和价值创造评估为例，如表7-7和表7-8所示。

表7-7　市场／客户价值分析

名称	产品类别	销量		收入		毛利		产品毛利占全部毛利的比率
		数量	占比	金额	占比	金额	占比	
××公司	××产品							
……	……							

表7-8　价值创造评估

指标类型	范围	本期	上年同期	同比变动率
财务指标	财务			
非财务指标	人力资源			
	研发			

指标类型	范围	本期	上年同期	同比变动率
非财务指标	销售			
	采购			
	生产			
	投资			

（四）经营分析报告

经营分析报告的内容一般包括过去经营决策执行情况回顾、本期经营目标执行的差异及其原因、影响未来经营状况的内外部环境与主要风险分析、下一期的经营目标及管理措施等。以年度经营指标完成情况、工作重点表和主要指标分析表为例，如表7-9～表7-11所示。

表7-9　年度经营指标完成情况

指标大类	指标名称	单位	年度目标	本期完成	本期同比	本年累计	年度目标完成率
经营业绩指标	净利润	万元					
	经济增加值	万元					
	……						
专项考核指标	投入产出比	%					
	……						

表7-10　工作重点表

工作任务	完成时间	评价指标	本期完成情况	目标值
上级布置的重点工作				
……				
本部门的重点工作				
……				

表7-11　主要指标分析表

指标大类	指标	预测值	行业平均值	实际值	差异
偿债能力指标	资产负债率				
	……				
盈利能力指标	净资产收益率				
	……				
营运能力指标	总资产周转率				
	……				
发展能力指标	销售收入增长率				
	……				

（五）风险分析报告

风险分析报告的内容一般包括企业全面风险管理工作回顾、内外部风险因素分析、主要风险识别与评估、风险管理工作计划等。以风险评估表为例，如表7-12所示。

表7-12　风险评估表

项目	风险事件	发生概率	预计损失	原因分析	应对措施
经营风险	事件1				
	……				
财务风险	事件1				
	……				
……					

（六）重大事项报告

重大事项报告是针对企业的重大投资项目、重大资本运作、重大融资、重大担保事项、关联交易等事项进行的报告。以本年项目汇总表为例，如表7-13所示。

表7-13　本年项目汇总表

项目类别	具体项目	预算投资数	实际投资数	已投入比
固定资产投资	1亿元以上			
	……			
股权投资	控股			
	参股			
产品研发投资	资本化项目			
	费用化项目			

（七）例外事项报告

例外事项报告是针对企业发生的管理层变更、股权变更、安全事故、自然灾害等偶发性事项进行的报告。例外事项报告只有在发生的时候才会在管理会计报告中体现，任何一项例外事项的发生都会对企业产生巨大的影响，因此，一旦出现就是重大事件，对整个管理会计活动是不可忽视的事项，在管理会计报告中就必须详细说明对企业的各种影响。

三、战略层管理会计评价指标——经济增加值

EVA绩效评价

经济增加值（Economic Value Added，EVA），又称经济附加值、经济利润，公司每年创造的经济增加值等于税后营业净利润与全部资本成本之间的差额。其中资本成本包括债务资本的成本和股本资本的成本。EVA是表示营业净利润与投资者用同样资本投资其他风险相近的有价证券的最低回报相比，超出或低于后者的量值。

经济增加值 = 税后营业净利润 − 资本成本

= 税后营业净利润 − 平均资本占用 × 加权平均资本成本

其中，税后营业净利润衡量的是企业的经营盈利情况；平均资本占用反映的是企业持续投入的各种债务资本和股权资本；加权平均资本成本反映的是企业各种资本的平均成本率。

（一）会计项目调整

计算经济增加值时，需要进行相应的会计项目调整，以消除财务报表中不能准确反映企业价值创造的部分。会计调整项目的选择应遵循价值导向性、重要性、可控性、可操作性与行业可比性等原则，根据企业实际情况确定。常用的调整项目如下。

（1）研究开发费、大型广告费等一次性支出但收益期较长的费用，是一种长远的投资，应予以资本化处理，不作为期间费用扣除，计算税后营业净利润时扣除所得税影响后予以加回。

（2）反映付息债务成本的利息支出，不作为期间费用扣除，计算税后营业净利润时扣除所得税影响后予以加回。应付账款与应交税费等属于无息负债，没有资金成本，所以应从平均资本中扣除。

（3）营业外收入、营业外支出具有偶发性，不具有持续性，将当期发生的营业外收支从税后营业净利润中扣除所得税影响后扣除或增加，相应地调整平均资本。

（4）计提资产减值损失的，资产的减值准备不是实际发生的，应予以加回，调整平均资本与税后净营业利润。将当期减值损失扣除所得税影响后予以加回，并在计算资本占用时相应调整资产减值准备发生额。

（5）递延税金不反映实际支付的税款情况，将递延所得税资产及递延所得税负债变动影响的企业所得税从税后营业净利润中扣除，相应调整资本占用。

（6）其他非经常性损益调整项目，如股权转让收益等。

（二）调整项目计算

（1）税后营业净利润。税后营业净利润等于会计的税后净利润加上利息支出等会计调整项目后得到的税后利润。计算公式如下：

$$
\begin{aligned}
税后营业净利润 = {} & 净利润 + （财务费用 + 当年计提的信用减值损失 + \\
& 当年计提的存货跌价准备 + 当年计提的长短期投资减值准备 + \\
& 当年计提的固定资产 / 无形资产 / 在建工程减值准备 + \\
& 研发费用 + 广告费用 + 营业外支出 - 营业外收入）\times \\
& （1 - 所得税税率）
\end{aligned}
$$

（2）平均资本占用。平均资本占用是所有投资者投入企业经营的全部资本，包括债务资本和股权资本。其中债务资本包括融资活动产生的各类有息负债，不包括经营活动产生的无息流动负债。股权资本中包含少数股东权益。平均资本占用是总投资概念，平均资本是指年初资本与年末资本的平均值。

$$债务资本 = 短期借款 + 一年内到期的长期借款 + 长期借款 + 应付债券$$

$$股权资本 = 股东权益合计 + 少数股东权益$$

$$约当股权资本 = 坏账准备 + 存货跌价准备 + 长期投资减值准备 +$$

$$固定资产 / 无形资产减值准备$$

$$总资本 = 债务资本 + 股权资本 + 约当股权资本 - 在建工程净值$$

（3）加权平均资本成本。加权平均资本成本是债务资本成本和股权资本成本的加权平均，反映了投资者所要求的必要报酬率。加权平均资本成本的计算公式如下：

$$加权平均资本成本 = 债务资本成本率 \times (债务资本 / 总资本) \times (1 - 所得税税率) +$$

$$股权资本成本率 \times (股权资本 / 总资本)$$

债务资本成本是企业实际支付给债权人的税前利率，反映的是企业在资本市场中债务融资的成本率。如果企业存在不同利率的融资来源，债务资本成本应使用加权平均值。

股权资本成本是在不同风险下，所有者对投资者要求的最低回报率。通常根据资本资产定价模型确定，计算公式如下：

$$K_s = R_f + \beta (R_m - R_f)$$

其中：K_s 为股权资本成本率，R_f 为无风险收益率，R_m 为市场预期回报率，$R_m - R_f$ 为市场风险溢价。β 是企业股票相对于整个市场的风险指数。上市企业的 β 值，可采用回归分析法或单独使用最小二乘法等方法测算确定，也可以直接采用证券机构等提供或发布的 β 值；非上市企业的 β 值，可采用类比法，参考同类上市企业的 β 值确定。例如：上海证券交易所交易的当年最长期的国债年收益率（20 年，3.25%），市场风险溢价按 4% 计算。

企业级加权平均资本成本确定后，应结合行业情况、不同所属部门的特点，通过计算（能单独计算的）或指定（不能单独计算的）的方式确定所属部门的资本成本。

通常情况下，企业对所属部门所投入资本即股权资本的成本率是相同的，为简化资本成本的计算，所属部门的加权平均资本成本一般与企业保持一致。

ESG 评价体系

ESG 是英文 Environmental（环境）、Social（社会）和 Governance（公司治理）的缩写，是指通过将环境、社会与公司治理因素纳入投资决策与企业经营，从而积极响应可持续发展理念的投资、经营之道。

在投资领域，ESG 是关注企业环境、社会、公司治理绩效而非财务绩效的投资理念和企业评价标准。基于 ESG 评价，投资者可以通过观测企业 ESG 绩效、评估其投资行为和企业（投资对象）在促进经济可持续发展、履行社会责任等方面的贡献。

在经营领域，ESG 是将环境、社会、公司治理要素纳入企业经营管理体系的经营实践。企业践行 ESG，一方面是为了满足资本市场与监管机构的信息披露与合规需求；另一方面更是企业自身发展的内驱力，通过践行 ESG 以追求高质量、可持续发展。

（1）请查阅资料，根据《海尔智家 2021ESG 报告：全球实现高质量发展》，思考海尔智家如何从战略管理报告融入战略思维、价值创造和企业责任担当的？

（2）从海尔智家的战略管理得到启发，企业战略要与国家的战略相统一，增强企业的社会担当和民族自豪感。

任务实施

战略层管理
会计报告

1. 计算联创新能源公司经济增加值。

（1）计算税后营业净利润。

税后营业净利润实际数 = 净利润 +（财务费用 + 研发费用）×（1 - 所得税税率）

= 1 201 175 015.54 +（8 860 416.27 + 702 394 000）×（1 - 15%）

= 1 805 741 269.37（元）

税后营业净利润预算数 = 净利润 +（财务费用 + 研发费用）×（1 - 所得税税率）

= 1 198 902 670.92 +（8 860 416.27 + 702 394 000）×（1 - 15%）

$$= 1\ 803\ 468\ 924.75\ (\text{元})$$

（2）计算调整后平均资本占用。

调整后平均资本占用实际数＝平均债务资本＋平均股权资本－平均在建工程

$$= 1\ 355\ 576\ 828.38 + 3\ 822\ 805\ 309.54 - 1\ 302\ 686\ 400 = 3\ 875\ 695\ 737.92\ (\text{元})$$

调整后平均资本占用预算数＝平均债务资本＋平均股本资本－平均在建工程

$$= 1\ 353\ 355\ 994.25 + 3\ 820\ 532\ 964.92 - 1\ 302\ 686\ 400 = 3\ 871\ 202\ 559.17\ (\text{元})$$

（3）计算经济增加值。

经济增加值实际数＝税后营业净利润－调整后平均资本占用 × 加权平均资本成本

$$= 1\ 805\ 741\ 269.37 - 3\ 875\ 695\ 737.92 \times 5.5\% = 1\ 592\ 578\ 003.78\ (\text{元})$$

经济增加值预算数＝税后营业净利润－调整后平均资本占用 × 加权平均资本成本

$$= 1\ 803\ 468\ 924.75 - 3\ 871\ 202\ 559.17 \times 5.5\% = 1\ 590\ 552\ 784\ (\text{元})$$

2. 编写战略层管理会计报告：经营分析报告。

（1）计算公司经营业绩三项指标总体完成情况。

$$增减比 = \frac{2023\ 年实际数 - 2023\ 年预算数}{2023\ 年预算数} \times 100\%$$

（2）计算公司经营业绩三项指标总体完成情况。

营业收入增减比 ＝（8 675 520 000 － 8 671 542 390）/8 671 542 390×100%

$$= 0.05\%$$

利润总额增减比 ＝（1 413 147 077.11 － 1 412 037 333.36）/1 412 037 333.36×100%

$$= 0.08\%$$

经济增加值增减比 ＝（1 592 578 003.78 － 1 590 552 784）/1 590 552 784×100%

$$= 0.13\%$$

（3）完成战略层管理会计报告：经营分析报告。

联创新能源公司 2023 年经营分析报告

2023 年 12 月 31 日

股东大会、董事会和监事会：

联创新能源公司 2023 年战略管理执行到位，经营业绩持续提升，特别是营业收入、利润总额和经济增加值这三个指标较 2022 年有大幅提升，保质保量完成 2023 年预算数并有所增长，指标完成率 100%。2023 年度公司经营业绩三项指标总体完成情况，如表 7-14 所示。2024 年公司内外部环境稳定，产品及服务形式持续提升，营业收入、利润总额和经济增加值等经营业绩预算目标可在 2023 年的基础上适当增加，下一步可结合绩效评价指标进行绩效管理，促进战略预算目标的实现。

表 7-14　公司经营业绩三项指标总体完成情况

项目	2023 年实际数 / 元	2023 年预算数 / 元	较预算增减比 /%
营业收入	8 675 520 000.00	8 671 542 390.00	0.05
利润总额	1 413 147 077.11	1 412 037 333.36	0.08
经济增加值	1 592 578 003.78	1 590 552 784	0.13

【即学即练】

交互式自测请扫描书侧二维码练习。

任务二
交互式自测

任务三　经营层管理会计报告编写

任务资料

联创新能源公司按照五个体系对信息传递的要求，在经营层管理会计报告中，关注各个责任主体的经济效益指标，主要包括三元锂电芯 523 型（250 wh）和三元锂电池 523 型（60 kW·h）两大主要产品的预算、责任及考核指标，对产品、部门、中心和岗位的全方位、全时段、全局域的管理与控制，实现了责任、指标、压力、信息、原因和获利从上至下的层层落实和分解。2023 年年末，根据公司预算相关数据和实际发生额，编制经营层管理会计报告，相关数据如表 7-15 所示。

表7-15　公司经营预算和财务预算相关数据

项目	本期预算数	本期实际数
一、经营预算		
销售预算／万元	186 715	138 685
生产预算／万件	608	620
直接材料采购预算／万元	149 214	153 214
直接人工预算／万元	2 863	2 953
产品成本预算／万元	56 887.5	57 887.5
制造费用预算／万元	1 428.16	1 488.76
销售费用预算／万元	3 373	3 873
管理费用预算／万元	3 081	3 568
研发费用预算／万元	5 028	5 125
二、财务预算		
现金预算／万元	2 510.84	2 763.76
预计利润／万元	14.1	14.8
三、专门决策预算		
项目投资预算／万元	43 500	45 000

任务布置

根据公司预算相关数据和实际发生额，编写经营层管理会计报告：全面预算管理报告。

知识准备

经营层是指企业中的中层管理者，他们是企业整体战略目标分解和落实的关键人物，经营层是企业战略层目标有效执行的根本保障，经营层的管理者既关注企业整体的发展，又关注企业具体的生产环节，比如，收入来源、成本控制、绩效管理等一系列的日常经营活动。

一、经营层管理会计报告的概念与内容

（一）经营层管理会计报告的概念

经营层管理会计报告是为经营管理层开展与经营管理目标相关的管理活动提供相关信息的对内报告。经营层管理会计报告的报告对象是经营管理层。

经营层管理会计报告适用于各公司及其子公司或者具有公司性质的独立经营的事业部等经济实体，重点关注的是公司产品、产业规划、产品生命周期、产品盈利能力、成本竞争能力、资金安全、其他财务风险以及生产、销售、采购、品质、研发等业务管控。

（二）经营层管理会计报告的内容

经营层管理会计报告的内容要做到内容完整、分析深入，经营层管理会计报告主要包括全面预算管理报告、投资分析报告、项目可行性报告、融资分析报告、盈利分析报告、资金管理报告、成本管理报告、绩效评价报告等。

管理会计报告一般由标题（主题）、目录（报告提纲）、正文、附件等部分组成。正文要求简明扼要、逻辑严谨、数据准确、实事求是，尽量用表格和图表说话；附件主要收录正文没有提及，但又与正文相关且必须说明的部分，它是对正文的补充。

二、经营层管理会计报告的分类

（一）全面预算管理报告

全面预算管理报告的内容一般包括预算目标制订与分解、预算执行差异分析以及预算考评等。以预算执行分析表为例，如表 7-16 所示。

表 7-16　预算执行分析表

项目	本期预算数	本期实际数	差异分析	评价
一、经营预算				
销售预算				
生产预算				
直接材料采购预算				
……				
二、财务预算				
现金预算				
预计利润表				
……				
三、专门决策预算				
项目投资预算				
……				

（二）投资分析报告

投资分析报告的内容一般包括投资对象、投资额度、投资结构、投资进度、投资效益、风险评价和建议等。以投资分析表为例，如表 7-17 所示。

表 7-17　投资分析表

项目	投入额度	投资结构	投资进度	投资效益	风险评价	建议
项目一						
……						

（三）项目可行性报告

项目可行性报告的内容一般包括基本情况、市场预测、产品方案与生产规模、厂址选择、工艺与组织方案设计、财务评价、项目风险分析、项目必要性和可行性，以及项目可行性研究结论与建议等。下面具体介绍基本情况、项目必要性与可行性。

1. 基本情况

（1）项目单位基本情况：单位名称、地址及邮编、联系电话、法人代表姓名、人员、资产规模、财务收支、上级单位及所隶属的市级部门名称等情况。

可行性研究报告编制单位的基本情况：单位名称、地址及邮编、联系电话、法人代表姓名、资质等级等。

（2）项目负责人基本情况：姓名、职务、职称、专业、联系电话、与项目相关的主要业绩。

（3）项目基本情况：项目名称、项目类型、项目属性、主要工作内容、预期总目标及阶段性目标情况；主要预期经济效益或社会效益指标；项目总投入情况（包括人、财、物等方面）。

2. 项目必要性与可行性

（1）项目背景情况。项目受益范围分析；国家（含部门、地区）需求分析；项目单位需求分析；项目是否符合国家政策，是否属于国家政策优先支持的领域和范围。

（2）项目实施的必要性。项目实施对促进事业发展或完成行政工作任务的意义与作用。

（3）项目实施的可行性。项目的主要工作思路与设想；项目预算等。

（四）融资分析报告

融资分析报告的内容一般包括融资需求测算、融资渠道与融资方式分析及选择、资本成本、融资程序、融资风险及其应对措施和融资管理建议等。

（五）盈利分析报告

盈利分析报告的内容一般包括盈利目标及其实现程度、利润的构成及其变动趋势、影响利润的主要因素及其变化情况，以及提高盈利能力的具体措施等。企业还应对收入和成本进行深入分析。盈利分析报告可基于企业集团、单个企业，也可基于责任中心、产品、区域、客户等进行分析。以损益分析表为例，如表7-18所示。

表7-18　损益分析表

项目	年初预算	当期			累计		
		实际	同比	评价	实际	同比	评价
销量							

项目	年初预算	当期			累计		
		实际	同比	评价	实际	同比	评价
产品1							
产品2							
……							
收入							
产品1							
……							
利润							
产品1							
……							
价格变动影响							
……							

（六）资金管理报告

资金管理报告的内容一般包括资金管理目标，主要流动资金项目如现金、应收票据、应收账款、存货的管理状况，资金管理存在的问题以及解决措施等。企业集团资金管理报告的内容一般还包括资金管理模式（集中管理还是分散管理）、资金集中方式、资金集中程度、内部资金往来等。以经营现金流分析表、营运资金分析表和营运资金主要因素分析表为例，如表7-19～表7-21所示。

表7-19　经营现金流分析表

项目	上月实际数	上月累计数	当月实际数	当月累计数	备注
期初可用资金					
一、经营性收支					
1. 收入合计					
销售商品1					

项目	上月实际数	上月累计数	当月实际数	当月累计数	备注
……					
2. 支出合计					
原材料1					
……					
工资					
……					
税金					
二、资本性支出					
1. 资本性收入					
投资分红					
……					
2. 资本性支出					
固定资产					
……					
三、其他专项收支					
四、本期收支合计					
期末余额					
五、融资弥补					
期末可用资金					

表7-20 营运资金分析表

项目	期初余额	当期	占比	比期初	环比	同比	评价
合计							
模块一							
模块二							
……							

表7-21　营运资金主要因素分析表

项目	期初		当期		比期初		环比		同比		评价
	金额	周转率	金额	周转率	金额	周转率	金额	周转率	金额	周转率	
一、应收账款											
模块一											
……											
二、存货											
模块一											
……											
三、应付账款											
模块一											
……											

（七）成本管理报告

成本管理报告的内容一般包括成本预算、实际成本及其差异分析，成本差异形成的原因以及改进措施等。以采购成本情况分析表为例，如表7-22所示。

表7-22　采购成本情况分析表

项目	年初预算	实际成本	差异	差异率	存在问题	对策
合计						
一、项目1						
二、项目2						
……						

（八）绩效评价报告

绩效评价报告的内容一般包括绩效目标、关键绩效指标、实际执行结果、差异分析、考评结果以及相关建议等。以关键绩效指标（KPI）分析表为例，如表7-23所示。

表7-23 关键绩效指标（KPI）分析表

项目	本期数	上期数	增减额	变化比	建议
销售总量					
产品市场份额					
营业收入					
毛利					
销售毛利率					
……					

【知识拓展与价值提升】

海尔智家的"人单合一"模式

海尔智家在全球孵化出的七大品牌矩阵，不仅让世人看到中国品牌的实力，更让业界认识到了中国模式的领先性。

2021年上半年，整个家电行业持续低迷，但有一家企业表现却格外抢眼，那就是海尔智家。8月30日，海尔智家发布了2021年半年报。财报显示，报告期内海尔智家实现收入1 116.19亿元，较2020年同期增长16.6%，较2019年同期增长11.6%；实现归母净利润68.52亿元，较2020年同期增长146.4%，较2019年同期增长35.5%；净利润率提升至6.14%，且利润增幅远超同期营收增幅。

海尔智家海外市场表现同样振奋人心。财报显示，2021年上半年，海尔智家海外市场实现销售收入569.16亿元，同比增长23.4%；实现经营利润32.20亿元，同比增长113.4%；经营利润率上升至5.7%，同比提升2.4%，大幅领先行业代工水平。

业界分析认为，远超预期的业绩，标志着海尔智家已进入人单合一转型上升期。而在这背后，海尔智家也在不断践行人单合一的全球故事。2005年，人单合一模式的出现，颠覆了过去传统的科层制，使得员工不再从属于岗位，而成为直面市场的创业者，每个人都是自己的CEO。人单合一模式的本质，就是实现人的价值最大化。面对不同的国家、地区的差异化用户需求，海尔智家以本土化的产品创新、迭代进一步推动海外市场业绩，也成为中国制造在海外的一张名片。

从海尔智家的销售业务报告可以看出海尔智家的"人单合一"促使企业管理迈上一个新台阶。从海尔智家的业绩我们可以看到，海尔智家通过深入调查，实现了人单合一。没有调查就没有发言权，只有深入一线，深入调查，才能够提出有效的解决方案。

任务实施

根据公司预算相关数据和实际发生额，编写经营层管理会计报告：全面预算管理报告。

（1）计算公司全面预算项目差异。

$$差异数 = 本期实际数 - 本期预算数$$

（2）计算公司全面预算项目实际数较预算数增减比。

$$增减比 = \frac{本期实际数 - 本期预算数}{本期预算数} \times 100\%$$

（3）编写经营层管理会计报告：全面预算管理报告。

联创新能源公司全面预算管理报告

联创新能源公司2023年除销售预算外，完成了全面预算经营预算、专门决策预算和财务预算的相关目标和任务，具体如表7-24所示。销售预算因市场环境变化导致预测市场份额减少，销售量降低，导致实际数小于预算数，改进措施如下：

（1）扩大销售渠道，提升市场份额。

（2）加大营销力度，增加销售量，提高销售收入。

表7-24　公司全面预算完成情况

计量单位：万件
金额单位：万元

项目	预算数	本期实际数	差异数	较预算增减比/%
一、经营预算				
销售预算	186 715	138 685	−48 030	−25.72
生产预算/万件	608	620	12	1.97
直接材料采购预算	149 214	153 214	4 000	2.68

项目	预算数	本期实际数	差异数	较预算增减比 /%
直接人工预算	2 863	2 953	90	3.14
产品成本预算	56 887.5	57 887	1 000	1.76
制造费用预算	1 428.16	1 488	60.6	4.24
销售费用预算	3 373	3 873	500	14.82
管理费用预算	3 081	3 568	487	15.81
研发费用预算	5 028	5 125	97	1.93
二、财务预算				
现金预算	2 510.84	2 763.76	252.92	10.07
预计利润	14.1	14.8	0.70	4.96
三、专门决策预算				
项目投资预算	43 500	45 000	1 500.00	3.45

【即学即练】

交互式自测请扫描书侧二维码练习。

任务三
交互式自测

任务四　业务层管理会计报告编写

任务资料

根据联创新能源公司五个体系对信息的要求，在业务层管理会计报告内容中，重点关注企业具体业务部门的产值、产量、成本、消耗等一些具体作业指标，对企业的正常生产经营和日常管理提供信息支撑。这些内容包括对公司内部各经营子公司、经营战略和作业信息等情况、业务进行完整地披露，实现协调联动各个环节的生产经营业务；对公司的岗位、流程、作业、组织、人员等进行可管理控制，收集各个信息节点的信息，使它们互相关联，促使企业信息流、资金流、技术流等能够高效地运转。2023 年年末，根据企业预算数和实际发生数，联创新能源公司三元锂电芯 523 型（250 wh）和三元锂电池 523 型（60 kW·h）产品材料采购数据和产品生产情况，如表 7-25 和表 7-26 所示。

表 7-25　材料采购数据

项目	计量单位	采购预算数		采购实际数	
		数量	成本 / 元	数量	成本 / 元
正极材料（三元）	kg	2 502 000	281 762 621.9	2 602 108	293 036 280
正极辅材	套	1 455 000	30 578 064.18	1 495 464	31 428 449.6
负极活性物质（石墨）	kg	1 450 000	72 364 916.68	1 450 600	72 394 860.78
负极辅材	套	1 500 000	108 035 682.3	1 495 464	107 708 982.4
电解液（三元）	L	870 000	28 670 341.63	867 370	28 583 671.52
隔膜（湿法涂覆）	m²	24 000 000	59 904 889.92	23 927 428	59 723 747.52
其他辅材	套	1 455 000	65 492 298.13	1 495 464	67 313 659.20
电芯材料成本合计（元）	—		646 808 814.8		660 189 651.1
正极材料（三元）	kg	11 530 000	1 298 431 436	11 238 034	1 265 552 179
正极辅材	套	6 460 000	135 760 830.8	6 458 640	135 732 249.6
负极活性物质（石墨）	kg	6 300 000	314 421 370.9	6 264 880	312 668 596.6
负极辅材	套	6 450 000	464 551 326.1	6 458 640	465 173 608.8
电解液（三元）	L	3 700 000	121 933 784.6	3 746 012	123 450 113.6
隔膜（湿法涂覆）	m²	103 330 000	257 921 793.8	103 338 240	257 942 361.6
其他辅材	套	6 550 000	294 826 676.7	6 458 640	290 714 407.2
模组辅材	套	6 550 000	661 421 886.7	6 458 640	652 196 313.6
PACK材料包	个	6 550 000	825 530 348.9	6 458 640	814 015 776
成本合计	—	—	4 374 799 455	—	4 317 445 606

表7-26　产品生产情况

产品名称	预计生产量 / 件	实际生产量 / 件
三元锂电芯523型（250 wh）	5 981 857	6 111 862
三元锂电池523型（60 wh）	107 644	105 620
合计	6 089 501	6 217 482

任务布置

1. 根据公司三元锂电芯 523 型（250 wh）和三元锂电池 523 型（60 kW·h）产品材料采购数据反映的信息，编写业务层管理会计报告：材料采购数据分析报告。

2. 根据公司三元锂电芯 523 型（250 wh）和三元锂电池 523 型（60 kW·h）产品生产情况反映的信息，编写业务层管理会计报告：产品生产情况分析报告。

知识准备

业务层是企业中的基层管理者，他们主要负责企业中具体问题的决策，他们具体执行企业的各项政策和目标，切实解决企业产品销售、机器运转、成本耗费等问题，这一层包括的人员主要涉及采购主管、生产车间主任和销售主管。

一、业务层管理会计报告的概念与内容

（一）业务层管理会计报告的概念

业务层管理会计报告是为企业开展日常业务或作业活动提供相关信息的对内报告。业务层管理会计报告的报告对象是企业的业务部门、职能部门以及车间、班组等，重点关注专门业务的计划、实施过程及其中出现的偏差，并做好原因分析及解决方案。

（二）业务层管理会计报告的内容

业务层管理会计报告应根据企业内部各部门、车间或班组的核心职能或经营目

标进行设计，主要包括研究开发报告、采购业务报告、生产业务报告、配送业务报告、销售业务报告、售后服务业务报告、人力资源报告等。业务层管理会计报告应做到内容具体、数据充分。

二、业务层管理会计报告的分类

由于不同企业的具体业务不同，业务层管理会计报告的内容各不相同。以某企业的部分实践为基础，提供报告内容，仅供参考。

（一）研究开发报告

研究开发报告的内容一般包括研发背景、主要研发内容、技术方案、研发进度和项目预算等。以企业的技术研发管理报告为例，分析如下：

1. 技术研发整体情况

该部分主要包括技术研发总体工作思路、主要工作计划、研发项目总体情况、研发项目预算、研发进展概况等内容。具体以技术研发整体情况表为例，如表7-27所示。

表7-27　技术研发整体情况分析

项目	主要内容				
整体思路					
主要计划					

项目	工作目标		主要工作内容		是否跨期工作
重点工作一					
……					

项目	立项时间	项目总预算	本年工作目标	本年费用	累计项目费用	目前项目进展概况
研发项目1						
……						

2. 项目本期主要工作及下期计划

该部分主要包括技术研发项目本期主要工作目标、本期完成情况、主要问题、下期工作计划（目标）。以项目本期工作及下期工作计划表为例，如表7-28所示。

表7-28　项目本期工作及下期工作计划表

项目	本期主要工作目标	本期完成情况	主要问题	下期工作计划	备注
项目一					
……					

3. 主要项目状态及进展

该部分应就主要（或者全部）研发项目情况逐一进行报告，报告内容包括但不限于以下内容：项目名称、项目类别、项目预算、项目支出、项目负责人、项目等级、项目开发类型、本年项目节点、进度状态等方面内容，以主要项目状态及进展情况表为例，如表7-29所示。

表7-29　主要项目状态及进展情况表

项目名称	项目类别	项目预算	本年预算	本期发生额	累计发生额	项目负责人	责任部门	项目等级	项目开发类型	××年度项目节点	进度状态	进度说明	备注
研字-1													
……													

（二）采购业务报告

采购业务报告的内容一般包括采购业务预算、采购业务执行结果、差异分析及改善建议等。采购业务报告要重点反映采购质量、数量以及时间、价格等方面的内容。以材料采购分析表为例，如表7-30所示。

表 7-30　材料采购分析表

项目	采购预算数		采购实际数		差异	差异率	建议
	数量	成本	数量	成本	成本		
材料1							
……							

（三）生产业务报告

生产业务报告的内容一般包括生产业务预算、生产业务执行结果、差异分析及改善建议等。生产业务报告要重点反映生产成本、生产数量以及产品质量、生产时间等方面的内容。以产品生产情况分析表为例，如表 7-31 所示。

表 7-31　产品生产情况分析表

产品名称	预计生产量	实际生产量	差异	原因	改善措施
产品1					
……					

（四）配送业务报告

配送业务报告的内容一般包括配送业务预算、配送业务执行结果、差异分析及改善建议等。配送业务报告要重点反映配送的及时性、准确性以及配送损耗等方面的内容。以货物配送分析表为例，见表 7-32。

表 7-32　货物配送分析表

货物名称	目的地	距离	运输工具	标准耗时	实际耗时	差异	原因及建议
材料1							
……							
货物1							
……							

（五）销售业务报告

销售业务报告的内容一般包括销售业务预算、销售业务执行结果、差异分析及改善建议等。销售业务报告要重点反映销售的数量结构和质量结构等方面的内容。以某产品的销售状态分析为例，分析如下：

（1）销售主要指标完成情况。该部分主要描述企业对销售工作的主要工作指标的完成情况，包括但不限于：销量、销售收入、市场份额、大客户数量、新增客户数量、销售收款、成品库存量、销售费用和销售价格（降低／增长率）等。

（2）销售重点工作完成情况。该部分主要描述企业对销售重点工作任务的完成情况，包括但不限于：新产品推广、新市场的占领、新客户的开拓、重点管理提升项目等。

（3）销售分析。

① 市场分析。该部分主要包括但不限于：产品市场整体情况、市场主要产品细分分析、市场区域细分分析、TOP 分析、主要竞争对手分析等。

② 大客户分析。该部分主要包括但不限于：大客户情况、大客户销售、大客户产品及市场、大客户盈利能力评价等。

③ 公司销售表现。该部分主要包括但不限于：公司在市场竞争中的表现（如市场占有率、市场排名、主要客户占有率等情况）、公司产品细分目标市场表现、公司产品分类（分区域）表现、公司产品价格带表现等。

④ 公司销售策略分析。该部分主要包括但不限于：公司主要销售策略、销售方式选择，主要实施区域（客户），销售费用情况，实施效果，可以细分区域、产品、目标客户进行分析。

⑤ 问题分析。

（4）未来预测及下一步工作。主要包括未来市场预测、工作重点（方向）和主要工作措施。

（六）售后服务业务报告

售后服务业务报告的内容一般包括售后服务业务预算、售后服务业务执行结果、差异分析及改善建议等。售后服务业务报告重点反映售后服务的客户满意度等方面的内容。以客户投诉数统计分析表为例，如表 7-33 所示。

表7-33　客户投诉数统计分析表

产品	客户投诉次数	原因	责任部门	改进建议

（七）人力资源报告

人力资源报告的内容一般包括人力资源预算、人力资源执行结果、差异分析及改善建议等。人力资源报告重点反映人力资源使用及考核等方面的内容。具体案例如下所示。

（1）人力资源总体情况。该部分主要描述企业对人力资源总体情况，包括但不限于用工规模、劳动效率和人工成本等。

（2）人力资源管理重点工作完成情况。

① 公司用工规模与劳动效率分析。

② 公司组织架构情况。

③ 公司用工结构分析。

④ 核心团队建设。

⑤ 公司薪酬情况分析。

⑥ 员工招聘。

⑦ 员工培训。

（3）目前业务运行情况及人力资源存在的突出问题。

（4）下期重点工作目标和措施。

【知识拓展与价值提升】

战略层、经营层和业务层管理会计报告区别

管理会计报告有很多分类方式，其中，按照使用者所处的管理层级，可以将其分为战略层管理会计报告、经营层管理会计报告和业务层管理会计报告。①战略层管理会计报告主

要是指为了满足战略层进行战略规划、战略制定、战略执行、战略评价以及其他方面管理活动的需要，所提供的相关信息的对内报告。其报告对象是企业的战略层，包括股东大会、董事会和监事会等。②经营层管理会计报告是为经营层进行规划、决策、控制和评价等管理活动，所提供的相关信息的对内报告。其报告对象是企业经营管理层。③业务层管理会计报告是为企业日常业务或作业活动提供相关信息的对内报告。其报告对象是企业的职能部门、业务部门以及生产车间、班组等。

任务实施

1. 根据公司三元锂电芯 523 型（250 wh）和三元锂电池 523 型（60 kW·h）产品材料采购数据反映的信息，编写业务层管理会计报告：材料采购数据分析报告。

（1）计算产品材料采购差异成本。

$$差异成本 = 实际采购数 - 采购预算数$$

（2）计算产品材料采购成本差异率。

$$差异率 = \frac{实际采购数 - 采购预算数}{采购预算数} \times 100\%$$

业务层管理会计报告

（3）完成业务层管理会计报告：材料采购数据分析报告，结果如表 7-34 所示。

联创新能源公司材料采购数据分析报告

联创新能源公司 2023 年原材料实际采购成本高于预算成本，主要原因在于其中负极辅材、电解液（三元）、隔膜（湿法涂覆）、正极材料（三元）、正极辅材、负极活性物质（石墨）、其他辅材、模组辅材和 PACK 材料包等材料实际采购成本高于预算成本，根本原因在于上述材料单价提高，导致采购总成本高于预算总成本，材料采购分析表如表 7-34 所示，改进措施如下：

（1）采用大数据分析工具，采用询价等方法，控制材料采购单价和采购质量。

（2）改进生产工艺，减少原材料耗用量、减少废品率。

表7-34 材料采购分析表

项目	计量单位	采购预算		实际采购		差异		差异率/%
		数量	成本/元	数量	成本/元	成本/元		
正极材料（三元）	kg	2 502 000	281 762 621.9	2 602 108	293 036 280	11 273 658.1		4.00
正极辅材	套	1 455 000	30 578 064.18	1 495 464	31 428 449.6	850 385.42		2.78
负极活性物质（石墨）	kg	1 450 000	72 364 916.68	1 450 600	72 394 860.78	29 944.10		0.04
负极辅材	套	1 500 000	108 035 682.3	1 495 464	107 708 982.4	−326 699.9		−0.30
电解液（三元）	L	870 000	28 670 341.63	867 370	28 583 671.52	−86 670.11		−0.30
隔膜（湿法涂覆）	m²	24 000 000	59 904 889.92	23 927 428	59 723 747.52	−181 142.4		−0.30
其他辅材	套	1 455 000	65 492 298.13	1 495 464	67 313 659.20	1 821 361.07		2.78
电芯材料成本合计	—		646 808 814.8	11 238 034	660 189 651.1	13 380 836.3		2.07
正极材料（三元）	kg	11 530 000	1 298 431 436		1 265 552 179	−32 879 256.96		−2.53
正极辅材	套	6 460 000	135 760 830.8	6 458 640	135 732 249.6	−28 581.2		−0.02
负极活性物质（石墨）	kg	6 300 000	314 421 370.9	6 264 880	312 668 596.6	−1 752 774.3		−0.56
负极辅材	套	6 450 000	464 551 326.1	6 458 640	465 173 608.8	622 282.7		0.13
电解液（三元）	L	3 700 000	121 933 784.6	3 746 012	123 450 113.6	1 516 329		1.24
隔膜（湿法涂覆）	m²	103 330 000	257 921 793.8	103 338 240	257 942 361.6	20 567.8		0.01
其他辅材	套	6 550 000	294 826 676.7	6 458 640	290 714 407.2	−4 112 269.5		−1.39
模组辅材	套	6 550 000	661 421 886.7	6 458 640	652 196 313.6	−9 225 573.1		−1.39
PACK材料包	个	6 550 000	825 530 348.9	6 458 640	814 015 776	−11 514 572.9		−1.39
成本合计	—		4 374 799 455		4 317 445 606	−57 353 849		−1.31

2. 根据公司三元锂电芯 523 型（250 wh）和三元锂电池 523 型（60 kW·h）产品生产情况反映的信息，编写业务层管理会计报告：产品生产情况分析报告。

（1）计算产品生产差异量。

差异量 = 实际生产量 − 预计生产量

三元锂电芯 523 型（250 wh）差异量 = 6 111 862 − 5 981 857 = 130 005（件）

三元锂电池 523 型（60 kW·h）差异量 = 105 620 − 107 644 = −2 024（件）

（2）分析产品差异量原因，提出改善措施，并完成业务层管理会计报告：产品生产情况分析报告。

联创新能源公司产品生产情况分析报告

联创新能源公司 2023 年三元锂电芯 523 型（250 wh）产品实际生产量高于预计生产量，原因在于一是公司生产工艺改进，提高了生产效率；二是三元锂电芯 523 型（250 wh）产品废品率降低。预计 2024 年生产量可稳步增长。三元锂电池 523 型（60 kW·h）产品实际生产量 105 620 件低于预计生产量 107 644 件，原因在于一是部分采购材料质量差，导致废品率增加；二是生产设备检修频繁，导致废品率高，原材料耗用量大，改进措施如下：

（1）供应部严把质量关，控制材料采购质量。

（2）提高生产设备生产效率，降低废品率。

📶【即学即练】

交互式自测请扫描书侧二维码练习。

任务四
交互式自测

参考文献

［1］ 财政部. 管理会计应用指引［EB/OL］. 财政部网站，2018.

［2］ 中国注册会计师协会. 公司战略与风险管理［M］. 北京：中国财政经济出版社，2022.

［3］ 杨静. 管理会计实务［M］. 北京：人民邮电出版社，2022.

［4］ 孙茂竹，支晓强，戴璐. 管理会计学［M］. 9版. 北京：中国人民大学出版社，2020.

郑重声明

高等教育出版社依法对本书享有专有出版权。任何未经许可的复制、销售行为均违反《中华人民共和国著作权法》，其行为人将承担相应的民事责任和行政责任；构成犯罪的，将被依法追究刑事责任。为了维护市场秩序，保护读者的合法权益，避免读者误用盗版书造成不良后果，我社将配合行政执法部门和司法机关对违法犯罪的单位和个人进行严厉打击。社会各界人士如发现上述侵权行为，希望及时举报，我社将奖励举报有功人员。

反盗版举报电话　（010）58581999　58582371

反盗版举报邮箱　dd@hep.com.cn

通信地址　北京市西城区德外大街4号　高等教育出版社法律事务部

邮政编码　100120

读者意见反馈

为收集对教材的意见建议，进一步完善教材编写并做好服务工作，读者可将对本教材的意见建议通过如下渠道反馈至我社。

咨询电话　400-810-0598

反馈邮箱　gjdzfwb@pub.hep.cn

通信地址　北京市朝阳区惠新东街4号富盛大厦1座

　　　　　高等教育出版社总编辑办公室

邮政编码　100029

防伪查询说明

用户购书后刮开封底防伪涂层，使用手机微信等软件扫描二维码，会跳转至防伪查询网页，获得所购图书详细信息。

防伪客服电话　（010）58582300

网络增值服务使用说明

授课教师如需获取本书配套教辅资源，请登录"高等教育出版社产品信息检索系统"（http://xuanshu.hep.com.cn/），搜索本书并下载资源。首次使用本系统的用户，请先注册并进行教师资格认证。

高教社高职会计教师交流及资源服务QQ群（在其中之一即可，请勿重复加入）：
QQ3群：675544928　QQ2群：708994051（已满）　QQ1群：229393181（已满）

数智化财经

高等职业教育财经类专业群

核心专业方向
- 会计信息管理
- 大数据与会计
- 大数据与财务管理
- 财税大数据应用
- 大数据与审计
- 金融

业财一体信息化 · 财务数字化 · 财务大数据分析

业务财务信息分析　业务财务一体化设计　企业内部控制　会计制度设计　企业财务分析　财务决策

会计信息系统应用　ERP 财务业务一体化　ERP 沙盘　初级会计实务　企业财务会计　管理会计实务　财务共享管理　企业财务管理　出纳业务操作　行业会计比较　成本核算与管理　审计英语　财务机器人应用

EXCEL 财务应用

采购　纳税实务基础　税费计算与申报　税务会计　税收筹划　智能审计

客服与营销　保险　入门通Y　金融法律法规　金融服务礼仪　金融服务营销　财经法规与职业道德　审计基础　区块链金融

证券投资实务　商业银行综合柜台业务　国际金融　金融服务营销　审计实务　政府会计

金税财务应用

专业基础课

中国会计文化　中国金融文化　会计基础　管理会计基础

金融基础　金融科技概论　财政与金融　财经基本技能

Python 财务基础　财务大数据基础

岗课赛训

基础会计实训	财务会计实训
成本会计实训	出纳岗位实训
审计综合实训	税务会计实训
管理会计实训	会计综合实训
数字金融业务实训	会计信息化实验

岗课赛证

智能财税	金税财务应用
财务共享服务	业财一体信息化应用
财务数字化应用	数字化管理会计
智能估值	智能审计
财务机器人应用	

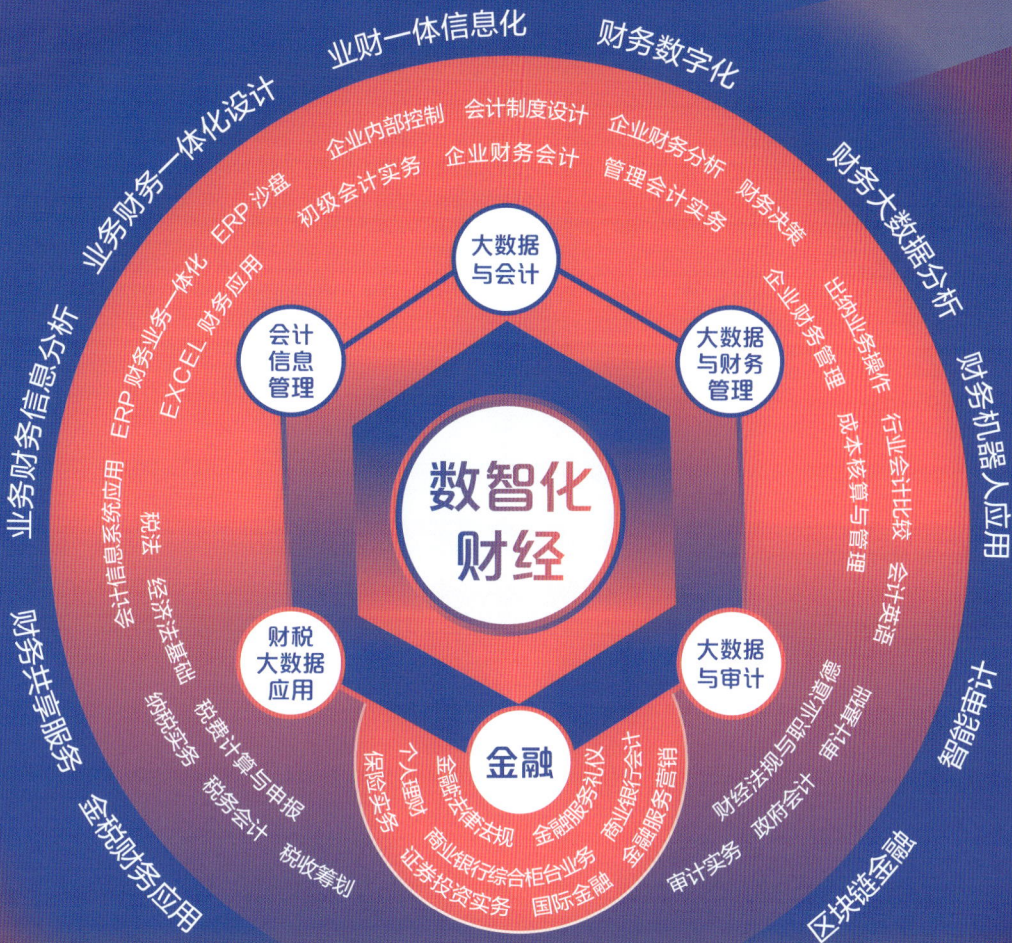